한두실에서 북사골까지

김종상 팔순기념
시가 있는 수필

한두실에서 북사골까지

그림

머리말

두 번째 수필집을 엮으며

　나는 동시·동화집은 여러 권 냈지만 수필이란 이름의 책은 이번이 두 번째다. 1994년 집문당에서 《개성화시대의 어린이, 어린이문화》라는 이름의 교육수상집을 펴낸 후 수필이 좀 모였는데 출판을 하려고 어디 넘겨주었다가 스크랩채 잊어버렸다. 따로 갖고 있는 원고도 없어서 기억을 더듬어 발표지를 찾으려고 했으나 쉽지가 않아서 그만두었다.
　그러다가 컴퓨터가 나온 뒤에는 원고를 컴퓨터로 쓰니까 잊어버리지는 않겠다고 생각했는데, 2000년 여름 금강산 관광을 하면서 수필 형식으로 쓴 기행문을 수정해서 정리하다가 컴퓨터가 서툴러 몽땅 지워버렸다. 컴맹은 구제할 길이 없다며 스스로를 자책했지만 소용없는 일이었다. 원고를 다시 살려 보려고 손자를 불렀지만 찾아낼 수 없다고 했다. 내가 컴퓨터 글자판을 무작위로 두들겨서 백파일인가 어디에서도 찾아낼 수 없다고 했다. 전문 업체에 알아보니, 돈도 좀 들지만 시간도 꽤 걸릴 거라고 해서 포기해 버렸다.

혈압이 오르고 입맛도 떨어지고 잠도 오지 않았다. 다시는 원고를 잃지 않기 위해서 서둘러 책을 엮기로 하고 남아있는 원고를 모아 보았다. 책으로 엮을만한 분량이 되었다. 그러나 비슷한 이야기를 거듭 발표한 것도 있고, 발표지를 모르는 것도 여러 편이었다. 작품에 발표지면을 밝히지 못한 것이나 비슷한 내용의 글이 거듭 들어간 것이 그 때문이다. 함께 들어간 시는 내용과 관계있는 것을 찾아 나중에 추가한 것도 있음을 밝혀둔다.

1,2부는 외래문화의 격랑에 휩쓸리고 있는 현실에 대한 단상이고, 3부는 우리교육의 현주소를 생각해 본 것이며, 4부는 문단 선배들의 이야기이다. 5,6부는 학교에 있을 때 겪은 일들이고, 7부는 몇 군데 발표했던 내 삶의 자취를 모아본 것이며 8부는 가정생활과 관계되는 이야기 중에서 추린 것이다.

금년으로 내 나이도 여든이다. 이로써 그동안 내가 가꿔온 논밭에 떨어진 낟알 몇 개라도 줍는 기쁨을 대신하고자 한다. 어줍은 글이라고 허물치나 말았으면 한다.

차례

제1부
한국화와 세계화

얼빠진 사람들 / 11
소중한 우리 것 / 14
호수와 강물 / 18
수세와 공세 / 22
한국화와 세계화 / 26
토종과 외래종 / 30
입산과 등산 / 33

제2부
해우소와 화장실

황토와 시멘트 / 39
해우소와 화장실 / 42
보자기와 가방 / 45
사색과 실천 / 48
추상과 실증 / 52
공수와 악수 / 56
고름과 단추 / 60

제3부
사존연후 학문성

왜 이런 동시를 썼을까 / 67
음악의 기능을 생각한다 / 72
동요의 현실은 이러하다 / 79
대중가요는 문제가 있다 / 85
별난 남자 무용선생님 / 89
개똥벌레와 민들레홀씨 / 94
사존연후학문성이라는데 / 99

제4부
남산골 딸각발이

어린이운동의 선구자 소파 / 107
남산골 딸각발이 이희승 / 115
구름에 달만 같던 박목월 / 118
부모님만 같았던 이원수 / 122
왜가리처럼 사신 박경종 / 128
한라산 등반길에 겪은 일 / 133
삶은 설계하고 실천해야 / 139

제5부
꽃전설도 원적이 있다

학교화단에 벌이 있어요 / 149
식물도 생각하고 행동한다 / 155
꽃 이름은 꽃다워야 한다 / 160
꽃 전설도 원적이 있다 / 163
고정관념과 생각의 전환 / 168
더불어 함께 사는 사회 / 172
우리의 소를 생각해 본다 / 177

제6부
무너진 어린이들의 우상

어린이들께 우상을 주려다가 / 183
오카야마 휴게소의 모모따로상 / 188
히로시마 평화기념관 유감 / 190
백야 김좌진 장군을 생각하며 / 194
몽골에서 본 우리의 두 얼굴 / 199
올챙이 적을 모르는 개구리들 / 204
수정해야 될 우리의 뿌리 / 208

제7부
한두실에서 복사골까지

문맹으로 4학년에 입학하고 / 217
삼백의 고장을 동시마을로 / 225
가르치면서 배운 아동문학 / 230
서투른 서울생활 속으로 / 238
어머니, 아버지는 떠나시고 / 245
아동문학단체의 대립과 통합 / 252
나는 이래서 동물시를 썼다 / 257

제8부
엄나무감주를 마시며

허황옥과 보주공주 / 265
한두실 옛집 생각 / 270
엄나무 감주를 마시며 / 275
능인굴과 덕진골 / 278
추억은 감미롭다 / 284
무자년을 보내며 / 289
나의 아들딸들에게 / 295

부록
김종상 근친가계도

제1부
한국화와 세계화

얼빠진 사람들

시골에서 상할머니가 오셨어요
"아유, 귀여븐 우리 강생이!"
동생을 껴안고 뺨을 비볐어요
"아임 낫 퍼피. 벋 보비."
동생은 자기를 가리키며 말했어요

"응? 이게 먼 소리여?"
"자기는 강아지가 아니라, 보비래요."
어머니가 계면쩍게 말했어요

"퍼피는 머고, 보비는 또 멍겨?"
"보비는 영어 이름이에요."
"야를 미국아 맹글라카나?"
"영어학원에서만 그렇게 불러요."

상할머니는 힘없이 중얼거렸어요
"나돗뻐라. 우리 강생이는 앙이다."
상할머니는 손자 이름이 보비라니
정이 싹 떨진다고 했어요.

— 『동생이 영어학원을 다니더니』 전문 —

'얼간이'란 말이 있다. 됨됨이가 똑똑하지 못하고 모자람이 많은 사람을 일컫는 말이다. 비슷한 뜻으로 '얼빠진 사람'이란 말도 있다.

넋이 빠져 제정신이 아닌 사람을 뜻한다. 그래서 우리는 흔히들 배움이 없어 사리를 바르게 판단하지 못하고 엉뚱한 말이나 상식 밖의 짓을 할 때 그 사람을 '얼간이' 또는 '얼빠진 사람' 이라고들 말한다. 나도 그런 부류가 아닌지 모르겠다.

그런데, 학력이 높은 사람들 중에 이러한 '얼간이' 나 '얼빠진 사람' 들이 상당히 있는 것 같다. 김영삼 정권이 세계화 정책을 내놓으며 조기영어교육을 실시할 것을 말하자 당장 입학에서 졸업 때까지 영어만 사용하는 초등학교를 설립하겠다는 계획을 한 사람들이 있었는가 하면, 어느 소설가는 마치 기다렸다는 듯이 '영어를 우리의 공영어로 삼자' 라고 목소리를 높였다. 그는 1997년 『뉴스메이커』 249호에서 '우리 사회에서 이루어지는 영어에 대한 투자를 보다 합리적으로 하는 일은 중요하다. 우선 본질적인 조치로는 영어를 우리 사회의 공용어로 삼는 일이다' 라고 주장하고 나선 것이다. '주인이 배 아픈데 머슴이 설사한다' 는 속담이 있다. 영어로만 공부하는 학교 설립을 하겠다는 것이나 영어 공용어 주장이 바로 그런 격이 아닌가 하는 생각이 들었다. 세상에는 마음에 두지 말아야 할 생각이 있고, 입에 담지 않아야 할 말이 있는 법이다. 우리말보다 남의 말을 더 열심히 배우자거나 공용어로 삼자는 말을 그렇게 쉽게 할 수 있는 용기는 가상(?)하다 할지라도 그것은 결코 올바른 세계화도 될 수가 없고 그렇게 해서도 안 된다고 생각한다. 영어를 잘 해서 편리한 점이 많다는 것은 인정한다. 그렇다고 그것을 모든 국민이 다 배워 쓰도록 하자는 것은 구두가 좋고 편하다고 해서 농부도 작업부도 모두 그것을 꼭 갖추어 신도록 하자는 것과 같은 주장이니 어째서 이런 '얼빠진' 소리를 당당하게 할 수가 있는지 이해가 되지 않는다.

얼마 전, 한국간행물윤리위원회로부터 '옛 아이들의 노래' 《동무 동무 씨동무》와 《가자가자 감나무》의 서평 부탁을 받았다. 이 책은 주로 안동을 중심으로 한 경북 북부지방에서 불리어 온 전래동요를 채록해서 엮은 책인데 노래를 담은 CD까지 들어있었다. 저자는 이 '옛 아이들의 노래' 채록은 많은 사람들의 도움으로 이루어졌다고 했다. 그의 말에 의하면 후원회를 만들어 답사비용을 마련해준 어른도 있고, 디지털 녹음기를 사준 친구도 있었단다. 채록하다가 날이 저물면 숙식을 마련해 준 가정이 있고, 일손이 바쁜 가운데도 채록에 선뜻 응해서 노래를 불러준 많은 노인들도 있었다. 학문적으로 이끌어준 민속학자들은 말할 것도 없고, 격려를 아끼지 않은 많은 분들의 도움도 큰 힘이 되었다고 했다. 생각하기에 따라서는 옛 아이들이 아무렇게나 지껄였던 그 돼먹지도 않은 소릴 그렇게 힘들여 알아내서 뭘 할 것이며, 그 일이 뭐가 대단하다고 그렇게 많은 사람들이 관심을 기울여 주었을까 할 수도 있다. 우리 것을 귀히 여기고 받들어 높이자는 것은 편협하고도 고루한 시대착오적인 아집이라고 생각하는 사람들의 눈에는 참으로 시시하고 필요 없는 일로 보일 수도 있고, 그런 생각을 가진 사람이면 옛 아이들 노래를 채록하기 위해 밤낮 이 마을 저 동네로 쫓아다니는 사람이 '얼간이' 같은 일이나 하는 좀 모자라는 사람으로 보여질 지도 모르겠다. 하지만 옛 아이들이 즐겨 불렀던 노래 속에는 지난 날 우리가 살아온 생활 모습과 우리만이 갖고 있는 정서가 실려 있다. 우리가 찾아서 보존하고 받들어 높여가지 않으면 안 될 우리만이 갖고 있는 문화유산이다. 남의 나라 말을 배우고 남의 문화를 쫓아가기 전에 우리 것을 더 귀히 여겨야 남도 우리를 업수이 여기지 못할 것이다.

소중한 우리 것

　말은 단순한 의사소통의 수단만이 아니다. 한 민족이 사용해 온 언어는 그 민족의 정신이고 문화이다. 그러한 자기의 말을 지키지 못해서 역사의 뒤안길로 사라진 민족이 많다. 가장 가까운 예로는 중국의 만족을 들 수 있다.

　중국의 만족은 청나라를 세우고 우리나라에도 쳐들어와 병자호란을 일으켰으며 중국 천하를 통일하고 한 때 중원을 호령한 민족이었다. 그러나 조상 대대로 만주 땅을 중심으로 사냥과 농사를 주로 해 온 그들은 문화적으로 앞선 한족을 통치하려면 한족의 말과 글을 배우는 것이 이익이 될 것이라고 생각해서 자금성의 현판도 한자로 달고 정작 그 집의 주인인 자기들의 글자는 한자의 곁다리로 조그맣게 써붙였다. 그리고 모두가 자기들의 말보다 한어와 한문을 배워 쓰기 시작했다. 그 결과 자기들의 고유 언어인 만족의 말과 글은 잃어 버렸고 언어가 없어졌기 때문에 그 민족도 역사 속에서 잊혀져 버렸다.

　현재 통계상으로는 중국에 만족이 백여 만 명 정도 있는 것으로 되어 있지만 그 존재는 확인되지 않는다. 자기네 말을 업신여긴 끝에 자신들의 존재마저 잃어버린 것이다. 슬픔을 넘어 비참한 일이라 할 수 있다.

　말이란 것은 문화와 전통을 담아 전하는 그릇이며 정신의 혈액으로서의 기능을 갖고 있기 때문에 우리나라를 강점한 일본이 민족말 살정책으로 우리의 말과 글을 없애려고 했고, 우리의 언어학자들은 우리의 말과 글을 지키기 위해 목숨을 걸고 대항했던 것이다. 그런 것을 알만한 사람들이 영어를 우리말 이상으로 잘 배우자거나 우리의 공용어로 하자니 참으로 어처구니가 없다.

　세상이 급변하여 지구마을, 인간가족의 세계화시대가 필연적으로 오게 되는 것이 미래의 모습이라면 가장 한국적인 것이 가장 세계적인 것이라는 평범한 말이 절대적인 진리라는 것도 명심해야 할 것이다.

　우리 것을 더욱 소중히 하려는 생각은 못하고 영어를 우리의 공용어로 해야 국익에 도움이 되고 세계화로 나아가는 지름길이라는 생각은 우리 문화와 우리 정신을 버리자는 '얼간이'의 얼빠진 잠꼬대라고 밖에 볼 수 없다.

　안동 서후에서 나서 풍산에서 자란 나는 『동무동무 씨동무』와 『가자가자 감나무』에 수록된 노래들이 내가 어린 날에 불렀던 노래들이라 별다른 감격으로 가슴에 안겨 와서 코끝이 찡했다. 온갖 편의 시설을 갖춘 최신식 축사에서 가축이란 이름으로 사육되던 짐승이 어느 한순간 자기 내면에 잠재하고 있던 야성을 찾았을 때의 감격이 그랬을지도 모른다.

　그 노래를 안동 사투리로 읊조리는 말맛은 다른 어떤 말로도 흉내낼 수 없는 것이었고 그것은 우리말만이 가지는 멋이고 흥이었다. 그래서 나는 『동무동무 씨동무』와 『가자가자 감나무』를 책으로 읽고 CD를 듣는 동안은 감미로운 추억에 잠길 수 있었다.

　돌이켜 생각해보니 오십여 년 전이었다. 아버지는 고개 너머로 갈모봉이 바라보이는 당재에서 소를 몰아 밭갈이를 하시는데 나는 다복솔이 곱게 늘어선 밭머리 산에서 동무들과 진달래꽃을 따먹으며 놀았다. 보릿고개를 맞아 주린 배를 채울 길이 없었던 우리에게 때맞춰 피는 진달래는 보고 즐기기보다 먹는 꽃으로 더 환영을 받았다. 진달래 꽃술로 꽃싸움도 하며 열심히 꽃을 따 먹다가 보면 혀와 입술에 꽃물이 들어 새파랬다. 진달래만을 먹는 것이 아니었다. 찔레꽃도 조록싸리꽃도 먹었다. 배가 고파서 따먹고 입이 심심해서 군것질로도 따먹었다.

언덕빼기 쪽에서 부엉이 소리가 들려 왔다. 허리를 펴고 그 쪽을 쳐다보았다. 약간 목이 쉰듯하면서도 나즉하게 '부엉, 부엉!' 하는 소리는 퍽이나 조심스러우면서도 처량했다. 부엉이네 나라에도 보릿고개 같은 것이 있을까. 아니면 무슨 슬픈 일이 있는 것일까?

우리는 약속이라도 한 듯이 부엉이 소리에 박자를 맞춰 노래를 불렀다.

　　떡해 먹세 부엉/ 양식 없네 부엉
　　걱정 말게 부엉/ 꿔다 하세 부엉
　　언제 갚게 부엉/ 갈에 갚지 부엉.

노래는 서로 돌려가며 주고받듯이 불렀다.

한참 부르다 보니 부엉이 소리도 멎고 목도 말랐다. 물을 찾아 산 아래로 내려갔다. 산자락 끝 후미진 곳 바위 밑에 산개구리가 앉아 있었다. 물이끼 색깔의 파란 옷을 입은 산개구리는 우리가 다가가도 그대로 앉아 있었다.

　　"네 뒤에 칼 간다./ 네 집에 불났다."

이 노래는 뱀을 쫓는 노래였지만 우리는 개구리가 뱀을 겁내는 것을 떠올리며 그렇게 해서 산개구리를 쫓고 그 자리를 싸리꼬챙이로 팠다. 물이 쪼르르 흘렀다. 그 자리를 중심으로 사발그릇 크기의 오목한 샘을 만들었다.

샘의 밑바닥 가운데에서 모락모락 흙먼지를 피우며 물은 계속 솟아났다. 물은 금방 샘을 넘쳐흘렀지만 흙탕물이었다. 빨리 목을 축이고 싶었지만 맑아질 때까지 기다려야 했다. 기다림은 지루했다.

우리는 또 노래를 불렀다.

"헌물은 나가고, 새물은 들온나."

한 음보에 두 박자씩 손뼉에 맞추어 노래를 불렀다. 노래를 몇 번 되풀이하는 사이에 물이 맑아졌다. 우리는 흙바닥에 배를 붙이고 엎드려 샘물을 벌컥벌컥 마셨다. 저만큼 물러나 앉은 산개구리가 숨을 할딱거리며 우리를 쳐다 보았다.
우리는 또 노래를 불렀다.

앉은 고리는 멱고리/ 뛰는 고리는 개고리
나는 고리는 꾀꼬리/ 달린 고리는 문고리.

우리에게는 생활의 모두가 노래였다. 헐벗고 굶주려도 참으로 즐겁고 그리운 시절이었다. 그런데도 나는 그 일들을 까맣게 잊고 살아왔다. 그런데 이 두 권의 책 속에는 참으로 순수하고 아름다운 날의 내 삶이 들어 있었다.
세월은 모든 것을 묻어버리는 망각의 무덤이라지만 그것은 묻어버리기에는 너무도 소중한 추억이고 우리 서정의 뿌리임을 새삼스럽게 깨닫게 했다.

호수와 강물

요사이 어린이들을 보면 날이 갈수록 들뜨고 소란스럽다. 본래의 우리 정신문화나 생활 모습은 이렇지 않았다. 옛 사람들이 말하던 서양 오랑캐문화가 들어오면서 우리의 정서가 그렇게 변하고 있는 것이다. 일에는 어떤 경우나 양면성이 있으므로 들뜨고 소란스러운 생활 태도에도 장점이 있다지만 그로 인해 교육현장에서는 학습생활에서의 집중도와 안정성을 크게 걱정하게 되었다.

원래 우리의 정서는 들뜨고 소란스러운 것이 아니라 고요(靜淑)였다. 방안에서 하는 이야기가 창호지를 스며나가서는 안 되고 걸음도 경박스러운 발소리를 내서는 안 되는 것이었다. 식사를 할 때도 잡담은 물론이고 수저소리를 내지 않았고 자세는 언제나 은근하고 조용했다. 자유분방해야 할 어린이들에게 애기부처 같은 모습을 기대하는 것은 애초부터 무리라고 하면서도 소란스러움은 오랑캐들에게나 있지 우리에게는 용납되지 않았다. 모든 의식이 은근과 고요였다. 은근과 고요라야 깊은 신뢰가 간다.

'사랑'이란 '생각'을 뜻하는 말이다. 누구를 생각한다는 것은 사랑한다는 뜻이다. 생각은 겉으로 드러나지 않는 은근한 마음의 상태이다. 그래서 우리에게 있어 사랑이란 요란하지 않은 내밀한 것이었다. 혼자만의 은밀한 심중이었다. 그런데 이러했던 사랑도 언제부터인가는 가시적이지 않으면 안 되게 되었다. 생각만으로는 서로에게 와서 닿는 것이 부족했다. 직접 말이나 행동으로 표현해야만 그렇구나 하게 되었다. 생각으로 하는 사랑은 내재적인 고요함(靜)을 선호했던 우리 본래의 정서이고, 말이나 행동으로 하는 사랑은 외향적인 실행성(動)을 중히 여겼던 서양 쪽의 정감이다. 사랑에도 우리 본디의 정서인 은근과 고요가 밀려나고 서양의 정감인 직접적인 행동이 대신하게 된 것이다. 고요함, 은근함보다 요란함, 행동함을 더 중히 여기게 되었기 때문이다. 그래서 이성간에 오가는 정도 마음으로 생각만 하기보다 행동하는 것이 보다 실제적이고 명확할지도 모른다. 하지만 행동을 앞세우다 보면 그 주초가 되는 마음이나 생각이 부실할 수도 있다.

세상에서 부부간에 '사랑한다'는 말을 많이 하는 민족일수록 이혼률이 높다는 말이 있다. 단순한 우스개로만 받아넘길 수 없는 말이다. 옛 우리 할머니, 할아버지들은 서로 사랑한다는 말은 물론, 오래도록 떨어져 있다가 만나도 그 동안 보고 싶었다거나 그리웠다는 말을 하는 법이 없었다. 그래도 대부분이 백년해로를 했다.

그런데 남녀간의 사랑을 말과 행동으로 자유롭게 표현하는 오늘에는 부부간에 이혼률이 높아만 가고 있다. 말과 행동이 앞서는 삶에는 속으로 생각하는 고요의 정서가 깊이 뿌리하고 있지 못하기 때문이다. 고요의 정서에는 드러나지 않는 깊이가 있지만 성급한 행동은 경박하고 신뢰감이 부족하다.

그래서 우리 조상들은 강물도 행동하는 흐름이 아닌 고요한 괴임길 바라는 마음에서 수(水)나 호(湖)라는 글자를 붙여 불렀다. 일테면 삼국시대 중기까지는 강(江)을 수(水)라고 했다. 압록강은 압수, 대동강은 패수, 청천강은 살수였고 한강은 아리수(阿利水)였다. 그 후에는 아리수가 한수(漢水)로 불리다가 조선시대에는 다시 호(湖)로 이름하여 불렀다. 지금의 동작동 앞 명수대를 기점으로 하여 동쪽은 동호(東湖), 서쪽은 서호(西湖)라 했다. 압구정 쪽 동호대교의 이름이 바로 우리 조상들이 부르던 그 쪽 한강의 옛 이름을 딴 것이다. 그리고 명수대 서쪽으로 마포, 강서, 김포를 흐르는 한강은 서호(西湖)였다.

여의도와 선유도는 서호 가운데에 떠있는 섬이었고, 순교성지 잠두봉과 당나라 상인들이 살던 마을 당인리(唐人里), 무역선이 드나들던 삼개(麻浦)와 버들꽃나루(楊花渡), 허준의 사적지 구암과 권률의 전적지 행주산성 등은 모두 서호가에 있는 사적지다. 흐르는 강은 움직임(動)이고 소란스러움(騷)이므로 우리 조상들은 괴어있음(靜)의 고요(寂)를 선호해서 수(水)나 호(湖)로 이름 붙이고 그 고요의 풍광을 예찬하며 선비의 성정을 가꾸어 왔던 것이다.

고려 충숙왕 때 명신 한종유(韓宗愈 : 1287~1354)는 동호(東湖)의 아름다움에 취해서 지금의 옥수동 앞 섬 저자도(楮子島)에 은거했고, 조선 말엽 백두시인(白頭詩人) 정초부(鄭樵夫)는 그 곳의 풍경을 다음과 같이 노래했다.

東湖春水碧於藍(동호춘수벽어람) 검푸른 동호의 고요한 봄 물결 위로
白鳥分明見兩三(백조분명견양삼) 흰 물새들 끼리끼리 떼지어 노닐더니
槳櫓一聲飛去盡(유로일성비거진) 노 젓는 소리에 놀라서 날아가버리고
夕陽山色滿空潭(석양산색만공담) 석양의 산그림자만 빈 물에 가득하다.
―『東湖詩』의 일부―

조선 성종 때 성리학자로 영남학파의 종조(宗祖)라 불리는 김종직(金宗直 : 1431~1492)도 서호(西湖)의 풍광을 다음과 같이 읊었다. 가만히 읊조려보면 고요를 선호한 옛 선비들의 고고한 정신세계가 한 폭의 수묵화처럼 그려진다.

把酒西湖匕(파주서호비) 서호에 배 띄우고 술잔을 기울이며
吟詩日抵年(음시일저년) 저무는 황혼 속에 시 한 수 읊으니
天涯窮度鳥(천애궁도조) 새들은 아득히 하늘 끝을 날아가고
林抄認炊烟(임초인취연) 머얼리 숲으로는 저녁 연기 서리네.
―『楊花渡卽事』 일부―

그 밖에도 조선 중종 때 허강(許橿)은 서호별곡(西湖別曲)으로 양화도(楊花渡), 망원정(望遠亭), 잠두봉(蠶頭峰)을 비롯한 서호팔경(西湖八景)을 노래했다. 모두가 고요의 정서로 살아온 우리 조상들의 마음을 엿볼 수 있는 글이다.

그런데 지금은 그런 정서가 사라졌다. 어린이들을 볼 때마다 그것을 느낀다. 요사이 어린이들은 영악스러운 반면 소란스럽고 집중력이 약하다. 그래서 갈수록 교육이 힘든다. 수업 시간에 늦게 들어오는 것은 말할 것도 없고 끝나는 신호만 울리면 선생님이 설명을 하는데도 책을 덮고 일어서는 것이 보통이다. 조금이라도 더 가르치려고 시간을 끌면 자유 시간을 요구한다. 자유는 억압의 상대개념이다. 공부를 억압이라고 생각한다면 곤란하다.

그래서 마이크 수업이 늘어가고 있다. 교수 용어는 촉촉하게 물기 젖은 육성이라야 사랑의 교감이 이루어져 감화를 주는 법인데, 소란스러운 어린이들에게 육성으로는 전달이 잘 안 되니 마이크를 잡게 된다. 이런 분위기를 바꾸기 위해 '실내에서는 조용히 걷고 작은 소리로 말하기'를 수없이 되풀이하지만 '소귀에 경 읽기'이다. 학습생활분위기는 어디까지나 정숙해야 한다. 가정에서도 학교에서도 원래의 우리 정서인 고요(靜淑)의 생활을 습관화시켜야 교육도 사회도 안정을 찾을 것이라는 생각이다.

〈2004. 가을《탐미문학》추계호〉

수세와 공세

바람이 오솔길을 휘적휘적 지나간다
길섶의 벌레소리가 마디마디 끊어진다.

바람이 넓은 들을 헐레벌떡 뛰어간다.
들판의 풀꽃향기가 갈래갈래 흩어진다.

바람이 시냇물을 철벅철벅 건너간다.
물 속의 달그림자가 조각조각 부서진다.

-『바람』 전문-

이 글은 제 19회 MBC창작동요제에서 중국 조선족 어린이 '최단'이 노래로 불러 대상을 받은 나의 졸작 동요이다.
오솔길을 휘적휘적 지나가고, 들판을 헐레벌떡 뛰어가고, 시냇물을 철벅철벅 건너가는 것은 바람이다. 이 바람은 물리적인 공기의 이동이 아니다. 태풍처럼 우리에게 휘몰아오는 외래의 문화를 말한다. 지금 우리는 남의 것을 맹목적으로 수용하다 보니, 개인적으로나 사회적으로 많은 갈등이 생기는데, 그 갈등이 곧 바람에 쏠리고 무너지는 우리 정신문화의 현상이다. 지금 겉잡을 수 없이 몰아오는 외래문화는 모든 것을 휘젓고 뒤흔들고 쓸어버리는 미친바람이다. 그러나 우리에게는 이것을 막아낼 아무런 방풍장치가 없다. 그래서 우리 모두는 지금 바람 부는 황야에서 이정표를 잃고 지향없이 표류하고 있다. 가치관이 흔들리고 전통이 무너지고 역사적 사실마저 도전을 받고 있다.

우리 고유의 것은 모두 상처받아 사라질 위기에 놓여 있다. 산사의 적막을 깨워주는 절간 추녀 끝의 풍경소리처럼 길섶의 벌레소리, 들판의 풀꽃향기, 물속의 달그림자는 우리의 정서이다. 그런데 그것을 훑고 짓밟고 부수는 것은 외래의 정서이고 밀물처럼 몰아오는 서양의 문화이다.
　나는 이 시 『바람』을 통하여 정적(靜的)이고 수세적(守勢的)인 우리 고유의 정서며 전통과 문화가 동적(動的)이고 공격적(攻擊的)인 외래의 그것에 밀리고 있음을 상징적으로 나타내보려고 했다.
　전쟁으로 불타서 지금은 모두 없어졌지만 옛날에는 경기도 개평군 천마산과 강원도 고성군 구정봉에는 적멸암이라는 이름의 암자가 있었고, 경상북도 청도군 내연산에는 적멸사라는 절이 있었다. 지금도 강원도 오대산에는 적멸보궁이라는 불상을 모시지 않은 법당이 있다. 여기에서 적멸(寂滅)이란 '죽음'을 뜻하지만 불교에서는 세상의 온갖 번뇌에서 벗어나 열반(涅槃)에 이른다는 뜻으로서 일반적으로 고요의 우리 정서를 가장 강렬하게 표현하는 말이기도 하다. 이것은 사람이 살아가는 동안에 마음속에서 끝없이 일어나서 타오르던 욕망(慾望)의 불길이 꺼져서 완전히 사그라진 상태와 같은 것에 비유된다. 그리하여 삶의 인과(因果)를 벗어나 미(迷)한 생사를 끊은 경지를 의미한다. 다시 말하면 사람이 살아가는 동안에는 좋은 것을 가지려고 욕심을 내고 높은 자리를 차지하려고 애를 태우고 마음에 들지 않는다고 미워한다.
　늙음을 슬퍼하고 병들어 괴로워하며 죽음의 공포로 떨기도 한다. 이것은 살아있는 동안에는 누구도 벗어날 수 없는 운명이고 고통이다. 그래서 불교에서는 이 세상을 고통의 바다(苦海)에 비유하고 있다. 적멸은 생사고해(生死苦海)의 이 바다를 찰나로 보고 여기에서 벗어나 영원히 열락을 누리게 될 이상향인 피안(彼岸)에 도달하는 것을 의미한다. 다시 말하면 사람이 현세를 살아가는 일은 오욕칠정

(五慾七情)의 불길에 휩싸여 온갖 고통으로 몸부림치는(動) 찰나의 현상이다. 그렇게 세상을 단숨에 삼킬 듯 기세 좋게 활활 타오르던 불길도 순간에 꺼지고 나면 모든 것이 한줌의 재(灰)로 고요히 가라앉는다.

불길이 꺼진 뒤에 허물어지듯이 가라앉은 재처럼 오는 고요함(寂滅)의 경지를 불변의 영겁(永劫)으로 드는 현상으로 보는 것이다. 그래서 고해는 찰나로 끝나지만 적멸은 사람의 본디 성정인 영겁의 고요로 향하는 것이라고 한다. 여기에서 삶과 죽음, 격동과 고요의 세계를 찰나와 영겁이란 말로 대비시킴은 매우 추상적이지만 많은 것을 시사하고 있다.

찰나는 가장 짧은 순간을 나타내는 말로서 일념(一念)이라고도 하며, 지금의 시간 단위로 따져서 75분의 1초 정도라고 계산한 과학자가 있지만 실제는 계산할 수 없는 가장 짧은 순간을 상징적으로 나타낸 말이다. 아주 긴 시간을 나타내는 겁(劫)이란 것도 비유례로 밖에 말할 수 없는 무한한 세월을 의미한다. 즉 세상에서 제일 단단한 돌로 된 아주 큰 산(石山)이 있는데, 이 산이 3년마다 한번씩 스치고 지나가는 천녀의 치마꼬리에 닿아서 다 닳아 없어지는 기간이 일겁(一劫)이라는 것이다. 이것을 반석겁(盤石劫)이라고 한다. 또 세상에서 제일 큰 곳간에 가득찬 겨자씨를 장수천인(長壽天人)이 100년마다 한 개씩 꺼내 갈 때, 그렇게 해서 겨자씨가 다 없어지면 그 시간이 일겁이라는 것이다. 이것을 겨자겁(芥子劫)이라고 한다. 이러한 겁이 모여서 소겁, 중겁, 대겁으로 되고 그 대겁이 한없이 겹쳐서 영겁(永劫)이 된다. '삶은 순간이나 죽음은 영원이다' 라는 말이 이러한 생각에서 비롯되었다. 찰나에서 벗어나 영겁의 세계로 든다는 적멸(寂滅)이란 말의 뜻을 사전적으로 풀이하면 '고요할 적(寂)' 에 '멸할 멸(滅)' 이니, 고요함마저 없어진 상태로, 고요의 극치를 말한다.

우리의 정서는 본디부터 이러한 고요의 세계(靜寂, 寂滅)를 숭상해 왔기 때문에 옛 조상들은 적멸이라는 단어에 특별한 의미를 부여해 왔다. 지금은 이러한 고요의 우리 정서가 소란하고 격동적인 서양의 정서에 밀려나 으깨어지고 있다. 사람들의 마음이 들떠있고 사회가 혼란스러운 것이 이러한 정서와 무관하지 않다는 생각이다.

    길섶의 벌레소리가 마디마디 끊어진다.
    들판의 풀꽃향기가 갈래갈래 흩어진다.
    물속의 달그림자가 조각조각 부서진다.

에서 풀벌레 소리가 끊어지는 것도, 들꽃 향기가 흩어지는 것도 바람이 불어오기 때문이다. 물에 비친 달그림자만큼 신비롭고 고요한 것도 없다. 그 신비로움과 고요가 산산히 부서지는 것도 바람이 휘젓기 때문이다. 고요한 세상을 흔드는 것은 바람이다.
  우리의 정서와 전통과 문화를 흔들고 짓밟는 것은 외래의 바람이다. 여기에 맞서 우리 자신을 흔들림 없이 지키려면 우리의 정서를 잃지 말아야 한다. 그것이 세계 속에 우리가 존재할 수 있는 힘이고 까닭이다.

한국화와 세계화

'가가가가' 울던
일본 개구리도
우리 땅에 오면
'개굴개굴' 하고,

'콕커 두둘두' 하던
미국 닭도
우리나라에 오면
'꼬끼오 꼬' 한다

'크로바' 도
우리 땅에 심어지면
'토끼풀' 로 살아가고

'푸라타나스' 도
우리나라에서는
'버즘나무' 라는
이름표를 단다

우리 땅, 우리나라에서는
꽃과 나무와
짐승들은 물론이고,

풀숲의 새들과
이름 모를 벌레들까지도
우리말로 지저귀고 노래한다.

-『우리말로 한다』 전문-

　지금 우리는 세계화라는 말에 미쳐있다. 교육도 세계화, 언어도 세계화, 문화도 세계화란다. 세계화란 말을 붙이지 않으면 후진이고 무능이며 나아가서는 미개라고 생각할 정도가 되어가고 있다. 그래서 우리말보다 영어를 먼저 배우고, 우리 문화보다 외래문화에 더 마음을 두고 있다.
　영어교육에서는 발음을 더 잘 할 수 있게 한다며 혀를 수술하기도 하고, 국내에서는 외국어를 제대로 배울 수 없다며, 어려서부터 유학을 보낸다. 아이가 너무 어려서 혼자 외국에 내보낼 수 없어 어머니가 데리고 나가는 경우도 많아서 돈 버는 기계로 전락한 홀애비들도 늘어만 간다. 그런 홀애비들을 기러기아빠라고 부르는 새로운 말이 생겨났다.
　젊은이들 중에는 외모도 서양사람 같이 뵈려고 광대뼈는 깎고 코는 높이고, 이빨을 가지런히 고르기도 한단다. 눈은 키우고 눈썹은 심고 입은 줄인다. 머리는 물을 들이고 살갗은 박피수술(剝皮手術)로 기름을 빼고 색깔을 바꾼다. 그래서 검은 머리에 불거진 광대뼈와 황갈색 피부의 단일민족인 우리 모습이 형형색색으로 되어가고 있는 것이 부정할 수 없는 현실이라고 한다.
　사람만이 아니다. 거리의 간판이며 아파트나 빌딩의 이름을 보면 세계화의 위력을 실감한다.
　자연 생태계도 외래의 것을 맹신하는 풍조 때문에 우리 것은 멸시되어 사라져가고 있다. 황소개구리, 붉은귀거북이 무적의 제왕 노릇을 하고 부루길이 재래의 우리 물고기를 마구 먹어치우고 있다. 우리 땅에서 살아온, 본래의 우리 것은 모두가 외래종에게 밀리거나 그들의 먹이로 전락되고 있다. 몇 십여 년 전만 해도 내가 근무하던 학교 둘레에 꽃대가 길고 곧게 올라가는 우리 민들레가 많았는데, 지금은 서양 민들레뿐이다.

서양 민들레는 곤충이 없어도 꽃가루받이가 되는데다가 꽃의 수도 많고, 개화기간도 길며 성장률도 좋은데다가 겨울에도 땅바닥에 잎을 납작하게 붙이고 살아가니 청초하고 고고한 선비의 기질을 닮은 우리의 민들레는 그들의 경쟁상대가 되지 못한다. 고적이나 사적지의 조경수도 갈수록 우리 초목은 밀려나고 외래 수종이 그 자리를 대신해가고 있다. 이것은 생태계의 침략이고 점령이다.

얼마 전에 독립기념관 행사에 갔다가 류관순 생가를 찾았더니 뜰에 일본종 메다세코니아가 서있었다. 메다세코니아가 우리나라에 들어온 지는 오래지 않은데 둘레가 아름이나 되는 것을 보니 처음 들어왔을 때 심은 듯 했다. 그 곳이 어떤 곳인데 하필이면 일본이 좋아하는 나무를 심었는지 이해가 안 된다. 동식물만 그런 것이 아니다. 교육과 문화며 국민 의식은 말할 것도 없고, 작은 일용품까지도 모두가 그러하다.

우리 전통의 의(衣), 식(食), 주(住)는 한복(韓服), 한식(韓食), 한옥(韓屋)이라고 부른다. 서양 문물이 들어오면서 옷, 밥, 집이란 보통명사로 불려야 할 우리 문물들의 이름은 앞에 한(韓)자를 혹처럼 붙인 특별명사로 바뀌었다. 양약이나 양의사는 그냥 약(藥), 의사(醫師)인데, 우리 약과 의사는 한약(韓藥), 한의사(韓醫師)이다. 우리 소는 한우(韓牛), 우리 과자는 한과(韓果)라고 불린다. 마치 주인이 거리로 쫓겨나고 떠돌이로 들어 온 나그네가 대문에 자기 이름을 문패로 걸고 안방을 차지한 격이다. 그것은 '우리 한국 것이니까' 로 자위한다 치더라도 토종이니 재래니 하는 말에는 낙후나 후진성이란 의미가 내포되기 때문에 우리 것은 낡고 뒤떨어진 것으로 인식되어 가치가 떨어지고 관심 밖으로 밀려나고 있다.

 어린이들의 입맛도 밥보다 빵을, 숭늉보다는 콜라를 좋아하고 있다. 귀맛도 눈맛도 서양화되어가면서 모습도 서양 사람을 닮아가고 있다고 한다. 이래서 유구한 역사 속에서 이룩해낸 우리 고유의 것이 모두 빠르게 서양화 되어가면서 전래의 특성마저 변질되어 가고 있다. 얼마 전에 만든 영화 '춘향뎐'은 한국적 체형의 배우를 찾는데 애를 먹었다고 한다. 깎고 높이고 염색으로 가공(加工)하지 않아도 젊은 사람들의 외모나 체격이 우리의 특성을 잃어가고 있다는 것이다. 이러다가는 우리 자신도 미래에는 '재래의 순토종한국인'이란 특별명사를 달고 천연기념물처럼 지정보호를 받아야 혈통과 명맥을 이어갈 수 있게 될 날이 올지도 모른다.

 세계화라는 것은 강자(强者) 독식(獨食)의 문호를 개방하는 일이다. 약자일수록 내 것을 귀히 가꾸고 높이지 않으면 노예로 전락할 수밖에 없다는 것을 우리는 생각해야 한다. 가장 한국적인 것이 세계적인 것이고, 자기 것을 귀하게 받들고 높여나가는 것이 세계화의 물결을 당당하게 헤쳐 나갈 수 있는 길이란 것을 명심하지 않으면 안 된다.

토종과 외래종

긴 털에 덮인 얼굴에
반짝거리는 두 눈이
언제나 웃고 있네

귀신도 볼 수 있다는
그 맑은 눈으로
신라 천년을 지켜보았겠지.

-『삽살이』전문-

 제 7차 5학년 읽기에 개에 대한 설명문이 있다. 개는 소리를 잘 듣고 냄새를 잘 맡으며 주인에게 충성심이 강하다는 극히 상식적이고 관념적인 설명이었다. 그래서 이왕이면 진도개, 삽살개, 풍산개를 소개하면 좋지 않겠느냐고 했다. 우리 개는 똥개뿐이라는 인식도 바꾸고 진도개는 호남이고 삽살개는 영남이고 풍산개는 북한이니 동서와 남북의 화합 같은 상징적 의미도 있지 않겠느냐고 했다. 심의위원들 모두가 좋다 했고 교과서 개발팀도 그렇게 하겠다고 했다. 그런데 무슨 사정인지 정본에는 구조견, 맹도견 등 서양개들 중심의 글이 되고 말아서 아쉬웠다.
 진돗개, 삽살개, 풍산개와 함께 오랜 옛날부터 우리와 정들여 살아온 우리 재래의 개에는 똥개가 있다. 똥개는 집을 지키고 아기변을 처리하는 일까지 감당했다. 그래서 기저귀도 아끼고 환경도 깨끗이하고 개먹이도 줄였다. 그런 똥개가 이제는 외래종에 밀려 고막이 뚫리고 성대는 제거된 채 쇠사슬에 묶여서 버려지는 음식 찌꺼기나 받아먹으며 서럽게 자란다. 그러다가는 보신탕감으로 도살된다. 그러나 외래종 개들은 실내에서 주인의 시중을 받으며 사는 것이 대부분이다. 족보나 보증서까지 달린 외래종 개들은 대개 향수 목욕탕에서 몸을 씻고, 비싼 전문미장원에서 털다듬기를 한 후 수입 껌을 씹으며 주인과 함께 승용차를 타고 거들먹거리며 나들이나 다닌다. 그러다가 죽으면 장의사에 맡겨져 호화로운 개공동묘지에 묻힌다.

열린교육의 열기가 한창일 때였다. 학교마다 열린교육에 맞춰 시설을 바꾸는데 우리도 그렇게 해야 되지 않느냐고 했다. 대세에 밀려 우리 학교도 막대한 예산을 들여 다목적 책걸상을 구입하긴 했지만. 나는 벽을 트고 책걸상 바꾼다고 열린교육이 되는 것도 아니고, 허겁지겁 남의 흉내 낼 이유도 없다고 생각했다.

그래서 나는 어느 자리에서 열린교육은 하늘에서 떨어진 것도, 미국이 연구해낸 신기의 묘수도 아닌 육백 년 전 우리가 했던 교육방법이라며 농담을 했다. 열린교육에서 가장 이상적이라고 하는 무학년제, 통합수업, 수행평가는 옛날 우리의 서당교육이 그러했기 때문이다. 그러나 교육당국은 전통의 우리 교육방법을 빨리 버리는 것이 발전이고 선진이며 세계화라고 생각한다.

미국이 아동중심이니, 경험중심이니 하다가 1957년 소련이 스푸트니크를 연이어 우주로 보내자 크게 놀라 교육의 방향을 수정했다. 미국이 그렇게 실패해서 폐기한 그 교육방법을 뒤늦게 강요한 적도 있었던 우리가 이번에는 또 열린교육만이 기적을 낳을 것이라며 재래의 교육방법을 죄악시했던 것이다.

열린교육이 가슴은 얼어붙고 머리는 빈 깡통이 된 채 제멋대로 구는 아이를 만듦으로 미국에서는 오래 전에 처참하게 실패한 교육방법이라는 것을 재미교포 교육학자들이 경고했는데도 우리는 그것이 교육의 모든 문제를 해결해줄 것이라며 열을 올렸다. 그 결과 학생들은 기본학력이 떨어지고 생활이 무너졌다. 작년에 교육인적자원부가 읽기, 쓰기, 셈하기의 학력을 조사한 결과 초중고생 16만 명이 부진아라는 결과가 나왔다. 그것을 해소하기 위해 128억원의 예산을 긴급 책정한 당국은 열린교육이란 말 대신 수업개선으로 부르게 했다. 실패를 인정한 것이다.

지금 미국에서는 기본학력 정착 없이는 어떤 것도 기대할 수 없다 하여 주 3회 학력고사를 실시해 가정에 통보하는 학교가 늘고 있다는데, 우리는 언제까지나 아동은 고객이고 교사는 시중이나 들어야 하는지 참으로 걱정스럽다.

얼마 전에 리비아 미국계 학교에 간 제자가 찾아왔다. 그가 다니는 학교는 매일 쪽지시험을 보고 학기말과 학년말에는 종합시험을 치는데, 쪽지시험 30%, 종합시험 70%로 해서 100점 만점의 점수로 통지표에 기록하고 행동평가만 서술식으로 기록한다고 했다. 미국계 학교인데도 한국사 과목이 따로 있다고 했다. "시험치지 마라, 점수로 평가하지 마라. 미래화교육은 다양성을 요구한다. 세계화시대에 우리 역사는 중요하지 않다" 이것이 우리교육의 현실이다. 정도의 차이는 있지만 우리의 전통도 문화도 똥개의 예우와 다를 바 없으니 외래의 것에 밀리는 우리 신세도 이와 비슷하다는 생각이다.

입산과 등산

봄이 신록을 자랑하기에
문우들과 산을 찾았더니
북한산이 먼 발치에서
나를 기다리고 있었네
(중간 줄임)

눈을 들어 앞을 보니
이마 위로 구름이 가고
어느덧 북한산이 뚜벅뚜벅
나의 둘레길을 따라
저만큼 앞서가고 있었네.

-『산이 먼저』 일부-

　몽골에 갔을 때였다. 가도가도 끝이 없는 광활한 초원에 들꽃들이 군집을 이루고 있었다. 우리나라에서는 보기 힘든 절굿대며 솜다리, 백리향도 무리를 지어 벌판을 덮고 있었다. 멀리서 보면 색색 융단처럼 현란했다. 풀꽃을 보니 농사가 되겠는데 왜 논밭으로 하지 않느냐고 물었더니, 건조하고 추운 탓도 있지만 몽골 사람들은 땅을 신성시하기 때문이라고 했다. 갈고 파헤쳐 땅에 상처를 내는 일을 삼가고 있다는 것이다. 풀을 키워 가축에게 먹이를 주고 가축은 사람의 양식이 되니 땅은 곧 풀과 가축과 사람을 먹여 살리는 어머니라는 것이었다. 그 어머니 몸에 상처를 낼 수는 없다는 것이었다. 사람이 죽으면 풀밭에 풍장을 하는 것도 땅에서 받은 몸을 땅으로 돌려준다는 생각에서라고 했다.

　풀과 가축을 먹고 살았으니 죽은 몸은 그들의 먹이로 되돌려준다는 것이다. 그 말에 마음이 숙연해졌다. 그들은 자연을 편의대로 파헤치고 바꾸어 이용하지 않고 자연을 은혜롭게 생각하여 있는 그대로를 가꾸겠다는 것이다.

　'확이 깊은 집의 개는 주둥이가 길다' 는 우리 속담이 있다. 디딜방아나 절구에서 찧거나 빻을 곡식을 넣는 곳을 확이라 한다. 깊은 확의 곡식을 꺼내 먹자면 주둥이가 길어야 한다. 모든 것은 환경이 좌우한다는 것을 빗대어 한 말이다. 이런 속담은 우리에게나 있지 서양에는 없다. 우리는 자연의 이치를 순리대로 따라 살아왔지만 서양은 정복하고 개조하며 지배해왔기 때문이다.

　산행(山行)을 원래 우리는 입산(入山)이라 했다. 산의 품으로 든다는 뜻이다. 사람은 자연에서 태어나 그 품에서 살다가 죽으면 자연으로 돌아가는 것이다. 사람은 자연의 일부로서 산과는 서로 수평관계에 있다고 보아서 입산이라 했다. 그러나 등산(登山)은 정복을 의미하는 서양정서이다. 산과 사람을 수직관계로 보기 때문에 산도 정벌하여 굴복시켜야 하는 대상으로 파악하는 것이다. 입산은 자연과의 합일이고 친화이지만 등산은 정복과 지배의 개념이다. 우리의 옛 선비들이 폭포가 있는 곳에 정자를 짓고 자연을 노래할 때 서양 사람들은 분수를 만들고 투기(鬪技)를 즐겼다.

　로마시대의 분수대와 검투장이 그래서 만들어졌다. 집의 모양도 우리의 궁궐이나 사찰의 추녀는 두 손을 펼쳐 하늘을 받드는 모습이다. 경천(敬天)의 형상이다. 그러나 서양의 사원이나 성채의 옥개(屋蓋)는 뾰족하게 치솟아 하늘을 찌르는 모습이다. 역천(逆天)의 형상을 떠올리게 한다. 무엇을 생각하고 논증하는 것도 우리는 귀납적으로 종합하려 했다. 겸허하게 자연을 관조하고 체험을 통해 모든 것을 인지하려 했다.

그러나 서양은 주로 연역적으로 분석하려고 했다. 개별적인 관찰과 분석으로 자연과 만물을 이해하려고 했다. 우리의 운세는 사주(四柱), 관상(觀相)이나 음덕(陰德)이 결정한다고 믿어 타고난 운명에 순종하려 했고, 조상의 음덕을 기원하는 것도 같은 맥락에서 생각해 볼 수 있다.

엄격한 반상의 차별과 관리들의 가렴주구에 시달려온 서민들은 조상이 잘 나서 양반으로 떵떵거리며 잘 사는가 하면 조상을 잘못 만났기 때문에 대대로 천대 속에 살아오는 여항인(閭巷人)들의 소망은 어떻게든 후손이 훌륭히 되어 신분상승을 해서 떵떵거리며 잘 살아보자는 것이었다.

그래서 보이지 않는 조상신의 음덕을 기원했다. 일테면 조상의 제사를 지낼 때 제상에 올리는 과일 하나에도 그런 뜻이 스며있다고 한다.

제상에 올리는 과일 중에서 중요하게 생각하는 것은 대추, 밤, 배, 감 네 가지 과일, 즉 조율이시(棗栗梨柿)라는 것이다. 제사를 지내면서 마음속으로 '조율이시' 같은 자손을 점지해 주십사 하고 조상신에게 기원하는 것이다.

대추(棗)는 씨가 한 개다. 나라에서 하나뿐인 것은 제왕이다. 제왕 같은 후손이 나게 해달라는 것이다. 밤(栗)은 한 송이에 세 개가 들어있는 과일이다. 나라에서 셋뿐인 높은 자리는 삼정승이다. 후손 중에 삼정승이 나게 음덕(陰德)을 베풀어 달라고 기원하는 것이다. 그것이 어려우면 배(梨)나 감(柿) 같은 후손이라도 태어났으면 눈을 감아도 원이 없겠다는 것이다. 배는 씨가 여섯 개이고, 감은 씨가 여덟 개이니, 여섯 판서와 팔도 감사를 상징하는 것이었다.

조율이시(棗栗梨柿)를 두고 기구(冀求)하는 일은 조상제사 때만 있는 것이 아니었다. 집안에 새 며느리를 맞이할 때도 그러했다. 폐백 때 신랑신부의 인사를 받으면서 대추, 밤 등을 신부를 향해 던져

주면 신부는 시부모가 던져주는 대추, 밤 등을 치마폭을 펼쳐 받는다. 그것을 치마폭에 던져주는 뜻은 무엇이며, 시부모가 주는 과일을 손으로 공손히 받지 않고 왜 치마로 받을까?

폐백음식이나 과일은 먼 옛날 중국에서부터 있어온 풍습이고 그것도 시대에 따라 과일 대신 꽃을 주기도 했고, 씨앗 많은 과일로 자식을 많이 낳기를 기원하기도 했지만 우리가 대추와 밤 등을 새로 맞이하는 며느리의 치마폭에 던지는 것은 제사상에 조율이시를 올리는 것과 같은 간절한 비원(悲願)이 담겨있다고 말하기도 한다.

제2부
해우소와 화장실

황토와 시멘트

흙은 새싹을 피워주고 벌레를 깨워주고
모든 것을 길러낸다.

흙은 샘물을 풀어주고 황금을 내어주고
모든 것을 거저준다.

우리는 흙에서 태어나 흙의 은혜로 살다가
흙으로 되돌아간다.

-『흙은』 전문-

흙은 그 품에서 나고 살아가는 동식물을 위해 약과 젖을 준다. 그래서 흙은 생명의 근원이고 생활의 터전이며 영원한 안식의 자리이다. 씨알의 바탕으로 만물의 어머니이며 향수의 원천이다.

친구가 전원주택에 황토방을 꾸미고 소나무 장작으로 군불을 지핀다며 자랑을 했다. 그 순간 나는 고향집이 떠올랐다. 아버지는 농사철이 오면 구들장을 들어내고 방고래에 쌓인 재를 긁어 거름을 하고 방바닥은 볏짚을 섞은 황토로 발랐다.

아궁이에 장작불을 지피면 황토냄새가 방안에 가득했다. 방바닥에 등을 대고 누우면 모든 평화가 나의 것이었다. 주택이 양옥으로 바뀌면서 한 동안 잊고 지냈던 그 황토온돌이 되돌아오고 있다. 불편하다는 이유로 양옥에게 밀려났던 우리 전통가옥이 전원주택이라는 이름으로 살아나면서 잊혀졌던 황토온돌도 옛 사랑을 되찾고 있다. 서구 문화가 합리적이라지만 우리 문화에는 그들이 갖지 못한

고차원적인 장점이 많다.

황토(黃土)를 귀히 여겨온 우리 조상들의 정신문화가 그러하다. 황토는 모든 생명의 안태고향이며, 만병의 치료약이다.

멧돼지는 상처를 입으면 황토에 뒹굴어 아물게 했고 잉어를 비롯한 물고기들은 황토를 먹어서 아가미나 내장의 병을 고친다. 내가 어렸을 때는 연장에 손을 베면 황토를 발랐고 피부병도 황토로 치료를 했다.

전원주택의 황토방은 그러한 흙의 효험을 향유(享有)할 수 있으니 친구의 자랑은 당연하다. 따지고 보면 황토는 생명을 낳고 기르며, 그 품에서 자라는 생물에게 양식이 되고 약이 되며, 생명가진 모든 것에 해악이 되는 자연조건을 조절하고 정화시키기도 하는 기능을 갖고 있을 뿐만 아니라 식량이 되기도 했다.

고려를 침입했던 몽골의 십만 대군은 식량이 딸리자 황토에 인육(人肉)을 섞어 끓여 먹었다고 하며, 신라 제 33대 성덕대왕(聖德大王)의 장자 김교각(金橋覺)은 임금의 자리를 마다하고, 중국 구화산(九華山)으로 들어가서 등신불이 되었는데, 그는 입적할 때까지 서라벌에서 데리고 간 삽살개와 함께 살며 흑미(黑米)와 황토를 식량으로 했다고 한다.

그밖에도 옛날 산신제 같은 제례 때는 제관의 집이나 제사장소 둘레에 황토를 펴서 관계자들의 근신과 잡신의 근접을 막았고, 전염병이 돌 때는 마을로 들어오는 길목마다 황토를 깔아서 역질(疫疾)을 물리치려고 했다.

우리 조상들은 그만큼 황토의 효능을 믿었던 것이다. 오늘날에는 오염된 농토를 황토로 부토(扶土)를 해서 토질을 개선하며, 오수(汚水)를 정화하는데도 효과가 있어 2001년 9월 남해에서 발생한 적조가 걷잡을 수 없이 퍼져갈 때도 황토를 뿌려서 적조를 물리쳤다.

오늘날 우리가 황토팩을 하고 황토방, 황토탕, 황토찜질이 몸에 좋다며 즐기는 것도 그 때문이다. 기업들은 이런 분위기를 타고 황토로 천연염료를 개발하고, 황토방석, 황토매트, 황토침대 등으로 재미를 보고 있다고 한다. 심지어는 아파트 6층 이상은 땅의 기가 미치지 못한다고 하여 값이 떨어진다고 하니, 버렸던 조상들의 지혜를 다시 찾고 있는 것이다.

해우소와 화장실

엄마! 절에는 화장실이
산 아래 골짜기에 있어
왜 그런지 모르지?

그것은 응아! 하는 거기가
몸 맨 아래쪽 뒤에 있잖아
그래서 그렇단 말이야.

-『절 화장실』전문-

어린이 시다. 절에서는 화장실을 해우소(解憂所)라 한다. 근심 걱정을 풀어버리는 곳이란 뜻이다. 대소변만을 처리하는 곳이 아니다. 몸속에 쌓인 물질적인 찌꺼기는 물론이고, 마음에 끼는 탐욕, 원망, 번민, 불만, 분노 같은 정신적인 노폐물도 모두 씻어내는 곳이다. 필요없는 찌꺼기나 유쾌하지 못한 감정은 빨리 제거해야 삶이 청정해진다. 그런 해우소는 법당이나 요사채와는 멀리 떨어져 있다. 우리 몸의 기관 중에서 가장 밀접한 관계에 있으면서도 입과 항문은 제일 멀리 떨어져 있는 것과 같은 이치다. 또 해우소는 골짜기 언덕 끝에 지어 대소변 떨어지는 자리를 가급적 깊게 한다. 부정하고 불결한 것은 멀리 하려는 것이다.

보은 법주사 무쇠 솥은 하도 커서 동지 팥죽을 쑬 때 스님들이 배를 타고 들어가서 젓다가 김이 서려 길을 잃은 데다가 끓는 팥죽의 풍랑에 휩쓸려 끝내 돌아오지 못했다고 하며, 영천 은해사 해우소는 너무 깊어 대변을 보고 난 뒤 몇 년 후에 와보니, 그때서야 몇 년 전에 자기가 눈 대변이 이제 해우소 밑바닥에 떨어져 닿는 소리가 나더라는 우스개가 있다. 그러한 해우소가 이제는 모두 사라져가고 절에도 현대식 화장실이 해우소를 대신하고 있다.

출판사에서 옛날 스님들의 생명존중, 어른공경, 근검절약, 자연보호, 관용정신 등을 보여줄 수 있는 그림책 원고를 청탁했다. 사장이 기독교계의 저명인사라서 성경에도 성자들의 훌륭한 삶의 모습이나 귀한 가르침이 많은데 왜 스님이냐고 했더니, 생명존중이나 관용정신은 불교가 으뜸이라며 오늘날에는 그런 정신이 가장 필요하지 않겠느냐고 했다.

나는 쾌히 승락했지만 삽화가 쉽지 않았다. 출판사에서 추천한 삽화가를 만났지만 지금은 사찰도 근대화되어 내가 요구하는 예날 분위기를 그리기가 어렵다며 사양했다. 삽화를 많이 그리는 화가 몇 분을 더 만난 뒤에 그림을 그리기로 했으나 해우소가 문제였다. 모델이 없는 것이다. 내가 이야기해줄 테니 상상해서 그리라니까 그렇게 하면 아무래도 사실성이 떨어지므로 현장 스케치를 해야 된다고 했다. 그래서 일 년이나 지나서 '아주 특별한 그림책'《옛날 스님들은 어떻게 살았을까》란 이름으로 책이 나왔지만 해우소 이야기는 그림을 못 그려서 끝내 빼고 출판됐다.

우리가 본디 뒷간, 통시, 측간 등으로 불러온 그 곳은 거실이나 식당과는 멀리 떨어지게 따로 지었다. '사돈집과 뒷간은 멀수록 좋다'는 속담이 있을 정도였다. 서양은 식당이나 거실에 붙여지었다. 쓰임도 우리의 뒷간은 배설만을 전용으로 하는 독립가옥이었지만 서양은 본채에 붙어 있으며 양치, 면도, 샤워, 화장은 물론이고 옷 매무새까지 고치는 다목적 공간이었다. 화장실(化粧室)이라고 하는 것이 그 때문이다.

내가 30대 때였다. 송파산대 전수자들 연수회에 강의를 해달라고 했다. 연수장은 산대놀이를 연습하는 강당이었다. 그런데 화장실이 없었다. 여자 전수자들만 모인 자리라 숫기가 없는 나는 묻지도 못하고 집 안팎을 뒤졌다. 눈치 빠른 전수자 한 분이 "선생님, 저기가 거기예요."하며 강당 한쪽을 가리켰다. 고운 벽지를 바른 벽에 빨간 테를 한 초록색 글씨로 "선생님, 여기가 거기예요"라고 씌어있었다.

 거기에 있는 것이 미안해서가 아니면 우리 전통무용을 익히는 곳에 서양식인 것이 겸연쩍은 탓인지 귓속말로 속삭이듯 조그만 글씨였다. 그 뒤 나는 음식점 같은데서 '거기가 어디지요?' 하고 물어보았더니, 거의가 화장실을 가리켜 주었다. 화장실이나 WC, Toilet이 아닌, 통시나 정낭, 또는 측간, 세숫간, 위생간이거나 뒷간이 아닌 해우소가 그리운 시대이다.

보자기와 가방

　오래 전의 일이다. 일석 이희승(一石 李熙昇) 선생님이 송아지다방 계단에서 굴러 떨어져 허리를 다쳤다고 했다. 송아지다방은 종로 조계사 건너편 낡은 목조 건물 2층에 있었다. 나에게 연락을 한 것은 다방 종업원이었다. 선생님이 다쳐서 병원으로 갔는데 어느 병원인지는 모른다고 했다. 나는 퇴근길에 동숭동 선생님댁으로 갔다. 선생님은 병원에 가시지 않고 방에 누워 계셨다. 곁에 앉아있던 장남이 나에게 눈짓을 했다. 병원으로 모실 수 있도록 말씀을 드려달라는 것이었다.
　아들이 의사인데도 병원에는 안 가겠다고 하니 걱정이라고 했다. 내가 병원으로 모시겠다고 했더니, 선생님은 약이나 의사에 의지하지 않고 내공의 힘으로 스스로 낫도록 하겠다는 것이었다. 즉 어떤 의학적인 시술이나 약의 힘을 빌지 않고 다친 곳이 자연적으로 치유되게 하겠다는 것이었다. 그러다가 더 심해지면 어쩌려고 그러시냐고 했더니, 선생님은 억지로 통증을 참으시는 듯 고통스러운 표정을 지으시며 말씀하셨다.
　"나라에 외적이 쳐들어와서 어렵게 되었을 때, 외부로부터 구원병을 불러들여 그 외적을 물리치려 하면 어찌되겠소. 그건 여우를 쫓기 위해 호랑이를 청하는 격이니, 더 큰 화를 당할 수가 있어요. 어렵더라도 내 힘으로 이겨내야지요."
　몸의 병을 치유하는 것도 그렇게 해야 자신을 지킬 힘이 길러진다고 했다. 자연의 이치가 그런 것이니 순리를 따라 그대로 가만히 있으면 몸이 스스로 자력을 길러 치료가 될 것이라고 했다. 할 수 없었다. 옛 어른들의 생각은 대개 그러했다.

폭풍이 지난 들에도 꽃은 핀다.
지진에 무너진 땅에도 샘은 솟는다.
불에 탄 흙에서도 새싹은 난다.
우리는 늘 사랑과 빛에 가득 찬
자연의 속삭임에 귀를 기울이자.

-『폭풍이 지난 들에도』전문-

 영국의 낭만파 시인 'G.G. 바이런(1788~1824)'의 시다. 자연은 상처를 입으면 스스로 치유(治癒)하여 원상을 회복한다. 저절로 본래의 모습으로 돌아가는 것이 자연의 순리다. 우리는 이러한 순리에 따라 살아왔다. 그래서 우리 조상들은 집을 지어도 자연으로 쉽게 환원하는 나무와 흙으로 지었고 살다가 떠나면 흔적을 남기지 않았다. 잠을 자고 나도 이부자리는 개어서 보이지 않게 장 속에 치웠다. 고정된 잠자리를 그대로 남겨두는 서양의 침대생활과는 전혀 다르다. 살던 자리도 잠을 잤던 흔적도 남기지 않음은 자기 존재를 내세우지 않으려는 겸손의 자세이며, 남을 배려하여 뒷 사람에게 자리를 비워주는 양보의 마음이다.
 어릴 때 내가 살던 집은 텃밭과 마당 사이에 수수깡울타리가 있었다. 울타리 밑에 제비콩과 호박을 심었는데, 그 곳은 그늘이어서 나는 손거울로 햇볕을 비추어주다가 그만 거울을 깨뜨렸다. 할아버지가 거울조각을 잘 모으라고 했다. 할아버지는 그것을 망치로 가루가 될 때까지 부수었다. 화가 나서 그러시는 줄 알고 나는 안절부절못했는데, 할아버지는 그렇게 해야 거울조각이 흙으로 돌아가지 않겠느냐고 했다.
 우리 옛 어른들은 그렇게 살았다. 무엇을 담는 그릇도 주머니, 자루, 보자기(褓), 전대(纏帶)를 썼다. 이런 것들은 쓰지 않을 때는 접어서 부피를 줄여 치울 수 있는 것이다. 그러나 서양은 딱딱한 지갑과 가방과 궤짝을 주로 썼다. 사용하지 않을 때도 제 부피대로 공간을 차지한다. 집을 지어도 돌이나 콘크리트로 많이 지었으므로 자연으로의 환원이 잘 안 되었다. 그래서 서양은 그리스 로마시대의 사적이나 잉카제국의 유적이 남아있지만 우리는 남아있는 역사적인 유물이 적다.

옛 건물을 보아도 조선시대 궁궐이나 산간의 사찰이 고작이다. 삼국시대의 그렇게 화려하고 웅장했다는 건축이나 문화유산도 남은 것이 적다. 볼 수 있는 것은 대부분 복원한 것이지 옛것이 그대로인 것은 드물다.

흔히들 그것은 왕조가 바뀌면 의도적으로 옛 것을 없애버렸기 때문이라고도 하지만, 지나면 본디의 모습인 자연으로 돌려준다는 조상들의 의식 때문이라고 생각한다. 법(法)이라는 글자가 '물수(水)+갈거(去)'로 이루어진 것은 '물 흐르듯이 자연의 순리대로 살아가는 것이 곧 법(法)이기 때문'이라고 말한다. 단순한 우스개로 들어넘길 말이 아니다. 자연의 순리대로 살지 않으면 곧 법을 어기는 것이 된다. 그것이 우리 조상들의 삶의 철학이었다.

사색과 실천

> 달아 달아 밝은 달아, 이태백이 놀던 달아.
> 저기저기 저 달 속에 계수나무 박혔으니,
> 옥도끼로 찍어내어 금도끼로 다듬어서,
> 초가삼간 집을 짓고 양친부모 모셔다가,
> 천년만년 살고지고, 천년만년 살고지고.
>
> -『달노래』 전문-

　우리가 불러온 전래동요인 달노래다. 우리 조상들은 달나라에는 커다란 계수나무가 있고 거기에는 절구로 떡방아를 찧는 옥토끼가 있으며, 달나라 왕궁인 월궁에는 두꺼비 모습으로 살고 있는 선녀 항아(姮娥)가 있다고 믿어왔다.
　옥토끼는 털빛이 옥같이 희고 고우며 앞발은 사람의 손처럼 사용하고 뒷발로만 걸으며 말을 하는 신령스러운 동물로 옥황상제의 명으로 불로장생의 선약인 선단(仙丹)을 만든다고 했다. 그런 옥토끼가 떡방아를 찧는다고 알려진 것은 욕심 많은 사람들이 옥토끼가 방아를 찧어 만드는 것이 떡이 아닌 불로장생하는 선단임을 알게 되면 무슨 일이 벌어질지 몰라서 숨기기 위해서 떡방아라고 한다는 것이다. 그것은 항아가 남편인 예(羿)를 속인 일이 있었기 때문이었다.
　달두꺼비인 선녀 항아는 원래 하늘나라의 전설적인 명궁 예의 아내였다. 인간을 구제하라는 옥황상제의 명을 받은 예는 하늘에 해가 열 개나 되어 그 뜨거운 열기에 인간이 고통을 받는 것을 보고 해를 한 개만 남기고 나머지는 모두 활로 쏘아 떨어뜨렸다. 그러자 옥황상제는 자기의 아들인 해를 떨어뜨렸다 해서 예를 항아와 함께 신

(神)의 자격을 박탈하고 인간 세상으로 쫓아냈다.

남편 예와 함께 인간이 된 항아는 다시 신이 되고자 남편에게 불로장생(不老長生)의 선약을 구해오라고 졸라댄다. 아내의 등살을 견디어내지 못한 남편 예는 곤륜산의 서왕모를 찾아가서 3천년에 한번 꽃을 피우고 3천년에 한번 열매를 맺는 천도나무의 열매로 3천년 걸려서 만든 불로불사약 두 개를 얻어온다. 불로불사약은 한 개만 먹으면 불로장생하고 두 개를 먹으면 신이 되어 하늘로 올라갈 수 있는 선약이었다.

항아는 꼭 신이 되어 다시 하늘로 가고 싶은 욕심에 눈이 멀어 예가 없는 틈을 타서 이 불로불사약을 가지고 달나라로 도망간다. 항아는 그 선약을 먹고 달나라에서 신(神=仙女)이 되었지만 남편 예를 배신한 죄로 아름다운 모습을 잃고 흉측스러운 두꺼비의 모습으로 변했다. 달두꺼비가 된 항아는 낮에는 월궁 깊숙이 숨어 있다가 밤이면 땅으로 내려와 땅두꺼비들과 놀다가 달이 지려하면 서둘러 달나라로 돌아간다고 한다.

우리 조상들은 이러한 이야기를 사실처럼 믿으며 달을 쳐다보고 온갖 아름다운 상상을 했다. 그래서 달노래는 언제 불러도 가슴이 설레는 노래였다.

달빛이 물결처럼 찰랑이는 오솔길을 따라 잔잔하게 흐르는 풀벌레의 청음은 그대로가 환상이다. 끊어졌는가 하면 이어지고 이어지는가 하면 끊어지는 그 가냘프고도 애잔한 소리가 있어 달빛은 더욱 고요롭고 신비스럽다. 그것이 우리 정서의 표상이고 꿈이었다.

그런데 그것이 서양의 기계문명에 의해 산산히 부서졌다.

소련이 1961년에 인공위성을 지구궤도로 쏘아 올리므로서 미국과의 우주경쟁은 본격적으로 불이 붙었다. 1962년 존 글렌이 미국 최초로 궤도비행에 성공하고 이어서 1969년 아폴로 11호가 달착륙선 이글호를 달 표면에 착륙시켰다. 그로부터 아폴로 17호까지 여러 차레 우주비행사들이 달에 가서 여러 가지 자료를 채취해 오므로써 선녀의 날개옷 같은 신비의 베일에 쌓였던 달은 발가숭이 알몸이 되어 초라한 모습으로 우리 앞에 서게 되었다.

　이 일을 두고 세계는 천지개벽이라도 된 듯이 떠들었고 달에 갔다가 돌아온 우주비행사들은 인류의 영웅으로 떠받들어졌다. 하지만 우리는 무언가 참으로 소중한 꿈을 잃어버렸다는 쓸쓸함을 지울 수가 없었다. 이러한 우리의 정서와는 달리 과학자들은 알몸뚱이가 된 달을 두고 이렇게 말했다.

　첫째, 달은 지구가 다른 궤도에서 데려온 '아내'이다.
　둘째, 달은 지구에서 가출해 나간 '딸'일 지도 모른다.
　셋째, 같은 먼지구름에서 태어난 '누이'일 수도 있다.

　서양의 정서가 달을 정복하고 천지개벽이라도 한 것처럼 요란을 피우는 것이라면 우리는 달빛 같이 은은하고 고요하다. 있는 그대로를 받아드려서 조용히 즐긴다. 그래서 우리는 혼자 조용히 생각하기를 좋아하는 사색형(思索型)이다. 적극적으로 부닥쳐 해결하려는 실천형(實踐型)인 서양 사람들에 비하면 소극적이다. 이런 점은 식사 태도를 봐도 그렇다.

　아이들에게 한식과 양식의 차이를 한 마디로 말해보자고 했더니, 한식은 한 손으로 한가롭게 먹는데, 양식은 양손으로 양보 없이 먹는다고 했다. 그렇다. 한식(韓食)은 한 손으로 먹지만 양식(洋食)은 양손으로 먹는다. 음식은 생명의 기름이다. 생명이 불꽃이라면 음식은 그 불꽃이 잘 피도록 공급하는 기름이라 할 수 있으니 세상에서 가장 값지고 소중한 것이다. 음식이 아니면 생명의 불꽃은 꺼지게 되니, 음식은 곧 불사약인 것이다. 그래서 음식은 단정하고 경건한 자세로 먹어야 한다는 것이다. 식사 때는 입안에 밥알이 보이거나 침을 튀기며 이야기를 해서는 안 된다.

　우리의 식사 태도는 참선자세와 같다. 그러나 서양은 식사자리가 웃고 떠들며 소란스럽다. 칼과 창을 휘두르는 결전장과도 같다. 영화에서 본 북해의 바이킹들이나 서부영화에서 보게 되는 신천지 개척민들의 식사모습을 떠올려 보면 수긍이 갈 것이다. 주된 식료(食料)도 우리는 채식을 많이 해서 밥과 채소가 중심이지만 서양은 육식을 주로 하므로 빵과 고기가 주식이다.

　생활문화도 이러한 성정에 따라 동양과 서양은 상대적인 것이 많다. 무엇을 생각하고 판단함에 있어서도 우리는 주관적이고 추상적이라서 무의식의 세계를 인정하고 거기에 몰입하는 일이 많지만, 서양은 객관적이고 논리적이다. 인과론(因果論)과 인식의 세계만을 인정하려 한다.

　달에는 계수나무가 있고 선약을 만드는 옥토끼와 두꺼비 모습을 한 선녀가 살고 있는 이상향으로 우리 부모님을 모시고 가서 천년만년 살고 싶다는 것은 우리의 정서이지, 서양 사람들의 사고로는 달은 도끼로 찍어서 부모님을 모실 초가삼간 집을 지을 계수나무도 없고, 옥토끼와 항아가 산다는 것은 유치한 상상이다. 달은 한 개의 삭막한 돌덩어리일 뿐이다.

추상과 실증

해우소 댕댕이바구니에는
얼굴사진이 담겨 있었습니다

"스님, 이것은 무엇이어요?"
"신문지에서 오려낸 것이다."

"이것을 모아서 무얼 하게요?"
"사진도 얼굴인데 그것으로
뒤를 닦을 수는 없지 않느냐?"

스님은 그것을 가지고 나가
소지하라고 했습니다.
(아래 줄임)

-『얼굴 사진』일부-

    지금은 달라졌지만 내가 어릴 때만 해도 처음 가는 시골길은 이수(里數=距離)를 짐작하기가 어려웠다. 길에서 만난 사람에게 내가 찾아가는 곳을 설명하고 거기까지 가려면 시간이 얼마나 걸리겠느냐고 물으면 '금방이요.' 한다. 금방이나 잠간이라는 시간의 길이는 일정한 잣대가 없다. 만만디라는 옛날 중국은 그 기간이 2~30분에서 2~30년일 수도 있었다는 말이 있다. '아무리 바둥거려봤자 한 세상 사는 일은 잠간인 것이다' 라고 했을 때 그 잠간은 일생인 것이다.
    길에서 만난 사람이 내가 찾아가는 곳을 '금방이요' 라고 했지만 그 금방이 한 시간일 수도 있고 한나절일 수도 있는 것이었다. 그래서 금방이라는 말은 '이제 곧'이란 뜻이니 '금방이요'는 곧바로 도착할 거리어야 하지만 여기에서 금방이요 하는 거리는 가보면 까마득하다. 길을 잘못 들었나 싶어 다른 사람을 만나 물으면 이번에는 '십리쯤이요' 한다. 십리라면 한 시간 정도면 갈 수 있는 거리인데 두 시간이 넘도록 걸어도 도달할 수 없는 경우도 있다. 시간과 거리를 각자가 주관적으로 생각해서 대답하기 때문이다. 이와 같이 우리는 거리나 시간을 말하는 데도 객관적인 기준이 아니라 주관적이며 추상적이고 관념적이었다.

　어차피 말이나 생각은 현상을 있는 그대로 보여주지 못하는 것이라고 생각해서 그렇게 말하는 것이 아니다. 자기 나름대로 별다른 생각 없이 그렇게 말하는 것이 일상화 되어있는 것이다. 기분이 좋다고 했을 때 기분은 무엇이고 좋다는 것은 또 어떤 상태며 그것을 개관적으로 보여줄 수 있는 것은 무엇이냐고 묻는다면 대답이 어렵다. 김치와 된장 맛은 먹어봐야 아는 것이지 말로 증명하기는 불가능하다. 그러나 서양은 모든 일을 실제로 증명하려 한다.

　어릴 때 들은 재미있는 이야기가 생각난다. 낯선 길을 가는 나그네가 있었다. 날은 저무는데 갈길은 멀고 마을도 보이지 않았다. 마침 한 못난이를 만나서 "마을까지 얼마나 걸립니까?" 하고 물었다. 그러자 못난이는 "그대로 곧장 가보시오." 했다. "거기까지 가려면 시간이 얼마나 걸릴까요?" 나그네는 기분이 언짢았지만 다시 물었다. 못난이는 이번에도 "걸어온 대로 곧장 가보시오." 했다. 나그네는 몹시 불쾌해서 "꼴값하네. 생긴 대로 노는구먼." 하고 중얼거리며 걸어갔다. 그 때 못난이가 "여보시오!" 하고 불렀다. "이크! 내가 중얼거린 말을 들었구나." 속으로 생각하며 나그네는 걸음을 멈추고 돌아보았다. 못난이는 "마을까지는 한 30분 걸리겠소."라고 했다. 나그네는 조금 전에 물었을 때는 걸어온 대로 곧장 가라고 하더니 왜 이제야 가르쳐주느냐고 했다. 못난이는 웃으면서 말했다. "당신의 걸음 속도를 봐야 걸릴 시간을 알 것 아니오. 지금과 같은 속도의 걸음으로 간다면 30분이면 넉넉히 도달할 것입니다."라고 했다. 못난이는 이솝이었던 것이다. 모든 일을 실증으로 밝히려는 서양의 정서를 상징적으로 나타내는 이야기이다.

　이왕 이솝 이야기가 나왔으니 한 가지만 더 들어보자. 술을 좋아하는 이솝의 주인이 하루는 술자리에서 주량을 자랑하느라고 자기는 바닷물도 술이라고 생각하면 다 마실 수 있다며 거들먹거렸다. 그것을 아니꼽게 보고 있던 불량배들이 정말 바닷물을 다 마실 수 있는지 가진 재산을 걸고 내기를 하자고 했다. 이솝의 주인은 배짱으로 그렇게 하자고 했다. 불량배들은 그 약속을 문서로 다지자고 해서 문서에 도장까지 찍어주고 집으로 왔다.

　다음 날 술을 깨고 보니 큰일이었다. 그 불량배들에게 꼼짝없이 재산을 다 빼앗기게 되었으니 큰 낭패였다. 이것을 알게 된 이솝이 주인에게 걱정말고 내기를 하기로 약속한 바닷가로 가자고 했다. 그리고 마을 사람들도 증인으로 나오라고 했다. 그렇지 않아도 이솝의 주인이 술자리에서 불량배들과 당치도 않는 약속을 한 것을 알고 있는 사람들은 일이 어떻게 되나 궁금해서 모두 바닷가로 나갔다. 이솝은 자기 주인이 어제 술자리에서 한 약속을 이행할 테니 모두 증인이 되어 달라고 했다. 그리고는 불량배들에게 말했다.

　"우리 주인님께서 이 문서에 쓰신 대로 지금 바닷물을 다 마실 테니, 당신들은 바다로 흘러들어오는 강물을 모두 막아주십시오."

　"뭐, 바다로 흘러드는 강물을 우리 보고 막으라고?"

　"그렇습니다. 이 문서에는 분명히 바닷물을 마시겠다고 했지, 저렇게 끊임없이 흘러드는 강물을 마신다고는 하지 않았습니다. 여기에 이렇게 많은 증인들이 보고 있으니, 문서로 약속한 것을 지켜주십시오."

이솝이 이렇게 다그치자 불량배들은 그만 꼬리를 사리고 도망쳐 버렸다. 많은 사람들이 보고 있으니, 어떻게 힘으로 윽박지를 수도 없었다.

이솝의 주인은 대단히 감성적이고 추상적인데 비해 이솝은 이성적이고 냉철한 실증주의자였던 것이다.

그래서 일반적으로 우리(東洋)의 성정은 내성적, 이상적이고, 감정적, 자율적이라고 요약할 수 있다. 그것을 간추려 보이면 아래와 같이 된다.

㉠ 내성적이다 : 조용하고 사색적이며, 낯을 잘 가리고 혼자 있길 좋아한다.

㉡ 이상적이다 : 상상을 좋아하고 과장이 심하며, 미래에 가치를 많이 둔다.

㉢ 감정적이다 : 좋고, 나쁨을 중시하며. 눈물이 많고 겸양을 미덕으로 한다.

이러한 동양 사람들에 비해 서양(西洋) 사람들의 성정은 일반적으로 외향적이며 현실적이고, 논리적이며 규범적이므로 아래와 같이 요약하여 말할 수 있다.

㉠ 외향적이다 : 적극적이고 사교적이며, 기분을 드러내어서 잘 어울린다.

㉡ 현실적이다 : 경험을 중시하고 현실 적응이 빠르며, 정확하고 철저하다

㉢ 논리적이다 : 옳고. 그름을 중시하며, 논리성과 객관성에 가치를 둔다.

공수와 악수

(앞줄임)
"합장은 나를 낮춤이고
존경과 평화의 표현이다."
"그럼 악수는 어떤 뜻이에요?"
"잠시의 휴전 같은 것이지."

"휴전 같은 것이라고요?"
"악수는 총잡이들 인사야.
상대와 손을 잡고 있는 동안은
총을 뽑지 못하기 때문이지."

"합장은 어째서 평화인가요?"
"두 손을 한데 모으는 것은
사랑과 존경을 표하는 것이니,
절대적인 평화의 다짐인 게야."

"그럼 악수와 합장은
'전쟁과 평화'라고 하겠네요?"

선재는 개구쟁이처럼
총을 쏘는 시늉을 하다가
스님에게 합장을 했습니다.

-『합장과 악수』일부-

불교인들이 하는 합장(合掌)과 서양 사람들의 인사법인 악수(握手)를 두고 쓴 글이다. 나이 어린 선재동자가 스님의 말에 악수는 전쟁이고 합장은 평화라고 할 수 있는 거냐고 물었다. 좀 엉뚱한 것 같지만 생각을 해볼만한 질문이다.
   본디 우리의 인사법은 두 손을 앞으로 모으고 절을 하는 것이다. 두 손을 앞으로 모아 맞잡는 것을 공수(拱手)라고 하는데 오른 손을 밑으로 가게하고 왼 손을 위로 하여 모아 잡고 허리를 굽혀 절을 한다. 이것은 상대방에게 최대의 겸손과 공경의 뜻을 나타내는 것이다. 절이란 것은 본디 자기를 낮추고 상대방을 존경한다는 하심(下心)을 보여주는 행위이니 공수와 같은 의미를 가지고 있다. 이러한 절은 먼 옛날 벽화 같은 데서도 발견되므로 인류 역사의 태동기부터 행하여 온 것으로 짐작하고 있다.
   원시부족의 족장이나 지도자를 향하여 무릎을 꿇거나 엎드려 절을 함으로서 믿음과 단합의 결의를 보였던 것 같다. 그것이 지역과 민족과 종교에 따라 여러 형태로 행하여지고 있는데 사람에게 하는 절에는 반배, 평배, 숙배, 공수배 등이 있고, 기독교의 예배, 이슬람교의 나마즈, 불교의 예불이나 라마교의 오체투지 등 종교 의식에는 큰 하심으로 절대자를 경배하는 방법이 우리의 공수배례(拱手拜禮)와 유사한 점이 있음을 볼 수 있다.
   이러한 절은 상위에 있는 사람에게는 복종과 경배의 뜻이기도 하지만 평교간에는 두터운 우정과 신뢰를 서로 확인해 주고 더욱 공고히 다지는 것이다. 그 중에서도 불교인들의 합장배례는 그 자세나 뜻이 공수배례와 거의 같다. 사람의 손이란 것은 쫙 펴서 맞잡으면 사랑이고 베품이며 위로와 화합이 되지만 주먹을 쥐면 아집이고 독선이며 상대를 공격할 수 있는 무기가 된다. 그래서 두 손을 한데 모으는 것은 사랑과 존경의 표현이며 영원한 평화의 몸짓인 것이다. 이것이 동양사람, 특히 우리의 인사법이었다.

서양 사람들의 인사는 악수(握手)이다. 우리처럼 허리를 굽혀 절(拜禮)을 하지 않는다. 악수도 친애와 화해의 뜻을 나타내기 위하여 두 사람이 서로 손을 맞잡는다. 그러나 자신의 두 손을 맞잡는 우리의 공수와는 다르게 상대방의 오른 손을 내 오른 손으로 잡고 똑바로 서서 상대의 눈을 쳐다보며 아는 체 한다. 서로가 상대방의 오른 손을 잡는 것은 우리의 공수처럼 절대적이고 영원한 평화의 다짐이 아니다. 상대적이고 한시적인 화해의 표시이다. 그들의 역사는 생존을 위한 투쟁의 점철이었기에 우리에 비해 공격적이다. 일찍이 탐험 길에 올라 자연과 싸웠고, 약탈과 살육을 일삼는 해적질을 해왔으며, 원주민을 죽이고 서부지역을 개척해왔다. 그러는 동안에 그들은 너를 죽여야 내가 산다는 조상들의 의식이 몸속에 유전자로 자리하여 공격과 방어, 삶과 죽음이라는 위기의식이 인사법으로 정착된 것인지도 모른다.

그래서 나와 손을 잡고 있는 동안에는 상대가 총을 뽑을 수 없고, 나도 해치지 않는다는 것을 보여주는 한시적인 평화를 약속하는 행위이라고 말하는 학자들이 있다. 우리처럼 허리를 굽혀 절을 하면 그 순간에 상대가 공격할 지도 모르기 때문에 공격을 할 수 있는 오른 손을 맞잡고 몸을 꼿꼿이 세운 체 상대의 눈을 쳐다본다. 서로가 서로를 경계심을 갖고 속마음을 탐색하는 것이다. 손을 놓으면 총이나 칼을 뽑을 수도 있기 때문이다.

그래서 그들은 길을 갈 때 좌측통행을 하게 되는 것도 생존과 불가분의 관계에 있다고 한다. 상대를 공격하기에 가장 좋은 보행이 좌측통행이기 때문이다. 군사용어로 적군의 사격이나 관측 등으로부터 나를 방호하는 구실을 할 수 있는 장애물을 차폐물(遮蔽物)이라고 하는데 좌측통행을 하면 몸에서 가장 중요한 장기인 심장이 있는 좌측을 가리는 차폐물에 접근하기가 쉽고 오른 손으로 권총을 뽑아 상대를 공격하기에 알맞기 때문이다. 우스개로 하는 말일지라도 허투루 들어 넘길 수만은 없을 것 같은 이야기다. 왜냐하면 길을 갈 때는 가운데로 걷는 것이지 하필이면 왜 왼쪽이어야 하느냐고 묻는다면 어떤 대답이 나올까를 생각해 보자.

우리는 옛날부터 군자는 대로행이라 해서 길 가운데로 걸었다. 사극에서 도포자락을 휘날리며 다리를 벌려 팔자걸음을 걷는 선비들의 걸음거리를 종종 본다. 하늘을 우러러 한 점 부끄러움이 없고 아무 것에도 두려움이 없는 당당한 보행이다. 그러나 중요한 건물을 출입할 때는 우측통행을 해왔다. 궁궐이나 사당, 향교, 사찰 등 옛날 건물을 보면 밖에서 들어가는 문을 외삼문이라 하고, 안쪽에는 내삼문이라는 것이 있는데, 삼문이라 하는 것은 통로가 세 개씩이기 때문에 붙여진 이름이다.

건물의 성격에 따라 통로 이름을 달리 부르는데, 사찰인 경우에는 공문(空門), 무상문(無相門), 무작문(無作門)으로 부르기도 하지만 보통은 가운데 넓은 문은 정문(正門)이고 동쪽에는 동협문(東夾門), 서쪽에는 서협문(西夾門)이 있다. 정문은 왕이나 제관 같은 신분이 높은 사람이 드나드는 문이고, 그 외 사람들은 협문으로 다니는데 들어가고 나올 때 가는 방향을 향해서 오른쪽 협문으로만 다녔다. 왼쪽은 낮고 오른 쪽은 높다는 우고좌비(右高左卑) 사상에 바탕을 둔 철저한 우측통행이었다.

그러했던 우리가 지금에 와서 좌측통행을 하게 된 것은 서양문화를 그대로 받아드린 때문이다.

우리의 공수(拱手) 대신 서양의 악수(握手)가 일반화 되어있고, 우리가 우측통행(右側通行)을 했던 사실은 아무도 생각하지 않고 서양의 좌측통행(左側通行)이 생활 속에 자리잡아가고 있다. 이러한 일의 원인이나 장단점을 칼로 베듯이 양분법으로 적어보는 것은 나의 편견이 아니다. 선배 학자들도 비슷한 이야기를 해왔는데, 공감이 가는 점이 있기에 다시 해보는 것이다.

고름과 단추

'한 솥 밥'이란 말이 있다. 같은 솥에 푼 밥이란 뜻인데, 함께 생활하며 집안 식구처럼 가깝게 지내는 사이는 '한 솥 밥을 먹다'라 하고, 아주 가깝고 친한 사이에도 다툼이 있다는 뜻으로 '한 솥 밥에 송사난다'라는 속담이 있다. '한 솥 밥'은 '두레'라는 말과 함께 우리가 하나로 뭉쳐 서로 도우며 정으로 살아가는 운명공동체라는 것을 말할 때 많이 쓰이고 있다.

1960년대 우리가 초근목피로 연명해 가던 어려운 시절의 이야기이다. 그 때는 홍역도 심했다. 홍역은 살아서 앓지 않으면 죽어 저승에 가서도 앓아야 한다는 1급성 어린이 전염병으로 의료시설이 빈약했던 당시에는 많은 어린이들이 죽어갔다.

여러 남매를 둔 부모가 있었다. 홍역이 돌자 걱정이 태산 같았다. 굶주려서 면역력도 약한 자식들이라 홍역에 걸리면 모두 죽을 수도 있다는 생각으로 밤잠을 이루지 못했다. 생각 끝에 혈통을 이을 자식 하나쯤은 살려야겠다고 장남에게만 홍역예방주사 라이루겐을 맞혔다. 마을 아이들은 거의가 홍역을 앓았고 많은 아이들이 죽어갔다. 그런데 이상하게도 여러 남매를 둔 이 집의 아이들은 하나도 홍역에 걸리지 않았다. 사람들은 신의 조화라고 했다.

조상의 묘자리가 잘 들어서 음덕이 있을 것이라고도 했다. 그러나 신의 조화도 조상의 음덕도 아니었다. 식사방법 때문이었다. 집이 가난하고 보니 밥을 따로 차려줄 수가 없었다. 한 솥 밥을 한 통에서 먹었다. 여러 남매가 커다란 찌개뚝배기와 밥 한 양재기를 놓고 둘러앉아 먹었다. 장남의 숟가락이 뚝배기를 휘젓는다. 숟가락에 묻은 침은 씻어놓고 건더기를 떠간다.

다음은 동생들이 장남의 침과 함께 밥알을 건져간다. 그래서 장남의 침을 여러 남매가 나눠먹게 된다. 라이루겐의 약효는 장남의 침으로부터 찌개뚝배기를 통해서 여러 남매들이 나누어 갖게 되었던 것이다. '한 솥 밥'에서 한 발 전진한 '한 뚝배기'가 여러 남매를 같이 살게 해주었던 것이다. 의학적으로 가능한 일이라고 했다.
　'한 솥 밥'이란 말을 잘 써온 우리 조상들은 일반적으로 혈연이나 지연을 중시하고 공동체 의식이 강해서 무슨 일이 있으면 이웃끼리 힘을 모아 서로 도우며 함께 해왔다. 농사를 지어도 나의 일은 내가 한다는 것이 아니라 우리 일을 같이 한다는 것이 일반적이었다. 일테면 모내기철이 되면 이웃끼리 모여서 오늘은 우리 논에 모를 같이 심고, 내일은 옆집의 모내기를 하고, 다음 날은 뒷집 논으로 가서 모내기를 마친다.
　이것을 두레라고 하는데, 이렇게 하면 이웃간의 친화도 되고 힘든 일도 즐겁게 할 수 있었다. 이런 두레정신은 내가 아니라 우리라는 운명공동체적인 강한 연대의식이었다. 나의 일은 내가 한다는 책임정신이나 개인주의적인 개립정신이 강한 서양 사람들과는 대조적인 모습이었다.
　가족제도도 그렇다. 우리는 대가족제도로 가부장적 통제 아래에 이루어지는 내가 아닌 우리라는 두레집단으로 살아왔다. 그래서 호칭도 우리할아버지, 우리할머니이고 우리아버지, 우리어머니이다. 우리 형이고 우리 누나이며 우리 집이고 우리 마을이다. 모든 것에 함께라고 생각하는 공유격인 '우리'를 붙인다.
　그래서 집에 여러 남자 친구들을 초대해 놓고 부인 소개를 할 때 '이 사람이 우리 마누라일세'라고 하므로 그 부인은 초대된 모든 친구들이 공유할 수 있는 마누라가 되고 만다는 농담도 있다. 그런데 서양은 일찍부터 핵가족제도였다.
　부부와 미성년인 자녀로 이루어지는 소규모 편의집단이었다. 호칭도 나의 어머니, 나의 아버지, 내 동생, 내 형제라는 관계가 분명한 독점격이었다. 이러한 것은 의식주에서도 마찬가지다. 우리 옷은 치마끈과 옷고름에서 보듯이 끈의 문화이고 이것은 연대주의의 표징이기도 하다.

조선시대에는 큰 잘못이 있으면 그 죄는 삼족이 공동책임이었다. 죄인의 친가와 처가와 외가의 세 가문이 죄 값을 공동으로 치루게 된다. 소위 삼족을 멸하는 행형법이었다. 기록상으로 이러한 제도는 중국 상(商)나라 때부터 있었다고 한다.

상나라는 기원전 1600년 경 부터 있어온 중국 최초의 왕조라고 하니 삼족을 벌한다는 연좌제는 인류가 제도적인 조직사회를 갖게 되면서부터 시행되어 온 행형법이었던 것 같은데 이것이 기록상으로 동양에만 있어온 것 같다.

과문한 탓인지는 몰라도 서양에는 한 사람의 죄를 삼족에게 똑같이 뒤집어씌워서 집단으로 벌하는 일이 있었다는 말은 못 들었다. 그들의 복식(服飾)이 긴 치마끈으로 치마폭을 둘러싸고 고름으로 저고리 앞깃을 여미는 끈의 문화가 아니라 철저하게 개립적인 단추나 button 문화였듯이 사회생활도 개인주의가 발달했다.

우리는 옷고름 하나로 저고리를 다 여미고 풀 듯이 한 사람이 장원급제라도 하면 가문전체가 신분 상승이 되고 한 사람의 중죄가 삼족의 멸문지화가 되기도 했지만 서양은 어떤 영광도 수치도 개인의 것이지 우리처럼 집단으로 공유하지는 않았다. 그것은 여미고 푸는 것이 단추나 button 한 개 한 개가 다른 것과 같은 이치이다.

이런 현상은 퇴근하면 친구끼리 술을 한 잔 할 때나 술값을 계산하는 습성까지가 우리와 서양과는 확실히 다르다. 우리는 술자리에서 잔을 돌려가며 서로 권한다. '내 잔 받게', '어서 마시고 잔 좀 돌리게' 하며 마시고는 잔을 다른 사람에게 돌린다. 그렇게 하는 것이 친분을 과시하는 것이고 잔이 오지 않으면 섭섭해 한다. 술은 권하는 멋에 마신다고 한다. 그러나 서양은 각자가 자기의 잔을 자기가 채워 마신다. 잔을 돌려가며 권하는 일은 없다. 마시던 잔을 돌리면 오히려 불결하고 비위생적이라며 불쾌하게 생각한다.

우리의 음주 습관인 권주(勸酒), 거백(舉白)은 두레와 같은 연대의식이고 서양의 자작(自酌), 자음(自飮)은 자기중심적이고 개인적인 생활습성이다. 또 술값을 계산하는 모습을 떠올려보자.

지갑에서 돈뭉치를 꺼내서 술값을 계산할 때를 보면 꺼낸 지전(紙錢) 뭉치를 흩어지지 않게 한 손에 움켜잡고 한 장씩 넘기며 돈을 센다. 하지만 서양 사람들은 돈을 세는 방법이 그렇지 않다. 지전을 한 장씩 밑으로 내려놓으며 센다. 전체를 하나의 끈으로 묶는 것과 하나씩 따로인 것이 옷고름과 단추를 연상하게 된다.

공동협업을 위해 발달해온 두레정신은 농경생활에서부터 이렇게 가족제도와 일상생활 습성에 널리 자리잡고 있다.

제3부
사존연후 학문성

왜 이런 동시를 썼을까

　나도 어린이들을 위한 글을 쓰고 있기 때문에 말하기가 조심스럽지만 다 같이 생각해야 될 것 같아서 이야기해야겠다. 동시나 동화를 쓸 때는 그것을 읽을 어린이들을 먼저 생각해야 한다. 이렇게 말하면 그런 상식적인 이야기를 왜 하느냐고 할 것이다. 그래서 다 알고 있는 상식적인 이야기를 하려는 것이다. 너무 상식적인 이야기이기에 모두가 관심을 갖지 않으므로 더욱 해야 하는 것이다.
　어린이들 노래로 널리 불리는 동요 가사에 "저기 가는 저 노인 꼬부랑 노인, 우물쭈물 하다가는 큰일 납니다."라는 것이 도덕적으로 무례한 표현이라고 해서 고쳐지기도 했고, "앵두 따다 실에 꿰어 목에다 걸고, ⋯⋯냇가로 달맞이 가자"로 된 노래는 앵두는 실에 꿸 수 없고, 달맞이는 냇가로 가는 것이 아니므로 생활 사실과 맞지 않는 내용이라는 것쯤은 어린이들도 알고 있는데 어른들이 그런 것도 모르고 글을 썼느냐고 비판을 받았다.
　"학교 종이 땡땡친다. 어서 가보자."는 노래는 "학교 종을 땡땡친다"가 맞지 않느냐고 하다가 "학교 종이 땡땡땡."으로 고쳐졌다. 이런 것은 그래도 애교처럼 웃고 넘어갈 수도 있는 것이었다. 그런데 근간에 어린이들에게 주어지는 아동문학 작품에 어처구니없는 글을 보았다. 그것도 한국아동문학을 대표하는 대단한 작품이란 간판을 달고 나왔기 때문에 아무래도 이야기를 해야 될 것 같아서 용기를 냈다.
　먼저 작품을 보기로 하자. /는 행 바뀜이고, //는 연 바뀜이다.

　　그 언젠가/ 노을빛을 타고

터벅터벅 모래밭에
발자국을 남겼다.//

때그르 우짖는 갈매기 떼
쏴아 쏴 부서지며
먼 그리움을 달래 준/ 마른 목청
파도 소리/ 짜릿물로/ 씻어 준다.//

따가운 여름 날/ 다정한 갈림길에
쏟아진 햇볕에 무르익어
부드런 피부는/ 말랑 구릿빛칠.//

푸른 바다에
인어마냥/ 뒹굴고 싶다.//

바다처럼 먼 하늘
갯바람 숨소리가 들리는
싱그러운 바다에
답답한 숨통을 토하면
밀물이 사르르/ 발등에 스민다.

『바닷가』라는 제목의 이 글은 한국문인협회 아동문학분과회에서 작가들이 자선한 대표동시만을 모아 엮은 《한국대표동시집》에 수록된 동시이고, 작가는 문단의 중견작가로 행세하며 몇 개 감투를 갖고 있고, 현재 아동문학분과회 회장으로 있다.
 그렇기 때문에 이 동시는 우리 문단에서 대단한 위치에 있는 작가의 대표동시니 대단히 훌륭한 작품이라고 잘못 생각하기 쉽고, 그런 생각으로 이 동시를 보게 된다면 어린이들에게 그릇된 동시관을 심어주게 될 것은 뻔한 일이다.

이 동시를 읽어 보면 우리말을 겨우 익힌 외국인이거나 또는 어린 아이가 장난으로 어른들의 글에서 이 말 저 말을 따다가 아무렇게나 모자이크해 놓은 것 같다. 내용이나 문장이 초보적인 상식으로도 이해가 되지 않는 부분이 많은 이런 글을 어린이들이 읽고 무엇을 느끼고 배울 것인가를 생각하면 참 걱정스럽다.

아동문학가들은 문단에서 일반 문인들이 천시한다고 불평을 해온 것은 오래전 부터였다. 시인들이 시를 쓰다가 안 되면 동시나 쓸 것을 괜히 시를 쓰려고 했다거나, 소설이 안 되면 동화 같다고 한다는 말이 공공연히 나도는 것이 현실이다.

이 『바닷가』와 같은 동시를 내놓고도 무엇으로 그렇게 말하는 시인이나 소설가를 나무랄 수 있을런지 이 작가에게 묻고 싶다. 이런 것이 '한국대표동시' 라면 아동문학가란 멸시를 받아 마땅한, 참으로 한심한 부류들이고, 동시는 문학의 장르에 넣지 않는 것이 당연하다는 생각이 든다.

최근에는 이 작가의 새로운 동시집이 나왔다며 지상을 통해 널리 광고되고 있기에 새로운 기대를 갖고 책을 구해 읽어 보니 더욱 기가 막혔다. 작품의 전문을 보려면 지면이 허락지 않으니, 부분적으로 뽑아보기로 하겠다.

- '이른 봄을 달리는 늦겨울 단비',
- '섬섬이 머물었다 간',
- '작은 꽃잎 속에서 소소거립니다',
- '도란도란 다정하게 귀땜 해주고',
- '줄이 그은 하얀 종이에',
- '나무에는 트리가 대롱대롱 번쩍',

아무렇게나 뽑아 본 구절에서도 상식으로는 이해가 안 되는 표현들이 이렇게 많다.
어법도 맞지 않고 내용도 이해가 안 되는 이런 것이 훌륭한 동시라면 우리말의 어법은 물론이고 시의 개념도 전면 수정되어야 되리라는 생각이다.
오직 아동문학을 위해 일생을 바쳤던 고 강소천 선생님은 『나는 왜 아동문학을 하게 되었나?』라는 글에서 다음과 같이 말하고 있다.

"중학교 때 일입니다. 그 때 우리를 가르치시던 국어 선생님이 (그 때는 일본 사람들이 우리 말, 우리글을 없애려던 때였지요) '나라 말을 오래 보존하는 길은 오직 한 가지, 그 나라 문학을 높은 수준에 올리는 것이다. 또 하나, 우리나라 말을 후세에 이어가게 하는 방법은 좋은 아동 문학작품을 남기는 일이다.' 라고 역설하셨습니다. 그 때 나는 '그 일을 내가 해야겠다.' 고 결심했습니다."

그리하여 강소천 선생님은 평생을 한 눈 팔지 않고, 오로지 아동문학의 길만 걸어 왔지만, 지나온 길을 돌이켜 보면 부끄럽기 짝이 없다고 했다. 주옥같은 동시와 동화를 수없이 남긴 강소천 선생님도 이렇게 말씀하셨는데, 오늘의 우리 아동문학가들은 이 모양이니, 한심하기 짝이 없다. 참으로 부끄러운 일이다.
우리 아동문학가들은 냉정한 자세로 자신을 되돌아 봐야 하겠다. 그것도 한국아동문학가를 대표한다는 이름을 코에 걸고 그것을 대단한 무기로 생각하며, 허세를 부리는 사람이라면 감투를 탐하기전에 스스로 자신을 바로 알고 문학적인 자질 향상에 노력해야 할 것이다.
또 자기가 쓴 글에 대해서는 책임감을 느껴야 하고, 그 글을 통해서 독자에게 무엇을 줄 것인가를 염두에 두어야 할 것이다. 꼭 문학가라는 어줍잖은 간판을 달지 않더라도 우리말을 사랑하고 어린이들의 언어생활을 생각한다면 우리는 일상의 생활 속에서 누구나 아름답고 고운 우리말을 살려 쓰기에 노력해야 할 것이다.

〈1994. 9. 《유아교육자료》 9월분 『이런 동시도 있다』〉

음악의 기능을 생각한다

음악은 태초로부터 인간의 생활과는 떼놓을 수 없는 문화적 요소였고, 심성수련의 중요한 교과로서 그 기능이 여러 면에서 중요한 역할을 해왔다. 생활이 미개했던 원시사회에서는 자연의 재해로부터 자신들의 생활터전을 지키고 질병이나 죽음 같은 공포로부터의 해방을 위해 신불이나 어떤 초자연적인 대상에게 의지하고자 했다. 그리하여 음악은 그런 대상과 교감할 수 있는 주술로서 중요한 몫을 하였다.

또 음악은 집단노동에서 동작을 통일시키고 피로를 잊게 해서 일의 능률을 올릴 목적으로도 이용되었으며, 말로는 표현이 어려운 감정의 전달이나 통신의 방법으로도 쓰여 왔다.

지금도 무교를 비롯한 각 민족의 토속신앙에서 정령 같은 어떤 가상의 절대자와 대화의 방편으로 음악은 두루 쓰이고 있으며, 근대종교에서도 포교나 선교활동에 큰 힘을 발휘하고 있다. 그래서 17세기 영국의 시인이었던 「A. 포트」는 '사람들에게도, 신들에게도 가장 거룩한 것은 가장 거룩한 음악이다' 라고 말했다.

오늘날 음악은 원시적인 주술의 역할이나 인간의 기본적인 생존의 필요에 의한 것보다 소리로 표현되는 다양한 예술의 한 형태로서 사람의 마음에 깊은 감동과 즐거움을 주는 기능적인 면에서 중요한 위치를 차지하고 있다.

뿐만 아니라 인간의 정서를 순화시켜 정의롭고 튼튼한 사회건설과 개인의 평화롭고 행복한 삶을 위해서 더욱 중요한 자리를 차지하게 되었다. 개인에 따라 정도의 차이는 있겠지만 아름다움을 추구하는 사람의 본성 때문에 누구나 선천적으로 음악을 좋아한다.

이것을 두고「윌슨(Wilson M. Emett)」은 "사람은 세상에 태어남과 동시에 음악이 시작된다"라고 했다.

그러나 실제로는 대부분의 사람들이 음악은 아기의 잉태와 동시에 태반에서 부터 시작되며, 그것이 태아의 정서함양은 물론이고 인지발달이나 성장에 큰 영향을 미치는 것으로 보고 있다. 임산부를 위한 태교음반이 수없이 쏟아져 나오고 또 그것이 굉장한 인기를 얻고 있다는 사실이 그것을 대변해 주고 있다.

사람만 그런 것이 아니다. 소에게 아름다운 클래식을 들려주었더니, 성장이 빠르고 우유가 많이 나왔으며, 농장에서 좋은 음악을 계속 틀어 놓았더니 곡식과 과일의 수확량이 증가했다는 보고도 있다. 뿐만 아니라 병충해 구제에도 음악을 이용하여 효과를 본 예도 있다.

농촌진흥청 잠사곤충연구소 이완주박사와 성균관대 이근영교수는 『그린음악에 의한 작물 생산성증대』(1996년)라는 논문에서 농작물에 동요풍의 경쾌한 음악을 들려주었더니 농작물이 33%나 더 잘 자랐고 누에에게 25일간 음악을 들려주었더니 누에고치에서 나온 나방이 음악을 들려주지 않은 누에나방보다 알을 22%나 많이 낳았다는 것이다.

이것으로 모든 생명체는 음악의 아름다움을 생득적으로 이해하고 감득하는 기능이 있어 좋은 음악을 들음으로서 생체리듬이 조절되고 정서적으로 안정을 얻어 성장과 활동에 상당한 순기능으로 작용한다는 것을 알 수 있다.

심지어 오늘날에는 정신질환의 치료에도 이용되고 대통령 선거 같은 데서도 유권자에게 후보자의 이미지 제고를 위해 필수적인 수단으로 그 기능을 인정받고 있다.

그러나, 세상에는 밝고 따뜻한 양지가 있으면 한편에는 어둡고 추운 음지가 따르기 마련이다. 음악에도 이러한 순기능이 있는 반면

역기능도 있다. 좋은 음악이 세상을 밝고 아름답게 만들어 사람에게 행복을 주는가 하면 반대로 사회를 혼란시켜 불행하게 만들 수도 있다. 독일군의 침략야욕이 세계를 전쟁의 도가니로 몰아넣게 한 것은 군가와 제복과 군기라는 것은 누구나 인정하는 사실이며, 6.25 때 중공군이 인해전술로 밀고 내려올 수 있게 선동한 것도 꽹과리를 앞세운 그들만의 독특한 진군악이 큰 몫을 하였다.

이런 일은 그 당사자들에게는 목적달성을 위해 음악이 순기능으로 작용한 것이겠지만 상대방에게는 막대한 생명과 재산의 손실을 가져다 준 역기능으로 작용한 것이다.

구체적인 역사적 사실을 통해 음악의 기능에 관해서 좀 더 자세히 살펴보기로 하겠다.

고대 무굴제국시대 악바르황제의 신하 중 한 사람은 인도 전승의 종교음악으로 시드는 꽃을 살려냈다는 전설이 있는데 인도의 식물학자 싱프교수는 그것을 과학적으로 증명하려고 벼농사에 음악을 들려주어서 그것이 전설이 아니라 사실임을 증명했다.

러시아가 핀란드를 지배하고 있을 때였다. 러시아 총독 보브리코흐는 핀란드 국민들을 몹시 혹독하게 다스렸다. 총독의 심한 억압에 견디다 못한 핀란드 국민들은 보브리코흐를 반대하는 서명운동을 일으켰다. 이렇게 하여 전국에서 모아진 서명부(署名簿)를 러시아 황제에게 보냈다. 러시아 황제 니콜라이 2세는 핀란드 국민들이 올린 서명부를 받아드리지 않았다.

"총독은 나를 대신하여 핀란드를 통치하고 있는 것이다. 총독을 반대하는 것은 곧 나를 반대한다는 뜻이니, 이는 절대 받아드릴 수 없는 일이다."

온 국민이 뜻을 모아 올린 서명부가 러시아 황제 니콜라이 2세에 의해 받아드려지지 않았다는 슬픈 소식이 핀란드에 전해졌을 때, 핀란드의 수도 헬싱키의 대음악당에서는 작곡가 시벨리우스의 교향시

『핀란디아』를 연주하려고 하던 때였다.

연주회를 위해 대음악당에 구름처럼 모여든 사람들은 이 소식에 실망하여 모두 기운을 잃고 슬픔에 잠겼다. 그러나 『핀란디아』가 연주를 시작하자 그 힘찬 멜로디가 실망에 빠진 사람들의 기운을 북돋우기 시작했다.

교향시 『핀란디아』의 멜로디는 시간이 갈수록 점점 고조되면서 청중들의 가슴 속에서 힘찬 소용돌이를 치며 조국의 독립을 위해 목숨을 걸고 싸울 용기와 희망을 주었다. 그 감동은 총칼로도 막을 수 없는 애국심으로 승화되어 러시아의 통치에 반대하는 거센 격랑으로 전국을 휩쓸었다.

그리하여 1919년 핀란드가 러시아의 지배에서 벗어나 독립을 할 때까지 교향시 『핀란디아』는 핀란드 국민들의 희망으로서 용기와 애국심을 북돋아 주었던 것이다.

중국 춘추전국시대에 위(衛)나라의 영공(靈公)이란 관리가 볼 일이 있어 진(晉)나라로 가는 길이었다. 복수(濮水)라는 강가에 이르렀을 때, 어디선가 지금까지 한 번도 들어 본 일이 없는 음악 소리가 들려 왔다. 영공은 걸음을 멈추고 넋을 잃은 채 음악 소리에 귀를 기울였다. 그 음악 소리가 너무도 기가 막혀 동행한 악사에게 그 것을 익히게 했다. 이윽고 진나라에 도착한 영공은 진나라 평공(平公)을 만나자 복수에서 들은 그 기막힌 음악을 자랑하고 싶었다. 악사를 시켜 평공 앞에서 그 음악을 연주하게 했다. 그 자리에 함께 참석해서 연주를 듣던 진나라 음악가 사광(師曠)이 깜짝 놀라며 얼른 연주를 멈추라고 했다.

"이 음악은 옛날 은(殷)나라 악사장인 사연(師延)이 주왕(紂王)을 위해 작곡한 미미지악(靡靡之樂)이란 것입니다. 이 음악이 널리 불리자 은나라는 망하고, 사연은 복수까지 도망쳐서 강물에 몸을 던져 죽었습니다. 이 음악은 나라를 망하게 한 음악(亡國之音)이니 연주를 해서는 안됩니다."

사광의 말에 영공은 그것을 모르고 있었던 자신을 몹시 부끄러워 했다. 진나라는 약하고 가난했지만 훌륭한 음악가 사광이 있어 좋은 노래를 부르며 평화롭게 살고 있었다.

그 무렵, 진나라 남쪽에는 강대한 초(楚)나라가 있었다.

초나라 국민들은 잘 먹고 잘 살았지만 노래는 해괴하고 퇴폐적인 것이었다. 그런 초나라가 진나라를 침략할 기회만 노리고 있었다. 그래서 진나라 백성들은 모두 겁을 먹고 있었다.

"남쪽 바람은 경쟁의 상대가 되지 못하니(南風不競) 두려워하지 마십시오. 초나라와 싸우게 되면 우리가 반드시 이기게 될 것입니다."

사광은 이렇게 백성들을 안심시키며 좋은 노래를 가르치기에 열심이었다. 백성들에게는 사광이 가르치는 건전한 노래가 큰 위안이었다.

얼마 후, 백성들이 염려하던 대로 초나라가 쳐들어 왔다. 진나라는 약소국이었지만 온 국민이 마음을 합쳐 초나라와 싸웠다. 마침내 진나라는 강대국 초나라를 물리쳐 크게 승리를 거두었다.

진나라는 국력으로는 초나라와 비교가 안 될 만큼 약소국이었지만 유행하는 노래가 건전했기 때문에 백성들의 마음이 하나가 되어 잘 싸웠던 것이다.

노래는 어느 시대나 사회기풍과 국민정신을 이끌어가는 힘을 지니고 있었던 것이니, 건전한 노래는 건전한 사회를 만들어 가지만 그렇지 못한 노래는 생활을 문란하게 만들어 국가 사회를 나약하게 만들 수도 있다는 것이다.

조선 19대 숙종은 인현왕후 민씨와의 사이에 아들이 없다가 궁녀 장소의를 가까이 하여 왕자 균을 낳았다. 숙종은 신하들의 반대를 무릅쓰고 균을 세자로 삼고 장소의를 희빈으로 올렸다. 장희빈은 자기가 낳은 아들이 세자가 되자 인현왕후 민씨를 모함하여 쫓아내고 자기가 왕비의 자리를 차지했다.

그래서 장희빈의 세력은 하늘을 찌를 것만 같았고, 폐비가 되어 대궐을 쫓겨난 인현왕후 민씨는 일반 백성만도 못한 가련한 신세가 되었다. 그럴 때에 어린이들이 "장다리는 한 철이나 미나리는 사철이다."라는 노래를 부르기 시작했다. 어떻게 생겨났는지도 모르는 이 노래는 입에서 입으로 전해져 순식간에 전국으로 퍼져 나갔다.

장다리는 무나 배추의 꽃줄기로서 봄 한철만 화려하게 피었다가 금방 저버리지만 미나리는 화려하지는 않지만 일년 사철 싱싱한 푸른 잎과 줄기가 좋은 향기와 맛으로 모든 사람을 즐겁게 하는 채소이다.

이 노래에서 장다리는 장희빈이고 미나리는 인현왕후 민씨를 가리키는 것으로서 지금은 장희빈이 숙종의 사랑을 독차지하여 천하가 제 것인 양 휘젓고 있지만 금방 시들어버릴 장다리꽃과 같은 것이고, 인현왕후 민씨는 아무리 세상이 바뀌고 세월이 흘러도 한결같이 모든 백성들의 사랑을 받을 것이라는 뜻이 스며있는 노래였다. 이 노래는 장희빈의 몰락을 예언하는 것이었다.

그러나, 질투심 많은 장희빈은 인현왕후의 자리를 빼앗고도 만족하지 못하고 최선당 서쪽에 신당을 만들어 놓고 인현왕후 민씨가 죽기를 기도한 일이 발각되어 끝내는 죽음을 당하고 인현왕후는 다시 숙종의 부름을 받고 궁중으로 들어와 왕비의 자리에 올랐다.

이렇게 노래는 다가올 일을 예언하는 경우도 많은데, 한 나라의 정치적 징후 같은 것을 암시하는 이『미나리요』같은 노래를 참요라고 한다. 신라의 패망과 고려의 건국을 예언했던『계림요』나 이성계의 혁명을 암시했던『목자요』따위는 널리 알려진 역사적인 참요였다. 해방 직후 유행했던 "'미국을 믿지 말고, 소련에 속지마라, 일본이 일어설 테니, 조선은 조심하라"와 같은 동요도 그런 노래의 하나었다.

　이렇게 노래는 옛날부터 동서고금을 막론하고 사람들에게 희망과 용기를 주었고, 국민을 하나로 뭉치는 힘을 갖게 해주기도 하고 시대상황과 미래를 예언하기도 했다. 어린이 음악교육의 중요성도 이러하기 때문이다.

〈1975. 8.「초등음악교사연수회」〉

동요의 현실은 이러하다

건전가요는 건전한 사회 기풍을 만들어 가며, 훌륭한 종교음악은 믿음을 높여 주듯이, 어린이들을 위한 좋은 동요는 어린이들의 맑은 심성을 풍요롭게 가꾸어 주는 영양이 된다. 어린이는 가장 깨끗한 자연이다. 그 자연을 좋지 못한 노래로부터 오염됨을 방지하고, 고운 심성을 더욱 아름답게 길러나가는 일은 우리의 행복한 미래를 지키는 길이다.

좋은 동요는 어린이들의 고운 꿈과 사랑을 지키고 가꿔준다. 그러나 요사이 어린이들은 동요를 외면하고 유행가에 빠져들어 동요보다 대중가요나 CM송을 더 즐겨 부른다. 이 문제를 걱정해온 지는 오래 되었고, 그 심각성이 나날이 더해가고 있다. 거리에서도 학교에서도 많은 어린이들이 워크맨을 귀에 꽂고 다니며 젊은 인기 구릅들의 노래만 듣는다. 그들의 몸과 마음이 자라가는 과정에 맞춰 먹는 음식에도 구별이 있고, 교육에도 단계가 있다.

쇠고기가 아무리 몸에 좋은 고단백 식품이라고 해도 젖먹이 아기에게 줄 수는 없고, 교육을 아무리 급히 서둘러도 초등교육을 생략하고 중등교육으로 뛰어 넘을 수는 없다. 그런데도, 노래만은 그런 순차가 없어졌다. 한창 재롱을 떨며 동요를 부를 나이의 어린이들이 요란스런 몸짓을 하며 대중가요를 부르며 자란다. 그 이유로는 안방을 차지하고 있는 TV가 정범이고, 어른들 중심으로 만들어져 가는 사회 분위기가 종범이다. 필자가 직접 겪고 들은 사례를 몇 가지 들면서 우리 동요의 현실과 그 문제점을 살펴보기로 하겠다.

(1) 첫 아이를 입학시킨 어머니가 담임과 상담을 하고 있었다.

"우리 아이는 정말로 귀여운 점이 한두 가지가 아니에요."
"그러시겠어요. 학급에서도 아주 귀염둥이에요."
"그렇지만 선생님께서도 아직 모르시는 게 있을 거에요."
"그래요? 어떤 점인데요?"
"한번 뵈어드릴까요? 얘, 그 노래 한번 불러 보렴."
아이는 약간 망서리더니, 저만큼 물러섰다.
"그래, 거기서 불러 봐."
아이는 요란한 몸짓을 하며 노래를 불렀다.
"별빛 반짝이는 저 하늘 아래……왜 난 이리 널 그리는 걸까?"
표정이며 몸짓이 어느 가수를 빼닮았다.
"참 잘 불렀어요."
선생님도 어머니를 따라 손뼉을 쳤지만 마음은 결코 편치 못했다.
어머니는 설명을 덧붙였다. 아이는 처음 나온 만화 주제가나 CM송을 한두 번만 들으면 곡도 가사도 정확히 외어 부른다고 했다. 어머니로서는 그것이 모두 대견하고 자랑스럽기만 했다.
그래서, 학교에서 배우는 노래는 시시하고 재미가 없다.

〈문제점〉

① 아이가 요란한 몸짓을 하며 대중가요를 부르게 된 것은 TV의 영향이다.

② 부모의 칭찬이 보상 수단이 되어 아이가 그렇게 하도록 만들어 주고 있다.

(2) 체육 시간이었다.
"오늘은 청백 대항 씨름을 한다. 청군 백군은 선수 5명씩 나와라!"
선수들이 나가자, 어린이들은 응원에 열을 올린다.
"이겨라. 이겨라. 우리 황소 이겨라."

"이겨라. 이겨라. 우리 불곰 이겨라."
 어린이들은 덩치가 큰 선수들의 별명을 불러가며 열심히 응원을 한다. 그러다가 한 어린이가 앞에 나와 응원을 이끌어간다. 응원은 노래로 바뀐다. '갑돌이와 갑순이'를 신나게 부른다.
 "갑돌이와 갑순이는 한마을에 살았더래요,
 둘이는 서로서로 사랑을 했더래요…."
 남자 어린이들이 손뼉을 치며 노래를 부르자 여자 어린이들은 엉덩이를 흔들며 춤을 추었다. 담임이 박자에 맞추어 팔을 흔들며 거들자, 노래 소리는 갑자기 더 커진다. 그와 함께 갑돌이와 갑순이 대신 '순영이와 철민이는 한 마을에 살았더래요….'하며, 학급 어린이들의 이름이 끼어들기 시작한다.
 교장 선생님이 창밖으로 내다보며 담임을 부른다.
 "김선생님, 노래가 응원가로서는 좀 그렇지 않습니까? 다른 노래를 시키지요."
 "예, 그렇게 하겠습니다. 아이들이 워낙 그 노래를 좋아해서 그만."
 젊은 선생은 교장 선생님의 말씀이 별로 탐탁하지 않은 표정이었다.
 돌아서서 아이들 쪽으로 걸어가며 혼자말로 중얼거린다.
 "역시 노인네는 고루해. 교육개혁이 되자면 저런 머리부터 개조해야 돼."

〈문제점〉
 ① 아이들이 좋아한다고 해서 그대로 따라야 한다는 생각은 참으로 위험하다.
 ② 대중가요의 노랫말은 아이들의 의식이나 언어 생활을 오염시키는 주범이다.

(3) 소풍을 갔다. 점심 후에는 보물찾기를 했다. 수철이와 민웅이는 아무것도 찾지 못했다.
 아래쪽 냇가에서 어른들이 떠드는 소리가 들렸다.
 "보물찾기 재미없다. 우리 저기나 가볼까?"
 수철이와 민웅이는 냇가로 갔다. 들놀이 나온 어른들이 술을 마시고 있었다.
 "선배놈들, 이리 보소. 내가 노래할 테니. 그 시시한 얘기는 집어치우시오."
 좀 젊은 어른 한 분이 술에 취한듯 비틀거리며 일어섰다.
 "허어! 그래. 선배는 놈이고, 아우는 님이라고 했지? 그래 아우님 노래 한번 들어보지."
 "선배놈, 뭐라고 했지요? 들어보지라고 했지요? 그럼 제가 보지자지 노래를 부르갔시요."
 아우님이라고 불린 그 젊은 어른은 '뽀뽀뽀' 곡에 맞춰 노래를 불렀다.
 "아빠는 안방에서 잠 자지./ 엄마는 부엌에서 일 보지./
 누나는 마당에서 개 보지./ 나는야 우리집의 왕 자지."

 가사가 웃겼다. 수철이와 민웅이가 킥킥킥 웃었다.
 "이놈들! 뭐가 우스워. 집에 가서 엄마 젖이나 빨아라."
 노래를 부른 어른이 팔을 휘저으며 소리를 꽥 질렀다.
 수철이와 민웅이는 뛰었다.
 반 아이들에게 방금 어른들이 부르던 노래 이야기를 했다.
 노래가 재미있다며 서로 가르쳐 달라고 했다.

 〈문제점〉
 ① 아이들은 어른들을 모델로 하여 자신을 성장시켜 나간다.

② 아이들과 함께 하는 모임에서는 건전한 노래를 불러야겠다.

(4) 학교에서 수련원으로 캠핑을 갔다. 제일 신나는 것은 역시 장기자랑이다. 모자를 거꾸로 쓴 수련원 강사가 헐렁한 옷에 장님 안경을 쓰고 무대로 나왔다. 아이들은 손뼉을 치며 환성을 질렀다.

"감싸합니다. 여러분이 고대하던 장끼 자량 씨간입니다. 우선 다 같이 노래부터 한 방 꽝!"

강사가 밴드를 향해 주먹을 휘둘렀다. 귀가 따가울만큼 반주가 요란하게 울렸다.

『~♬…, 뒤통수가 예뻐야만 빡빡 미나요. 나는 뒤통수가 안 예뻐도 빡빡 밀어요. 그러나 주위 사람 내 머리를 보며, 한 마디씩 하죠. '너 사회에 불만 있나' 옆집 아저씨 반짝 대머리, 앞머리로 속알머리 감추려고 애써요.……~♬~♪♪, 감추지 마요. 빡빡 밀어요요요 ♪~.』

아이들은 몸을 흔들며 손뼉에 맞춰 신나게 노래를 불렀다. 몇 아이들은 무대로 올라가 춤을 추었다.

"참 잘 했어요. 장끼 자랑은 먼쩌 개인 장끼부터 보겠씁니이다. 어써 나오쎄요."

5학년이 나왔다. 갈래머릴 한 예쁜 여자 아이었다.

"어떤 장끼를 보여 쥬시겠어요오?"

"무궁화요."

"무꿍화라? 아직 엄마 찌찌 먹는 건 아니겠지요? 아무튼 조오씁니다. 어디 불러 보쎄요옹!"

『무궁 무궁 무궁화♪, 무궁화는 우리꽃, 피고 지고 또 피어 무궁화라네♪~』

여자 아이는 귀엽게 몸짓까지 해가며 '무궁화'를 불렀다. 목소리가 참 고왔다.

"쬐끔은 찌찌 냄새가 났찌만 귀엽게 불렀어요. 다음은 좀더 씬나는 노랠 갖고 나오쎄요."

여자 아이는 금방 울것 같은 표정으로 무대에서 내려왔다. 그 다음 아이들은 모두 인기구룹의 노래를 흉내내어 칭찬을 들었다. 동요는 6학년 아이 한 사람만 '종이접기' 곡에 가사를 바꿔 불렀다.

『#화장지를 마구 찢어서 똥칸으로 울면서 달려가자.
끙끙 변기에 앉아서 아랫배에 힘을 주자♪.
풍덩 똥떨어지는 소리에 나쁜 짜식들 몰려와
꽝당 문짝을 열었네♪,
개새끼 문닫아라. 아랫배에 힘을 주며, 세게. 더 세게!』

"조오았어요. 똥요를 부를려면 이 정도는 돼야지요오?"
아이들은 발을 구르며 손뼉을 쳤다. 여기저기에서 손휘파람 소리도 들렸다.

〈문제점〉
① 아동 교육 관계자는 그들에게 알맞는 동요 보급에 사명감을 가져야 한다.
② 수련활동에서 아이들을 업체의 강사들에게 위탁할 때는 신중을 기해야 한다.

〈1985. 8.「초등음악교사작곡연수회」〉

대중가요는 문제가 있다

자유학습시간이었다. 어린이들이 실습지 뒤쪽 숲속교실에서 노래를 부르고 있었다. 동요는 아닌데 어디에서 들은 것 같은 노래였다. 담임선생님도 손뼉을 치며 함께 불렀다. 노래가 반복되면서 어린이들도 선생님도 신이 나서 몸까지 흔들었다.

자유학습시간이 끝나고 어린이들이 모두 교실로 들어가자 나는 담임선생님을 불렀다.

"선생님, 숲속교실에서 부르던 그 노래 참 신나는 것 같던데 무슨 노래지요?"

"아, 예. 요사이 인기 짱인 유행가인데, 어린이들이 너무 좋아해요."

그러고 보니, 생각이 났다. 그것은 많은 사람들이 애창하고 있는 『소양강 처녀』라는 대중가요였다. 그 노래가 나온 지도 얼마 안 되었는데 어린이들은 어떻게 배워서 그렇게 하나같이 잘 부르는지 감탄을 금할 수 없었다.

"그래요? 그렇지만 학교 공부시간에 유행가는 피하는 게 좋겠어요."

하면서 나는 그 노래 가사를 써보라고 했다.

해저문 소양강에 황혼이 지면
외로운 갈대밭에 슬피 우는 두견새야
열 여덟 딸기 같은 어린 내 순정
너마저 몰라주면 나는나는 어쩌나
아, 그리워서 애만 태우는 소양강 처녀.

"어린이들은 학교에서 배우는 노래보다 왜 이런 사랑 노래를 좋아하지요."

"아! 예. 어린이들도 그 사랑 때문이 아닐까요. 앞으로는 주의하겠습니다."

"어린이들은 교과서에서 배운 동요를 더 즐겨 부르도록 해보세요."

선생님은 자기 생각이 부족했다고 했지만 표정으로 봐서 진심으로 하는 말은 아닌 것 같았다.

'어린이들은 자신들의 정서와는 상당한 거리를 갖고 있는 대중가요를 왜 그렇게 좋아 할까?'

나는 선생님이 적어놓고 간 노래 가사를 마음속으로 가만히 읊조려 보았다. 평생 대중가요는 단 한 곡도 불러 본 일이 없는 나였지만 『소양강 처녀』라는 이 노래는 가사의 내용이 참 좋다는 느낌이었다. 곡이 또한 그 분위기를 잘 살려내고 있는 것 같았다. 어린이들이 응원가로 부르던 모습을 다시 떠올려보았다. 신나게 손뼉을 치며 부르는 사이사이에 여자 어린이들이 『새야. 새야, 새야』라는 간주가 흥을 더해준 것 같았다. 왜 어린이들은 학교에서 가르치는 음악책의 동요는 안 부르고 대중가요에 그렇게 빠져드는지 알 수가 없었다. 아무래도 대중가요가 가사나 곡이 어린이들의 마음을 사로잡을 만큼 훌륭하기 때문일까?

그러다가 나는 노래가사를 자세히 짚어보았다. '해저문 소양강에 황혼이 지면' 이란 첫 구절 부터가 뭔가 이상하다는 느낌이었다. '해저문' 은 해가 서쪽으로 기울어 이미 어두워진 상태이고, '황혼' 은 해가 뉘엿뉘엿 지평선 너머로 가울며 조금씩 어두워져 가는 순간을 말한다. 시차로 따지면 '황혼' 이 '해저문' 보다 먼저다. 해가 이미 저물었는데 또 황혼이 지다니, 이건 이치에 맞지 않는다. '해저문' 과 '황혼' 을 거의 비슷한 말로 보고 오지 않는 임을 기다려야 하는 밤을 맞게 되는 저물녘의 쓸쓸함을 강조하기 위한 것일까? 노래말에서 뜻이 같은 말의 반복으로 표현효과를 높이는 경우는 있다.
「방아타령」의 '일락 서산에 해 떨어지고, 월출 동령에 달 떠오른다.' 나, 「춘향가」의 '한양 낭군 서방님을, 칠년대한 가문 날에, 갈민대우 기다린들' 과 같은 것은 같은 낱말이나 구절의 반복이 색다른 멋을 주기도 한다. 이것은 주로 한문을 쓰던 시기에 서민들을 위해서 어려운 한자말을 풀이해 주려니, 저절로 그렇게 되었고, 그러한 문장에서 별다른 재미를 느끼기도 했다. 그러나, 지금은 그렇지 않다. 시적 운율이나 음악적인 리듬을 살리기에 꼭 필요한 경우에만 그렇게 해야 한다.

'갈대밭' 이란 말도 다시 생각해 볼 필요가 있을 것 같다. 갈대는 뿌리는 약으로 쓰고, 줄기는 발, 삿갓, 삿자리 등을 만드는데 이용되는 여러해살이풀로 바닷가나 강가의 어디에나 잘 자라는 것으로 알고 있다. 이런 갈대에는 해수형과 내륙형이 있는데, 철새 도래지로 유명한 낙동강 하류 을숙도의 갈대는 해수형으로 소금기가 많은 땅에서만 자란다. 내수형은 육지의 어디에나 있지만 일반적으로 강가에 있어, 우리가 갈대로 알고 있는 것은 사실은 '억새', '참억새', '달뿌리풀' 들로 갈대를 닮은 다른 종류의 풀이 대부분이다.

식물학자들의 조사에 의하면 내륙형 갈대는 한강 유역에서는 청평까지만 발견되고 있다니, 엄격히 따지면 소양강 갈대는 '참억새' 가 아니면 '달뿌리풀' 일 것이다. 그러므로 '소양강 갈대밭' 이란 거짓말이다. '슬피 우는 두견새' 란 것도 말이 안 된다. 두견새는 곤충 같은 작은 벌레를 먹고 사는 여름철새로 나무가 울창한 깊은 숲 속에 사는 것이 보통이다. 물갈퀴를 가진 물새가 아닌 두견새가 갈대밭에서 울 수는 없다. 갈대밭에서 슬피 우는 새라면 청둥오리나 뜸북새가 제격일 것이다.

언젠가 '노랫말연구회' 에서 대중가요 가사의 문제점을 지적한 적이 있다.

목화 따는 아가씨 찔레꽃 필 때
복사꽃 피는 포구 십리 포구로
달마중 가던 순이야/ 뱃고동이 울 때마다
열 아홉 설레이는 꽃피는 가슴
강바람 산바람에 검은 머리 날리며
목화 따는 아가씨.

『목화아가씨』라는 노래인데, '목화 따는 아가씨'라는 말이 우리가 일반적으로 생각할 수 없는 어떤 상징적인 의미를 따로 갖고 있는지는 몰라도, 늦가을이라야 따는 목화와 이른 봄에 피는 찔레꽃이 한 자리에 놓였고, 봄에 피는 복사꽃과 추석에 하는 달마중이 같은 시기에 이루어지는 것처럼 되어 있다.

그 외에도 '뜸북새 슬피 우니 가을인가요', '깊은 밤~ 창문 열고 바라보니 초승달만 외로이 떴네' 등 자연의 생태나 사실과는 전혀 맞지 않는 가사가 많다는 것이었다. 대개 이런 것은 언어의 절제나 표현의 상징성과도 관계가 없다. 곡을 붙이기 쉽게 말만 적당히 맞추었지 않나 하는 생각이 든다. 노래란 불러서 즐거우면 그만이지, 그런 것이 무슨 문제냐고 할지는 모르지만 말과 글은 사람의 인식이나 인성을 결정하는 힘을 갖고 있다. 변할 수 없는 자연의 현상이나 상식이 된 사실의 왜곡은 잘못된 지식을 주입하기 때문에 무심히 지나칠 수만은 없다.

이런 노래를 부르는 사이에 어린이들은 잘못된 내용도 사실로 인식하게 된다. 교육적인 입장에서는 묵과할 수 없다. 반드시 바로 잡아 주어야 할 일이다.

이런 일들만 봐도 어린이들이 대중가요에 심취하도록 두어서는 곤란하다는 생각이다.

〈1994. 9. 《유아교육자료》 9월분〉

별난 남자 무용선생님

(1) 강선생은 남자 무용 선생님이였다
"남자선생이 무용을 하다니, 뭐 잘못된 것 아냐?"
"남자라도 무용지도를 여선생들 뺨치게 잘 한다니까."
"참 별난 선생님도 다 보겠구먼."
강선생은 어린이들 무용지도를 참 잘했다. 가을 운동회 때 흰색 운동복으로 지휘대에 서면 어린이들은 전혀 다른 모습으로 변했다. 목멘 송아지 같던 장난꾸러기들이 얌전한 자세로 하나같이 강선생의 지휘에 따라 질서 정연하게 움직였다.
"어쩌면 아이들이 저렇게 말을 잘 듣지?"
"말을 잘 듣는 게 아니라 지도를 잘 하는 거지."
"그것도 모두 타고난 팔자지, 아무나 되는 게 아니야."
사실 강선생의 무용지도 능력은 그만큼 탁월했다. 간단한 보건체조도 동작이 자꾸 틀리는 어린이들이 무용에서는 그렇지 않았다. 그것은 강선생의 뛰어난 지도능력 때문이었다. 강선생의 무용 지도능력은 사람들이 말하듯이 타고난 팔자가 아니라 남모르는 노력의 결과였다.
강선생은 언제나 카메라를 들고 다닌다. 미군부대에서 흘러나왔다는 그 카메라는 나무토막 같은 목침카메라였지만 선생들이 손목시계 하나 같기도 어려운 그 때에는 큰 부자가 아니면 갖기 힘들었다.
"강선생님은 참 멋쟁이셔. 카메라맨에다 춤도 잘 추고."
놀림 반 농담 반으로 던지는 내 말에 그는 진지한 표정이 되었다.
"제가 카메라를 메고 다니는 것은 김선생님이 메모장을 갖고 다니는 것과 같은 이유에서입니다."

"내가 갖고 다니는 메모장과 같다니요?"

"김선생님이 메모지에 글감을 기록하듯이 저는 무용지도 자료를 카메라로 메모하지요."

글을 쓰는 사람이 글감을 취재하듯이 강선생은 어린이들이 평소 생활 속에서 무의식 중에 하는 몸짓을 카메라로 기록해서 무용지도의 자료로 쓴다고 했다. 어린이들이 일상생활 속에서 무의식 중에 짓는 표정이나 행동은 순수한 자기감정의 표현이기 때문에 무용동작의 새로운 자료가 된다는 것이었다.

강선생은 카메라를 갖고 다니며 어린이들이 놀다가 깡깡충 뛰면서 기뻐하는 모습, 무엇을 걱정하고 괴로와 하는 모습이며, 작은 재롱에서 부터 큰 어린이들의 우쭐거리는 모습까지를 닥치는 대로 사진에 담았다. 그러한 몸짓이며 표정들을 모아서 무용동작으로 구성한다는 것이었다. 그러면서 그는 글짓기 교사인 내가 참 부럽다고 했다.

"무용선생은 땀을 뻘뻘 흘리며 열심히 뛰어도 별난 사람 취급을 받는데, 김선생님이 지도한 문예반 아이들은 글이 책이나 신문에 실리고 상도 받아 칭찬도 듣게 되니 얼마나 좋습니까?"

강선생은 자기가 좋아서 무용선생이 되었지만 남들이 알아주지 않는 것이 못내 섭섭하다는 것이었다.

(2) 우리는 행위나 노작으로 유형무형의 아름다움을 창조해내어 사람들에게 즐거움을 주고, 일상의 생활을 윤택하게 만들어가는 일들을 예술이라 하고 그런 활동을 하는 사람들에게는 예술가라는 칭호와 함께 사회적인 예우를 주고 있다. 문학가, 음악가, 미술가, 무용가라는 호칭이 그것이다.

이러한 예술활동은 그 기능을 일찌기 찾아 가꾸어 주므로서 보다 높은 재능을 기대할 수 있기 때문에 어려서 부터 기초를 잘 가꿔줌이 대단히 중요한 일이다. 따라서 공식적으로 그 일을 감당해야 할 책임은 어린이들을 지도하는 선생의 몫임은 말 할 것도 없다. 그래서 예술에 교육이 덧붙여져서 예술교육이란 말이 일반화 되어 있는데 문학교육, 음악교육, 미술교육, 무용교육 등이 그것이다.

그러므로 예술교육은 그 성격상 수선 순위를 말하기가 어렵다. 그러나, 이 지면이 아동무용연구회 선생님들을 위한 것인 만큼 무용을 앞자리에 두고 생각해 보기로 하겠다.

사람의 몸은 천부적으로 자신의 내면에서 솟구치는 감정을 스스로 표현하는 최상의 도구이며, 무용은 그러한 감정을 보다 체계적으로 가시화 시켜주는 강렬한 몸짓이다. 그러므로 사람의 오욕칠정을 객관적으로 표현하는 모든 예술의 원천이 곧 무용이라고 할 수 있다.

태초부터 무용활동은 생활감정의 표현수단으로서, 주술, 제례 등에서의 개인 기원은 물론이고, 사회적인 어떤 의식이나 종교행사에서 시공을 초월하여 폭넓게 이루어져 왔다. 그것은 같은 예술이라도 문학과 음악은 시간 위에 있고, 미술 분야의 활동은 공간 속에서만이 실재하지만 무용은 문학, 미술, 음악을 모두 수용하면서 시간과 공간을 동시에 초월해서 존재하는 것이기 때문이라고 할 수 있다. 무용은 그래서 모든 예술 활동의 연원이며 그만큼 삶과 밀접한 관계를 갖고 있는 활동이다.

이러한 예술이 보다 더 어린이들을 위한 어린이들의 것이 되도록 하는 쪽에 높은 관심과 배려를 가지므로서 근세에 와서는 아동문학, 아동미술, 아동음악, 아동무용이란 말이 생겼다.

뿐만 아니라, 문학에 있어서는 아동문학이란 장르가 독립하여 존재하고, 좋은 아동문학 작품을 쓴 사람들에게 주는 문학상도 수십 종류가 있으며 아동문학가라는 호칭을 갖고 있는 사람도 천여 명이 넘는다. 또 그런 호칭이 대단한 명예나 지위인양 행세하려는 사람들도 많다.

　음악도 아동음악의 발전과 창작보급을 위한 단체와 그 방면에 노력하는 사람들을 포상하는 기관들이 많이 생겨서 매년 작사나 작곡, 저작, 보급 등에 공이 있는 사람들에게는 한국아동음악상, 어린이문화대상, 대한민국동요대상 등이 주어지고 있으며, 미술에서도 아이들의 책에 좋은 그림을 그린 출판화가들에게는 어린이문화대상 등을 주어 격려하고 외국 연수여행의 특전까지 베풀어지고 있다. 그러나 내가 과문한 탓인지는 모르지만 아동무용을 하는 사람들, 특히 국민학교에서 무용지도를 하는 선생님들에게는 어떤 명예로운 이름도 노고를 격려해줄만한 포상도 아직까지는 없는 걸로 알고 있다. 이는 직접적으로는 무용교사들의 사기와 관계되고 간접적으로는 무용교육은 물론이고 아동무용의 발전에도 영향을 주고 있다.

　(3) 중국 양(梁)나라 때 채존(蔡樽)이란 사람이 상서의 자리에 있을 때 무제(武啼)와 식사를 했다.
　"채존!"
　식사 중에 무제가 채존을 불렀다. 그러나 채존은 못 들은 척 그대로 식사만 하고 있었다.
　"채상서!"
　무제가 거듭 부르자 채존은 황급히 대답하며 일어섰다. 무제가 물었다.
　"아까는 못 들은 체하더니, 지금은 어쩐 일이오?"
　"신은 채존으로서가 아니라 상서로서 이 자리에 있기 때문이옵니다."
　무제는 이름을 부르는 것이 더 정다울 것이라고 생각했던 자신이 잘못이었음을 깨닫고 부끄러워 했다. 이름이란 단순히 남과 나를 구별하기 위한 것만이 아니다. 그 존재와 함께 지위와 사회적 역할까지를 상징하게 된다.

무용연구회 여러분은 생활 속에 살아있는 예술가들이다. 그리고 좋든 싫든 무용선생이다. 무용선생이란 호칭은 채존을 채존이라고 부르는 것과 같다. 무용교육, 교육무용을 연구하고 그 방면에서 쌓은 공적에 합당한 호칭과 예우가 별도로 주어져야 한다. 호칭과 예우가 저절로 주어지기를 기다리는 소극적인 태도를 버리고 일어서야 한다. 오늘 날은 명예도 지위도 쟁취해야 한다. 객관적으로 인정받을만한 호칭이 없다면 여러분의 전문성을 상징하고 대표할만한 이름을 붙여야 한다. 이름이 있으면 객관적인 존재가치도 새로워질 것이다. 또 다른 분야에 비해 높이 인정되지도 않고 격려나 포상이 없다면 스스로 포상제도를 만들어 서로가 서로를 격려하고 성취감과 사기를 높여줄 수도 있다. 그리고, 무용은 여선생들만의 전유물이란 관념을 헐어버려야 한다.

국민학교 교사라면 국어, 수학, 음악, 미술을 누구나 가르치듯이 무용도 누구나 지도할 수 있어야 바람직하다. 교과 전담제가 되고 교육도 상품화 되는 세계화 시대에는 전문성이 더욱 요구되고 있으니, 무용도 전문인이어야 할 것이라는 생각을 할 수도 있다. 그러나, 추세가 그러할수록 교육무용, 아동무용은 생활화 되어야 하며, 무용은 여선생이라야 되고 그것도 일부의 특별한 선생만이 하는 것이란 기성관념을 버리고 저변 확대를 시켜야 그만큼의 발전도 기대할 수 있을 것이다.

아동무용연구회가 교육무용가에게 주는 '무용지도상' '창작무용상' '아동무용보급상' 이라는 것도 계획할 수 있지 않을까 하는 생각이다. 아동무용연구회의 무궁한 발전을 기원한다.

〈아동무용연구회 회지 제6호〉

개똥벌레와 민들레 홀씨

애창되는 대중가요에 '개똥벌레'라는 것이 있다.

아무리 우겨 봐도 어쩔 수 없네
저기 저 개똥무덤이 내 집인 걸
가슴을 내밀어도 친구가 없네
노래하던 새들도 멀리 날아가네.

-『개똥벌레』일부-

이런 내용이다. 개똥벌레는 개똥무덤에 살기 때문에 더럽다고 아무도 친구가 되어주지 않아 밤마다 외로운 가슴 안고 울다가 혼자 잠이 든다는 것이다. 이 노래와 같은 내용의 동화가 「사랑의 빛」이란 이름으로 먼저 나왔고, 같은 내용이 동극으로 무대에 올려지면서 개똥벌레는 그 이름처럼 개똥을 집으로 하여 사는 냄새나고 더러운 벌레로 인식되어버렸다.

개똥벌레는 반딧불이라는 곤충이다. 반짝이는 불을 갖고 있어서 사람들의 사랑도 특별했다.

어릴 때 시골에서 자란 나는 어느 곤충보다도 반딧불이는 아름다운 꿈의 벌레로 가슴에 자리하고 있다. 여름밤이면 꽁무니에 불을 달고 들판이나 숲속을 반짝이며 날아다니는 모습은 그 자체가 환상이었다. 그 때는 반딧불이가 얼마나 많았던지 잡아서 얼굴에 붙여가지고 또래들과 마을 골목이나 빈터를 뛰어다니며 귀신놀이를 하기도 했다.

옛날 중국 진(晉)나라의 차윤(車胤)은 어렸을 때 집이 가난하여 불을 켤 기름이 없었다. 그래서 반딧불이를 잡아 비단주머니에 담아가지고 책을 비추며 공부를 하여 벼슬이 상서랑(尙書郎)에 이르렀다. 오늘날도 서창(書窓)을 형창(螢窓)이라고 하는 것이 그 때문이다. 차윤의 이 이야기는 눈빛으로 책을 읽었던 손강(孫康)의 일화와 함께 형설지공(螢雪之功)이란 사자성어로 전해오고 있다.

이러한 반딧불이가 볼 수 없게 되었다. 애벌레도 일급수에서만 살 수 있고 어른벌레도 오염된 환경에서는 살지 못하는 대표적 청정곤충이기 때문에 지금은 멸종위기에 있어 정부에서도 천년기념물 322호로 지정보호하고 있지만 보존이 어려울 정도다.

이런 반딧불이를 대중가요와 동화와 동극이 개똥 속에서 사는 더럽고 혐오스러운 벌레로 만들어버렸다. 문학작품을 통한 간접경험이 생활의 지혜와 도덕적 교훈을 깨우쳐준다는 것을 생각할 때 이렇게 곤충의 실체를 왜곡하여 혐오스러운 모습으로 만들어버리는 것은 안타까운 일이다.

특히 어린이들에게 주는 문학작품은 어린 마음 속에 곱고 아름다운 정서를 심어주어서 모든 것을 사랑의 대상으로 파악할 수 있도록 하는 일이 중요한데, 어린 날의 꿈의 대상이 되는 반딧불이를 더 사랑할 수 있게 하지는 못할 망정 싫어하게 만드는 잘못된 지식을 심어주어서는 안 될 것이다.

아동문학작품은 어린이를 일차 독자로 하기 때문에 소재로 삼는 동식물의 생태를 바로 알려주어야 할 것이다. '개똥벌레'라는 이름 때문에 수모를 당하고 있는 반딧불이는 얼마나 억울할 것이며, 반딧불이에 대한 꿈을 잃은 어린이들은 또 얼마나 섭섭할까를 생각해 본다.

또 어느 가수가 "내 마음 민들레 홀씨 되어/ 강바람 타고 훨훨/ 네 곁으로 간다."고 하는 『민들레 홀씨 되어』라는 노래를 유행시키자

'민들레 홀씨'라는 말은 동시나 성인시 가릴 것 없이 문학작품에 끼어들더니, 이제는 '민들레 씨앗'이라는 말은 없어져 버리고 민들레 씨앗은 아예 홀씨가 되어버렸다.

홀씨는 한자로 포자(胞子)라고 한다. 포자는 고사리, 버섯, 이끼, 해초 같은 식물에서 무성생식(無性生殖)을 위해 형성되는 세포이다. 민들레는 씨앗(種子)이지 홀씨(胞子)가 아니다.

몇 해 전에 이 이야기를 어느 문학단체 까페에 올렸다. 민들레 씨앗은 홀씨가 아닌데 작품에 홀씨라고 쓰는 것은 잘못이라고 말했다. 그 후 일 년 쯤 지나서 그 단체 까페에 『민들레 홀씨』라는 시가 올라 있었다. 내용에도 '지난 여름 민들레 홀씨 수없이 날리더니'라는 구절이 있었다. 그래서 '홀씨'라는 말은 바꾸는 것이 좋겠다는 것을 간접적으로 지적하였더니, '홀씨'가 아니라 '홑씨'의 오기(誤記)라고 하더라는 전언이 있었다. '홀씨'가 아닌 '홑씨'라고 해서 달라질 것은 없다.

또 같은 해 8월 어느 문학세미나 시낭송자료에 「민들레 홀씨」(ㄱㅎ)라는 제목의 동시가 있었다. 집행부에서 우수작품이라고 뽑아서 실은 것이다. 시를 쓴 사람도 그렇지만 우수 작품이라고 선정한 집행부도 민들레씨는 홀씨가 아니라는 사실을 모르고 있었던 것 같다.

지하철 스크린 도어에도 '바람이 실어다 준/ 작은 민들레 홀씨 하나가/ 내 작은 텃밭에 내려앉아'(ㅊㄱ)라는 시가 있고, 지난 연말에 받은 한 문학지에서도 「민들레 홀씨」(ㅊㅎ)라는 제목의 시를 보았다.

좀 관심을 갖고 살펴보면 '민들레 씨앗'을 '민들레 홀씨'로 쓴 작품은 뜻밖에도 많다.

'두견새 소리 자즈러질 때면/ 하얀 사연 부푼 꿈 홀씨 되어/ 아득한 저 굽이를 맴돌다 떠나갑니다'(민들레1 -ㄱㅅ). '야문 모성의 인내로/ 향방 없이 날으는 홀씨 하나/ 봄을 꿈꾼다'(민들레 -ㅅㅇ). '너는 왔다/ 바람에 불려온 민들레 홀씨와도 같이'(민들레 귀향 -ㅈ

ㅊ). '나 죽으면/ 영영 남이 될까봐/ 몸은 가지 못하고/ 마음만으로 날리는 홀씨'(민들레의 소원 -ㅁㄷ) 등은 내용에서 '홀씨'라는 말을 쓴 것이고,「민들레 홀씨」(ㅈㅅ),「민들레 홀씨 되어」(ㅇㄱ),「민들레 홀씨 날리듯」(ㅂㅅ),「민들레 홀씨에 대한 생각」(ㅇㅈ) 등은 제목부터 '민들레 홀씨'라고 쓰고 있었다.

내가 어렸을 때 우리 집에는「명문 편지투」(名文堂刊)라는 책이 있었다. 편지 쓰는 법과 모범예문을 모은 책이었다. 편지는 표정을 보여주지 못하고 말만 전하는 글이므로 서로 얼굴을 대하여 이야기할 때보다 훨씬 엄격한 언어예절이 요구된다. 그래서 편지를 쓸 때는 이「명문 편지투」를 보면서 편지를 받는 상대와의 관계는 물론이고 편지의 성격이나 내용에 따라 알맞은 예문을 참고하여 썼다.

민들레를 쓴 시인들이 편지투를 본 따서 편지를 썼던 옛 사람들처럼 대중가요를 교본으로 하여 이런 시를 썼다고 볼 객관적 증거는 없고 또 그렇게 썼을 것이라고 생각하고 싶지도 않지만 이런 시들을 읽으면「민들레 홀씨 되어」라는 대중가요가 떠오르는 것은 과민함일까? 여기에서 보인 시들은 모두가「민들레 홀씨 되어」라는 대중가요가 나온 뒤에 발표된 것들이고, 또 다른 식물의 씨앗을 '홀씨'로 쓴 시는 없는데 유독 민들레만 '홀씨'로 쓰고 있기 때문에 더욱 그러하다.

시는 누구나 같은 대상에 대해서는 똑같이 말하는 상식적인 단계를 뛰어넘어 개인적인 감성세계의 변용적인 표현은 물론이고 때로는 조어(造語)까지 사용하며 대상의 새로운 모습을 보여주려는 글인데, '홀씨'라는 낱말 하나를 가지고 왜 초등국어시간 같은 이야기를 하느냐고 탓하기 전에 시적인 표현이라고 해서 '사람'을 '바위'나 '고양이'라고 쓸 수는 없듯이 '씨앗'을 '홀씨'로 쓰는 일은 하지 말자는 것이다. 이러한 일이 시인의 특별한 정서나 표현기법에 의한 것이라고 하기 전에 인기있는 대중가요의 영향이라면 시인의 긍지와 자존의 문제이기도 하다.

  시를 통해서 국민정서는 물론이고 바른 말 쓰기와 고운언어의 생활화를 선도해서 언어문화를 높여가야 할 책임도 시인들에게 있다. 그런데도 시는 마음의 그림이니, 영혼의 음악이니 하면서 사실을 비틀고 모습을 바꾸어 잘못된 것을 보여주어서는 곤란하고, 더구나 고유명사를 전혀 뜻이 다른 이름으로 바꾸어서는 안 된다는 생각이다.

  시를 쓸 때는 독자에게 무엇을 어떻게 보여줄 것이며 그 결과로 얻어지는 것이 무엇일까 하는 것도 생각해야 할 것이다. 문학의 기능 중에는 통합적인 인간교육의 중요수단으로서의 가치도 높다는 것을 생각해서 하는 말이다.

〈2014. 5. 《월간문학》 5월호 권두언〉

사존연후학문성이라는데

아이들이 떠나간
빈 교실은
썰물이 씻어간 바닷가

먼 파도에 귀를 모으며
선생님은
귀여운 조개를 줍는다
(중간 줄임)

조용한 오후
텅 빈 교실에 앉으면
모말만한 방도 너무 넓어

선생님은
아이들의 옷깃을 여미듯
비뚤어진 책상을 바로 놓는다.

-『선생님』일부-

  담살이를 하는 총각이 있었다. 혈혈단신이라 굶지 않는 것만도 큰 은혜로 생각해서 힘든 일도 즐겁게 했다. 새경은 몽땅 계명산 봉석사에 시주를 해서 늘 빈손이면서도 마음은 넉넉했다.
  "시주도 좋지만 재산을 모아 색시라도 얻어야지."
  "지는 나중에 봉석사에 가서 살거구먼요."

총각은 뒷퉁수를 글적거리며 씨익 웃었다. 봉석사에는 훌륭한 스님이 있었다. 총각은 불심도 두터웠지만 스님을 더 좋아했다. 먼빛으로 보기만 해도 마음이 평온해졌다. 스님 밑에서 심부름이라도 하며 불경을 배우고 싶었다. 불경공부를 해서 스님처럼 훌륭하게 되고 싶었다. 이러한 총각의 속내를 아는지 하루는 주인이 말했다.

"절간에 일할 사람이 필요하다던데, 거기 가겠니?"

"예? 그거 헛말 아니지유?"

"그래, 너만 괜찮다면 내가 스님께 말씀드려 볼까 한다."

"주인어른, 그렇게 해주셔유. 가고 싶어유."

그래서 절로 가게 되었다. 절에서는 아침에는 법당 앞과 요사채 둘레를 쓸었다. 낮에는 땔나무를 해서 밥을 짓고 빨래하고, 스님 방에 군불을 지피는 것이 일이었다. 그 밖에는 스님의 독경 소리를 듣거나 법당에서 스님처럼 부처님께 절을 했다. 공부를 하고 싶었지만 스님의 처분만 기다렸다. 몇 해가 지나도 스님은 불경은 커녕 글 한자도 가르쳐주지 않았다. 말도 별로 없으셨다. 이따금 요사채의 이불을 햇볕에 말려라. 법당에 있는 방석을 떨어라 하는 정도였다. 스님의 그런 말에도 가슴이 울렁거렸다. 총각은 중도 속도 아닌 불목하니일 뿐이었지만 스님을 존경하는 마음은 한결 같았다.

겨울 새벽에 스님 방에 군불을 지피고, 얼음물에 승복을 빨면서도 스님을 위한 일이라면 추운 줄도 몰랐다. 스님 가까이 있는 것만으로도 한없이 자랑스럽고 행복했다.

세월은 참 빨랐다. 그렇게 수십 년이 지나갔다. 스님도 연세가 많아 거동이 어렵게 되었다.

겨울이 되자 절간은 눈에 잠겨 땔나무가 떨어졌다. 총각은 스님 방에 땔 나무를 하러 산으로 향했다. 허리까지 차오르는 눈을 헤치며 산을 오르는데, 뒤에서 스님의 목소리가 들렸다.

"대사님, 그만 두고 내려오시지요."

총각은 스님이 찾는 대사가 어디 있나 하고 둘레를 돌아보았다.

스님은 기력이 떨어져 간신히 허리를 펴며 총각을 향해 손짓을 했다.

"대사님, 눈이 너무 깊습니다. 어서 산을 내려오십시오."

"스님! 지금 누구에게 하신 말씀입니까?"

"여기 대사님 말고 또 누가 있습니까? 이제부터는 소승이 땔나무를 하겠습니다."

스님은 총각을 향해 합장을 했다. 수십 년간 한결같이 스님을 지성으로 모신 총각은 자기도 모르게 각(覺 : 깨달음)을 얻은 것이다. 스님을 향한 지극한 존경심이 조개가 진주를 키우듯 스스로를 가꾸어 높은 불성과 훌륭한 인격을 갖춘 큰 스님이 된 것이었다. 그가 담살이대사였다.

조선 태조 때 왕세자의 교육을 위해 세자시강원(世子侍講院)이란 기관을 두었는데, 여기에서 세자를 가르치는 스승을 사부(師傅)라고 했다. 스승은 아버지와 똑 같은 사람이란 뜻으로 높여 부르는 호칭이었다. 사부는 세자를 가르칠 때 '사존연후학문성(師尊然後學問成)'이라 하여 스승을 진심으로 존경하고 따르지 않으면 곧 왕이 될 세자라도 학문을 가르치지 않았다고 한다.

교육은 자기를 가르치는 스승을 진심으로 존경하고 따르지 않으면 아무리 훌륭한 가르침도 바르게 이루어질 수 없다. 지식의 전수는 혼자서도 되고, 기계로도 할 수 있지만 참다운 인간교육은 사람과의 교감에서 마음의 울림이 없으면 아무리 빼어난 교육방법도 효과를 기대할 수 없다.

현역장군의 아들이 있었다. 담임은 사병출신의 젊은 교사였다. 아이는 그런 담임이 시시하게 보여 존경심도 신뢰감도 갖지 않았다. 그러니 학업성적도 생활태도도 좋을 리가 없었다. 그것을 알게 된 아버지는 담임을 집으로 초대하기로 했다. 아버지는 집안정리를 하고 어머니는 음식을 장만했다. 학교에서 돌아온 아이는 아버지가 군복이 아닌 사복을 입고 집안정리를 하는 것을 보고 무슨 일이 있느냐고 물었다. 매우 귀한 분이 오신다고 했다. 늘 집안청소는 당번병들이 했고, 음식도 아버지 부하들 가족이나 가정부가 했는데 그 날은 달랐다. 모든 것을 어머니 아버지가 직접 했다.

얼마 후 초인종 소리가 나자 아버지가 급히 나갔다. 어머니도 뒤따라 나갔다. 아이도 얼마나 높은 분이 오기에 그러나 하고 따라 나갔다. 그런데 대문을 들어서는 사람은 뜻밖에도 담임선생님이었다.

"선생님, 어서 오십시오. 모시러 가지 못해 죄송합니다."

아버지는 군대에서 늘 하는 거수경례가 아니라 허리를 굽혀 정중하게 인사를 했다.

"일찍이 모셨어야 했는데 죄송합니다. 어서 안으로 드시지요."

어머니도 두 손을 앞으로 모아 잡고 공손히 머리를 숙였다.

어리벙벙한 표정으로 쳐다보고 있는 아이를 어머니는 옆구리를 툭 치며 인사를 하지 않고 뭘 하느냐고 핀잔을 주었다. 그제야 아이도 꾸뻑 인사를 했다. 선생님은 '승철이를 집에서 보니 더욱 의젓하구나' 하시며 머리를 쓰다듬어 주셨다.

아버지, 어머니는 선생님을 응접실로 모시고 직접 음식을 차려 와서 대접했다. 아이도 옆에 앉았다. 아버지는 담임에게 '선생님, 선생님' 하며 음식을 권하고 철없는 아이를 맡겨 놓고 일찍 찾아뵙지 못해 면목이 없다고 했다. 담임은 아이가 말을 잘 듣고 공부도 열심히 한다고 했다. 아이는 부끄러웠다. 아버지는 그런 아이를 돌아보며 세상에서 가장 훌륭한 분이 선생님이라며 선생님을 진심으로 존경하고 말을 잘 듣는 사람만이 훌륭하게 될 수 있다고 했다.

담임이 가실 때는 아버지의 운전병이 차로 모셨고, 어머니, 아버지는 대문 밖까지 나가서 손을 흔들어 배웅했다. 그 후 아이의 학습

태도나 생활모습은 완전히 달라져 모범생이 되었다는 것이다.

1960년대에 널리 퍼졌던 이야기인데, 당시 해병대 사령관 강모(姜某) 장군이거나, 국가재건최고회의 박모(朴某) 장군의 이야기란 말이 있었다. 그 진위는 중요하지 않다.

가정의 달을 맞아 조국과 민족의 미래인 우리 아이들을 정말 훌륭하게 키우려면 어른들이 어떻게 해야 될 것인가를 생각해 보게 하는 이야기이기에 옮겨보는 것이다.

아이들의 인권만 내세워서 교권이 만신창이가 되고, 위계질서나 사회기강이 무너져 국가백년대계를 걱정하게 된 현실을 보면 '사존연후학문성(師尊然後學問成)'이란 말이 참으로 큰 울림으로 다가오고 있다.

〈2014. 5. 《한국문인》 5월호 권두 칼럼〉

제4부
남산골 딸각발이

어린이운동의 선구자 소파

귀뚜라미 귀뜨르르/ 가느단 소리
달님도 추워서/ 파랗습니다.

울밑에 과꽃이/ 네 밤만 자면
눈 오는 겨울이/ 찾아온다고

귀뚜라미 귀뜨르르/ 가느단 소리
달밤에 오동잎이/ 떨어집니다.

-『귀뚜라미』전문 : 방정환-

(1) 소파 방정환의 출생과 성장

 소파는 1899년 11월 9일 서울 당주동에서 미곡상을 하던 방경수 씨의 장남으로 태어났다. 9살이 되던 해 할아버지의 사업실패로 불우한 소년시절을 보내면서도 친구들을 모아 소년입지회(소년회)를 조직, 회장이 되어 토론회와 연설회를 열어 말하는 훈련을 쌓으며 꿈을 키웠다.
 1913년 3월 25일 미동보통학교를 졸업하고 선린상업학교에 진학 했으나 가정이 어려워 졸업을 1년 앞두고 중퇴, 취직을 하여 가정을 돕기도 했다. 그 후 33인의 대표시며 천도교 제3대 교조이신 의암 손병희 선생의 3녀 용화씨와 결혼, 19살에 가정을 이루고 어린이 운동에 전념하다가 1918년 보성전문학교(보성법률 상업학교)에 입학했다.
 이듬해인 1919년 3월 1일 기미독립운동이 일어나자 집에서 등사기로 직접 호외를 박아 뿌리고 독립선언문을 돌리다 일경에 체포되어 고문을 받기도 했다.

　소파는 그 일로 일본 관헌의 등살이 심해지자 이를 피해 동경유학의 길에 올랐다. 일본 동양대학 철학과에 입학하여 아동문학과 예술, 아동심리학을 공부하면서 1923년 4월 28일 당시 동경에 유학중인 윤극영, 조재호 선생 등과 같이 뜻을 모아 우리나라 최초의 어린이운동단체 색동회를 조직하였다. 그 후 귀국하여 어린이운동에 앞장서서 전국을 순회하며 동화구연으로 어린이들에게 민족혼을 넣어 주셨고 손수 글을 쓰고 어린이 잡지를 만드는 등 어린이를 위한 일을 하다가 33살의 나이로 영원한 동화의 나라로 떠나셨다.

　소파는 어린이를 위한 글쓰기, 연극공연, 강연회, 축구대회, 어린이잔치, 아동전람회 등 어린이를 위한 많은 일을 펼치셨지만 그 중 직접적이고도 지속적으로 어린이들에게 꿈과 희망을 주고 그들을 행복하게 했던 것은 동화구연이었다.

(2) 동화구연가 소파 방정환

　소파는 타고난 동화구연가였다. 소파가 어린이들에게 동화구연을 해준 곳은 학교교실이나 실내강당 같은 곳만이 아니었다. 골목길이든 마을의 빈터이든 어린이들이 모일 수 있는 장소만 있으면 모아놓고 이야기를 했다. 소파는 이야기를 얼마나 잘 했던지 동화구연이 끝난 뒷자리를 보면 오줌자국이 많았다고 한다. 어린이들이 소파의 이야기를 잠시라도 놓칠까봐 오줌이 마려워도 변소에 가지 않고 고무신을 벗어 오줌을 누기도 하고 몰래 싸기도 했기 때문이었다.

　소파가 이렇게 어린이들에게 동화를 구연해 주었던 것은 살기가 어려워 책 한 권 사 읽지 못하는 어린이들이 안타까웠기 때문이었고 나아가서는 이야기를 통해 교육을 했던 것이었다. 가난하고 서럽게 자라는 어린이들은 소파의 동화를 들을 때면 동화 속 주인공과 함께 울고 웃으며 행복감을 느꼈다. 그러는 동안에 어린이들의 가슴 속에는 새로운 생각들이 꿈틀거리며 살아나기 시작했다. 동화를 통해서 어린이들은 꿈을 갖게 되고 자신들이 해야 할 일을 조금씩 깨달아갔던 것이다.

'책 속에 길이 있다', '책이 사람을 만든다'고 했듯이 소파는 세계명작, 전래동화 등 문학작품을 동해서 어린이들에게 꿈을 주고 작은 가슴에 애국의 씨앗을 심어서 나라사랑의 큰 나무로 키우려 했던 것이다. 즉 소파의 동화구연은 무저항 구국운동이었고, 어린이애국교육이었다.

문학작품이 사람의 장래를 결정해준 사례는 많은데, 약 200년전 독일에서 태어난 하인리히 슐리만의 이야기도 그 하나이다. 가난한 목사의 아들인 슐리만은 일곱 살 때 '어린이를 위한 역사'에서 일리아드에 나오는 영웅들의 이야기를 읽고, 3000년전 그리스연합군과 트로이 용사들이 스파르타의 왕비 헬레네를 두고 10년간이나 싸운 트로이의 유적지를 찾아내어서 유명한 고고학자가 된다. 어릴 때에 어떤 책을 주느냐는 매우 중요하다.

소파는 읽을 책도 귀하지만 사서 읽을 능력도 없는 어린이들에게 동화구연으로 그들을 즐겁게 해주며 조국을 사랑하는 애국소년으로 키우려고 했던 것이다.

(3) 구연동화를 통한 소년 구국운동

소파의 동화구연이 어린이들을 행복하게 해주는 동시에 그들에게 애국정신을 심어주어 장차 구국운동의 선도자로 길러가기 위한 것이었음은 그가 구연한 동화들을 보면 쉽게 알 수 있다. 그가 가장 즐겨 구연했던 대표적인 동화에는 안데르센의 『백설공주』가 있고, 다음으로 우리의 전래동화 『양초귀신』과 세계명작 『난파선』이 있다.

(ㄱ) '백설공주'에서는 자기만이 가장 아름답기를 바라는 왕비가 자기보다 아름다운 백설공주를 죽이려 하지만 백설공주는 몇 번의 죽을 고비에서도 살아나 이웃나라 왕자와 결혼을 한다. 마술사인 왕비는 결혼한 백설공주를 찾아 끝내 죽이려다가 도리어 큰 벌을 받는다.

소파는 이 동화를 통해서 착한 사람에겐 반드시 좋은 보답이 온다는 것을 가르쳤다. 백설공주는 백의민족인 우리이고 나쁜 마술사 왕비는 우리를 괴롭히는 일본인데, 이 동화처럼 나쁜 일본은 무너지고 우리에겐 좋은 날이 올 것을 믿고 희망을 갖도록 했다.

(ㄴ) '양초귀신'에서는 서울구경을 다녀온 시골청년이 양초를 마을 사람들에게 선물했다. 양초를 처음 본 사람들은 마을 훈장에게 무어냐고 물었다. 훈장도 모르면서 체면 때문에 뾰족한 입과 뽕 뚫린 항문을 보면 모르느냐며 그것은 국을 끓여먹는 백어(白魚)라고 했다.

그래서 모두 국을 끓여먹었다. 청년이 와서 그것은 불 켜는 양초라고 했다. 국을 먹은 훈장과 마을 사람들은 뱃속에서 당장 불이 날 것 같아 냇가로 달려가 목만 내놓고 몸을 담근다. 지니기던 길손이 도깨비인줄 알고 성냥을 켜자 모두 물속에 쏙 들어갔다가 나오곤 했다.

이 동화에서는 무지는 죄이니, 모두 학문을 닦아 지식을 쌓고 견문을 넓힐 것과 체면치레로 허세를 부리는 것은 모두에게 망신을 주는 일임을 깨닫도록 했다.

(ㄷ) '난파선'에서는 행방불명이 된 아버지를 찾아 나선 두 아이가 갖은 모험 끝에 아버지와 만난다는 이야기를 통해서는 어린이들을 구국전사로 기르고자 했던 것 같다.

여기에서 난파당한 배는 일본이란 광란의 파도에 휩쓸려 부서진 우리의 조국이고 행방불명이 된 아버지는 조국을 잃은 우리의 임금과 국민을 비유했다고 할 수 있다.

아버지를 찾아 나선 두 아이는 이천만 우리 겨레를 상징한 것이니, 우리 어린이들도 난파선의 두 아이처럼 어떤 어려움이라도 참고 견뎌내며 목표를 향해 노력을 거듭하면 반드시 성공을 한다는 것을 느끼게 하여 꿈을 갖고 조국을 구하기에 힘쓸 것을 암암리에 강조했던 것이다.

㈃ 이 무렵 소파 선생님과 함께 할머니, 할아버지나 부모들이 어린이들에게 가장 많이 들려준 이야기는 우리의 전래동화 『토끼와 호랑이』였다. 그런 만큼 이야기도 다양한데, 아래와 같은 내용들이 재미도 있고 상징성도 좋아서 들어도 들어도 재미가 있었다.

① 함정에 빠진 호랑이가 지나가는 길손에게 살려다라고 애원했다. 길손은 가엾은 생각이 들어 호랑이를 함정에서 꺼내주었다. 함정에서 살아나온 호랑이는 자신을 구해준 길손을 잡아먹으려고 했다. 길손은 이런 배은망덕이 있느냐며 나무와 황소에게 물어보자고 했다. 나무는 자기를 함부로 베는 사람은 잡아먹어도 좋다고 했고 황소도 자기들을 힘든 일만 시키다가 잡아먹는 나쁜 사람은 잡아먹는 것이 좋다고 했다.

마지막으로 토끼에게 물었더니, 토끼는 자세한 내용을 알아야 되니까 처음대로 해보라고 했다. 호랑이는 이러했다며 빠졌던 함정으로 뛰어들었다. 토끼는 처음대로 있는 것이 좋겠다며 길손을 데리고 콧노래를 부르며 떠난다. 초등교과서에도 나온 이야기이다.

② 산에 사는 짐승들이 차례를 정해서 호랑이 밥이 되기로 했다. 자기 차례가 되어 호랑이에게 가게 된 토끼는 살아날 궁리를 했다. 호랑이 앞에 가서 오는 길에 큰 호랑이를 만났는데, 당신 흉을 보더라고 했다. 토끼의 이야기를 들은 호랑이는 자기가 이 산중의 왕인데 감히 어떤 놈이 흉을 보느냐면 당장 그 놈을 혼내주러 가자고 했다.

토끼는 호랑이를 데리고 골짜기로 가서 깊은 물웅덩이를 가리켰다. 물웅덩이는 깊이를 알 수 없게 깊은데 그 속에 자기를 닮은 호랑이가 있었다. 화가 난 호랑이는 이놈 네가 내 흉을 본 놈이냐 하고 외치니 웅덩이 속의 호랑이도 똑같이 흉내를 내어 외치는데 그 소리가 더 컸다. 화가 나서 호랑이는 물웅덩이 속의 호랑이를 향해 뛰어들어서 나오지 못했다.

③ 호랑이에게 잡힌 토끼가 살아날 궁리를 했다. 자기는 보통 토끼가 아니라 달나라 옥토끼라고 했다. 호랑이는 그 증거를 보자고 했다. 토끼는 자기가 달나라 옥토끼이기 때문에 숲속의 모든 짐승은 자기를 두려워 하는데 그것은 자기와 같이 숲속을 돌아다녀 보면 알 것이라고 했다. 호랑이는 그럼 가보자고 했다. 토끼는 자기가 앞서며 호랑이에게 따라오라고 했다.

호랑이가 토끼 뒤를 따라가면서 보니 토끼 말대로 만나는 짐승들이 모두 달아났다. 호랑이는 그것을 보고 짐승들이 정말 토끼를 두려워해서라고 생각하고 토끼 몰래 뒤돌아서 줄행랑을 쳤다. 토끼는 휘파람을 불며 유유히 집으로 돌아갔다.

④ 호랑이에게 잡힌 토끼가 금방 잡아먹히게 되자 더 맛좋은 물고기를 잡아주겠으니, 살려달라고 했다. 꼭 자기를 잡아먹더라도 맛있는 물고기를 먹어보고 잡아먹어도 되지 않느냐고 했다. 호랑이는 그것도 괜찮다고 생각하고 토끼가 하자는대로 강으로 갔다.

토끼는 호랑이에게 얼음구멍에 꼬리를 넣고 기다리면 물고기들이 꼬리털 속으로 몰려들 것이라고 했다. 그 고기들은 계속 호랑이의 따뜻한 꼬리털 속을 찾아들 것이고, 그러면 호랑이는 얼마든지 힘들이지 않고 물고기를 배불리 먹을 수 있을 것이라고 했다.

호랑이는 토끼의 말대로 꼬리를 얼음구멍에 넣고 기다리다가 꼬리가 얼어붙어 꼼작도 할 수 없게 되었다. 토끼는 꼬리에 물고기가 너무 많이 달라붙었으니 그것이나 먹으라며 그곳을 떠났다.

⑤ 토끼가 호랑이에게 또 잡혔다. 이번에는 꼭 잡아먹겠다고 했다. 토끼는 잡아먹어도 좋지만 그 전에 참새구이가 맛있으니 그것부터 먹고 자기를 잡아먹어도 되지 않느냐고 했다. 호랑이는 그것도 괜찮다고 생각하고 토끼가 참새구이를 해주겠다는 가시덩굴로 따라갔다. 가시덩굴 속에는 토끼가 한 말대로 참새들이 많이 모여앉아 있었다.

호랑이는 토끼가 하라는대로 덩굴 속에 들어가 눈을 감고 앉았다. 그러자 토끼는 덩굴에 불을 붙였다. 호랑이는 토끼가 시키는 대로 눈을 감고 활활 불타는 소리를 들으면서 불에 구힌 참새가 입으로 들어오기를 기다렸다. 토끼는 이제야 살았다 하고 달아났다.

⑥ 깊은 산속이었다. 배고픈 토끼가 감자를 구워먹는 사람들을 엿보고 있었다. 역시 배고픈 호랑이가 다가와 토끼를 덮쳤다. 토끼가 입에 손가락을 대며 조용하라고 했다.

사람들이 감자를 어떻게 구워먹는가를 배우고 있으니, 조금만 기다리라고 했다. 조금 있다가 토끼가 말했다.

"이제 감자 굽기를 알았으니, 나를 따라오면 맛있는 감자를 구워주겠다."

토끼는 호랑이를 데리고 숲속으로 갔다. 감자를 구워줄 테니 기다리라고 하고는 불을 피워 돌멩이를 구웠다. 돌멩이가 빨갛게 달궈지자 호랑이를 불러서 감자가 맛있게 구워졌으니 식기 전에 빨리 먹으라고 했다.

배도 고프고 성질도 급한 호랑이는 달궈진 돌을 집어삼켰다. 호랑이는 뜨거운 돌에 이빨이 빠지고 목구멍이 타서 아무것도 먹을 수 없게 되었다.

여기에서 토끼는 백의민족인 우리들이고 호랑이는 침략자 일본이다. 그들이 아무리 강하고 사나워도 최후의 승리는 약하고 지혜로운 토끼의 몫이란 것을 믿어 어린이들로 하여금 희망을 잃지 않게 했다는 것이다.

오늘날도 소파의 이런 정신을 이어받은 동화구연단체가 많다. 사단법인체만도 색동회, 색동어머니회, 색동어머니동화구연가회, 한국동화구연지도사협회 등이 있다.

이 단체들이 우리 어린이들이 행복하게 자라서 겨레의 천연자원으로서의 제값을 다 할 수 있도록 하는데 보다 큰 힘이 되었으면 한다.

〈2003년 어린이날 창립 80주년을 맞이하여〉

남산골 딸각발이 이희승

  1961년에 한국글짓기지도회가 조직되었다. 이 단체를 만든 장원덕은 2009년 거제민속박물관 간행 《한국글짓기운동의 발자취》에서 한국글짓기지도회를 나와 함께 창립했다고 했지만 그 때 나는 시골에 있었기 때문에 계획하고 뜻은 같이 했지만 실제적인 일은 장원덕이 혼자 다 추진했다.
  한국글짓기지도회는 「표현력 신장, 생활의 선도, 인간성 회복」 등의 교육방편으로 그 중요성이 인정되어 창립과 동시에 이원수, 이희승, 최태호, 한인현 등 많은 분들의 호응을 받았다. 나는 그 때 처음으로 이희승 선생님을 뵈옵게 되었다.
  한국글짓기지도회는 창립 5년 뒤인 1966년에 조직을 강화하고 이원수선생님을 1대 회장으로 모셨다. 그 후, 2대 임인수, 3대 한인현, 4대 이희승 선생님으로 이어졌다. 이희승 선생님이 한국글짓기지도회 회장을 맡으면서 나는 선생님을 자주 모시게 되었다. 장원덕과 함께 선생님의 심부름을 했기 때문이었다.
  남산골 딸각발이란 애칭을 가진 선생님은 보통 사람과는 다른 특별한 점이 많았다. 같이 식사를 할 때면 꼭 음식을 서른 번씩 씹으라고 하셨다. 내가 먹는 것을 가만히 지켜보시다가 몇 번 씹었느냐고 묻기도 했다. 선생님의 친구들은 한글학회 일로 함흥감옥에 있을 때 콩밥을 완전 소화하기 위해 그렇게 한 것이 평생 버리지 못 하는 습관이 되었다고 했다. 또 선생님은 택시를 타지 않으셨다.
  어느 겨울이었다. 선생님을 모시고 중앙일보에서 일을 보고 돌아올 때였다. 날씨는 춥고 빌딩 그늘에 덮인 서소문길은 빙판이었다. 내가 택시로 모시겠다고 했다. 그러자 선생님은 사람에게 발이 있다는 것은 참으로 큰 축복이라며, 그것을 유용하게 쓰는 일이 받은 축복에 대한 보답이라고 했다.

그런데 건강한 발을 두고 왜 택시를 타느냐고 하며 웃으셨다. 그러면서 기계에 의존하지 않는 것이 몸과 마음의 건강을 보전하는 첩경이라며 걷자고 했다. 할 수 없이 시청 앞까지 걸어서 입석버스를 탔다.

그보다 더한 일도 있었다. 선생님이 조계사 앞 송아지 다방 계단에서 넘어져 몸을 크게 다쳤을 때였다. 연락을 받고 집으로 가보니, 누워 계셨다. 의사인 아들이 병원치료를 권해도 한사코 거절하신다는 것이었다.

내가 왜 그러시느냐고 했더니, 몸에 든 병을 주사를 맞고 약을 써서 고치는 것은 외세의 침략을 구원병으로 물리치려는 것과도 같아서 또 다른 침략을 부르게 될 수도 있다는 것이었다. 몸을 다친 것도 병이니 약의 도움 없이 몸 안의 자체 저항력으로 회복해야 자주국방(?)이 된다는 말씀이셨다.

선생님의 이러한 말씀이나 생활은 나에게는 참으로 훌륭한 생활의 지침이 되었다.

    유행성 독감에 걸렸습니다
    "아무래도 주사를 맞아야겠어요."
    "병원 가지 말고 몸으로 이겨 내요."
    (중간 줄임)

    선생님은 외적이 쳐들어 왔을 때
    침략자를 구원병으로 물리치면
    나라가 더 어렵게 될 수도 있다며

감기를 침략군으로 본다면
그것을 약 같은 외부 도움 없이
내공의 힘으로 물리치는 것이
자주국방과 같은 거라 했어요.

-『선생님 말씀』일부-

  선생님은 한국글짓기지도회 회장으로 전국어린이글짓기 현상모집, 글짓기사례기와 논문 공모, 서울교직원직무연수 등 참 많은 일을 주관하셨다.

  그러다가 어느 날 갑자기 한국글짓기지도회 회장을 나에게 넘기겠다고 했다. 그래서 임원개선을 위한 총회 같은 것도 없이 선생님의 뒤를 이어 내가 한국글짓기지도회 5대 회장을 맡았다.

  그 후에도 선생님은 뵈올 때마다 세상 살아가는 이야기를 다정스레 해주셨다. 그래서 일석 이희승 선생님은 나에게 평생 잊을 수 없는 정신적 스승이 되었다.

구름에 달만 같던 박목월

강나루 건너서/ 밀밭길을
구름에 달가듯이/ 가는 나그네.

『윤사월』, 『청노루』 등과 함께 내가 애송하고 있는 박목월의 시 『나그네』의 일부이다. 내가 선생님을 가까이에서 모실 수 있게 된 것은 1969년 부터였다. 서울 생활이 서툰 나에게 선생님은 문학과 인생을 이야기하며 작은 일에도 큰 격려를 주셨다.

1970년 가을, 한국글짓기회에서 나의 글짓기지도기《글밭에서 거둔 이삭》출간을 기념하는 자리를 마련했다.

장소는 마포종점에 있는 유석초등학교 음악실이었다.

"나몰래 잔치를 벌이다니, 이럴 수가 있어?"

어떻게 아시고 선생님이 오셨다. 그 자리에는 이희승, 윤극영, 이원수, 김요섭, 김영일 선생님도 오셨다. 조금 늦게 도착하신 박목월 선생님은 이런 좋은 자리를 왜 미리 알려주지 않느냐며 내 글짓기지도사례기를 칭찬하고 시쓰기 공부를 열심히 하라고 격려해 주신 것 같다.

그 때부터 나는 선생님을 뵙는 기회가 더욱 많아졌다.

1972년 가을이라고 기억한다. 아마 선생님이 한양대학교에 강의를 나가실 때였을 것이다. 퇴근시간이 가까울 무렵이었다. 선생님에게서 전화가 왔다.

"김선생, 다른 약속 없으면 퇴근길에 우리 집에 와서 놀다 가요."

"예 선생님, 퇴근하면 곧 바로 가겠습니다."

퇴근을 하기가 바쁘게 선생님댁으로 갔다. 선생님댁은 원효로 4가였다. 내가 근무하는 학교는 마포 종점이라 가까웠다. 좁은 골목길을 돌아 선생님댁 대문 앞에 이르러 기척을 했다.

"빨리도 왔군. 문 열려 있으니 어서 들어와요."

선생님은 방문을 열며 손짓을 했다. 방바닥은 펼쳐 놓은 책으로 꽉차있었다.

"선생님! 오늘은 강의가 없었습니까?"

"뭘 좀 쓰느라고 집에 있었어요. 자 이 쪽으로."

선생님은 펼쳐 놓은 책을 한켠으로 밀어내어 내가 앉을 자리를 만들었다.

펼쳐 놓은 책 가운데 앉고 보니, 내가 책의 바다에 빠진 기분이 들었다.

선생님은 다과를 권하며 오늘 새벽에 시를 한 편 썼다고 했다.

"좀 피곤해서 일찍 잠이 들었는데, 새벽에 누가 나를 부르는 것 같더군. 깜짝 놀라 깨어보니, 아! 글쎄. 저기에서 환하게 빛이 피어오르고 있지 않겠어."

하며 방 한쪽 구석을 가리켰다. 거기에는 화분이 놓여 있었는데 마른 줄기 밑둥에 흰색의 커다란 꽃이 한 송이 피어 있었다. 참으로 우아한 모습이었다.

"저 꽃을 보셨군요. 참 아름다운 꽃인데 언제 피었습니까?"

"잠들 때까지도 몰랐는데 내가 자는 동안에 피었나 봐."

"어두운 밤에 보면 정말 환한 빛으로 보이겠습니다."

"그것은 생명의 빛이었어요. 어둠을 헤치고 하늘과 땅을 여는 참으로 황홀한……."

"그 감격을 시로 쓰셨다는 말씀입니까?"

"그래요. 한 목숨 태어남이 그토록 큰 감격임을 처음 알았어요."

그러면서 선생님은 새벽에 썼다는 시를 내보였다.

－사람은 빛으로 산다
눈을 밝게 하는 햇빛이나
마음의 눈을 뜨게 하는
내면의 빛으로 산다
장님에게는/ 장님의 빛이 있다.
안으로 불 밝힌 황홀한 빛
손가락에는 손가락의 빛이 있다
사물을 더듬는 촉각의 빛
(중간 줄임)

－그리하여
차디찬 여명과 밝은 아침이
어디서 비롯됨을 모르고
날이 어떻게 저무는지 모른다.
어리석은 자여.
그들은 어둠에서 태어나서
어둠으로 돌아가지만
슬기로운 자는/ 빛에서 태어나서
빛으로 돌아간다.

－『빛을 노래함』일부－

  선생님은 목숨이란 것은 피었다가 스러지는 빛이라고 했다. 너무나 다정다감하신 선생님은 어두운 방 한 구석에서 환한 빛으로 피어난 꽃을 보는 순간의 감격을 다시 음미하듯 나에게 이야기해 주셨다. 나는 이야기를 들으며 나도 그런 시를 쓰고 싶다는 생각을 되풀이했다.
  아직도 내 머리속에는 이름도 모르는 그 꽃의 모습과 함께 선생님의 말씀이 생생하다.

  사랑은 원래 물처럼 위에서 아래로만 흐르는 것인지, 나에게 그렇게 사랑을 주셨던 선생님은 1978년 3월 24일 '구름에 달 가듯이' 영원한 나그네의 길을 떠나셨다.

  '강나루 건너서 / 밀밭 길을 / 구름에 달 가듯이 / 가는 나그네'를 읊조려 보면 물결처럼 출렁이는 밀밭 사이길을 걸어가는 선생님의 모습이 환영처럼 떠오른다.

〈1996. 6.《현대영어사 사보》『내가 만난 사람』〉

부모님만 같았던 이원수

얼음 어는 강물이 춥지도 않니?/ 동동동 떠다니는 물오리들아
얼음장 위에서도 맨발로 노는/ 아장 아장 귀여운 새야
나도 이제 찬바람 무섭지 않다/ 오리들아 이 강에서 같이 살자.
-『겨울 물오리』 전문 : 이원수-

(1) 소설『해와 같이 달과 같이』를 쓸 때

나는 1969년부터 마포 도화동 언덕에 살았는데, 집들이 모두 작았다. 나중에 조금 넓혀서 옮긴 집도 건평이 17평이었다. 그 작은 집에 이원수 선생님이 이따금 예고도 없이 불쑥 찾아오시곤 해서 나는 참 기뻤다.

1977년이었다. 선생님은 명동 성당에 있는 가톨릭출판사에서 발행하는《가톨릭 소년》에『해와 같이 달과 같이』란 소설을 연재하셨는데, 배경이 마포 도화동이었다. 주인공 석남이는 집이 어려워 돈을 벌겠다고 상주에서 무단 상경하여 먼저 서울로 온 성규 형이 일하는 '도화동 서강철공소'를 찾아간다. 석남이는 철공소에 취직을 하려고 하지만 나이가 어려서 안 된다. 도로 시골로 내려갈 수도 없는 석남이는 구두닦기를 하는 소년가장 주호를 만나 같이 구두닦기를 하며 살아간다는 내용이다.

"석남이는 성규 형의 편지 심부름으로 효숙이 누나를 찾아간다. 마포 종점「버드나무 못가에서 첫째 골목」에 있는 암청색 대문집이 효숙이 누나가 식모살이를 하고 있는 집이다. 석남이는 여태까지 마포의 강물은 보지 못했다. 강가 동네라지만 높은 도로에 가려 보이지 않았던 것이다. 효숙이가 있는 집을 지나 더 올라가면 그 너머에

강이 있다는 말은 성규한테서 듣고 있었다. 석남이는 누가 볼세라 급한 걸음으로 효숙이가 있는 집 앞을 지나, 둥그렇게 구부러져 오르는 길을 따라 걸어갔다. 가다 보니 층층대로 내려가는 곳이 있어 그 길로 내려서서 오른쪽으로 꼬부라지니 굴이었다. 어두컴컴하다. 그 굴로 석남을 앞질러 가는 사람이 있어, 마음 놓고 들어가서 다시 꼬부라지니 강이 보였다. 왼쪽에서 일직선으로 기나긴 다리가 놓여 있다. 그 다리 위로 자동차들이 쉴 새 없이 달려가고 달려온다. 멀리 저편 다리 끝에는 무언지 모를 큰 집들이 산더미 같이 드문드문 서 있었다. 여의도의 원경이었다." 소설의 한 부분이다.

평론가들은 이 소설을 두고 가난하고 소외된 어린이들에게 따스한 사랑의 눈길을 주는 선생님의 뜻이 잘 드러난 작품이라고 했다. 특히 이 작품은 철공소의 풍경과 어린 직공들이 잠자는 좁은 골방, 석남이가 희망을 잃지 않고 서울 생활에 적응해가는 과정이며 판자집과 다름없는 주호의 집에 관한 묘사가 세밀하고 생동감이 넘쳐 더욱 훌륭한 작품이라고 했다. 주인공 석남이가 상주에서 기차를 타고 용산역에 내려서 마포까지 찾아오는 길이며, 석남이가 돌아다닌 마포종점의 풍경과 극장 간판이며 신촌의 뒷골목 모습들이 당시의 실상 그대로 자세히 그려져 있다.

소설에 나오는 장면을 선생님이 직접 현장 확인을 해서 썼기 때문이다. 여기에 나오는 '마포 종점의 버드나무 못'은 마포유수지로 지금은 콘크리트로 덮어 마포주차장이 되어 있지만 주차장 밑은 선생님이 그 때 본 못이 그대로 있다.

강으로 나가는 굴은 유수지의 물을 한강으로 퍼내는 빗물펌프장 옆 강변북로 밑으로 뚫린 길인데 지금도 그대로이다. 그 곳으로 나가면 한강에 바로 닿고 마포대교 인도로 통한다. '왼쪽에서 일직선으로 기나긴 다리'라고 한 것은 마포대교이다. 선생님은 이렇게 현장 모습을 실제대로 묘사하기 위해 이따금 나를 데리고 현장조사를 다니셨다.
　날씨가 화창한 토요일이었다. 퇴근 시간이 좀 늦어서 집에 가니, 이원수 선생님이 내 방에서 소주병과 마른 오징어를 앞에 놓고 앉아 계셨다.
　"토요일도 없냐? 좀 일찍 집에 와야지." 하시며 선생님은 방에 들어올 것 없이 가방 놓고 따라 오라며 자리를 털고 일어나셨다.
　버스를 타고 영등포역 앞에서 내렸다. 역 맞은편에는 철공소가 많았다. 선생님은 그 중 한 철공소로 들어갔다. 열 대여섯 살쯤 되는 아이가 혼자 철공소 바닥을 쓸고 있었다. 기름투성이 옷에 꾀죄죄한 몰골이었다. 말을 건넸지만 경계를 했다. 선생님이 고향의 봄을 불러주며 웃기는 이야기를 하자 아이도 경계심을 푸는 것 같았다. 선생님은 아이와 철공소 주인과의 관계, 여기에서 일하게 된 동기, 하는 일과 먹고 자는 것에 대해 꼼꼼히 물으셨다. 그 때 뒷문이 열리면서 우락부락하게 생긴 남자가 뛰어들었다.
　남자는 우악스럽게 아이의 어깨를 잡아 구석으로 밀치며 눈을 부라렸다.
　"당신들은 누구요? 지금 뭘 하고 있는 거요?"
　하며 금방 주먹질을 할 기세였다.
　나는 "별 일 아니니, 진정하십시오."하며, 선생님 앞을 막아섰다. 고향의 봄이란 노래를 지으신 이원수 선생님이신데, 지금 쓰고 있는 소설의 자료를 알아보는 중이니 이해해 달라고 했다.
　이원수 선생이라는 말에 남자는 좀 누그러졌지만 그래도 아이에게 무엇을 물으려면 미리 말을 해야지 함부로 그럴 수가 있느냐고 했다. 아이와는 더 이상 이야기를 하지 못하고 돌아섰다.
　소설『해와 같이 달과 같이』에 '도화동 서강철공소' 에서 시키지도 않는 청소를 하며 주인의 환심을 사려고 애쓰는 석남이의 생활은 이런 현장조사를 거쳐 쓰여진 것이었다.

그 때는 몰랐는데 나중에 보니『해와 같이 달과 같이』는 나를 두고 쓴 소설이었다. 석남이가 상주에서 온 것이나 마포 도화동에 자리 잡은 것이 내 처지와 꼭 같았고, 세 사람이 누워도 비좁은 서강철공소의 작은 골방은 영락없는 내 방 크기였다. 또 서울 생활이 두렵고 적응이 안 되어 허덕이는 석남이의 어리숙한 모습이 더욱 그러했다.

(2) 선생님이『해와 같이 달과 같이』를 쓰고 있을 무렵이었다.
아내가 원인도 모르게 아팠다. 병원에 가도 몸의 기능이 전반적으로 크게 저하되어 있다는 말뿐이고 어디를 어떻게 치료해야 한다는 처방은 나오지 않았다.
남들은 영양제나 보약을 써서 원기를 돋구어야 한다고들 했지만 아내는 자신을 위하는 일에는 병적일 만큼 인색해서 아무 처방도 못 하고 지냈다. 더구나 학교에서 6학년을 담임한 나는 방과 후에도 아이들에게 붓글씨지도를 하느라고 항상 퇴근이 늦었다. 그 때는 서울시교육청이 예능실기대회를 실시했다. 대회가 공개경쟁이고 보니 신경이 쓰였다.
학년초 직원회의에서 미술, 음악, 서예 등에 출전할 학급을 정했는데 서예, 즉 붓글씨대회 출전을 희망하는 반이 없었다. 어차피 6학년 중 한 반은 나가야 되겠기에 내가 자원했다.
교장선생님부터가 마음이 내키지 않는 눈치였다. 글씨가 창피할 정도로 악필인 내가 붓글씨를 지도하겠다니 그럴 수밖에 없었다. 어쨌든 나는 4월부터 붓글씨지도를 시작했다. 나는 중국 왕희지의 글씨를 말하고, 당나라 때의 안진경, 구양순 등의 서체를 보여주고 그들의 일화를 들려주며 아이들을 다그쳤다.
예능교육은 자전거타기와 같아서 잘 타는 사람이 가르친다고 해서 쉽게 탈 수 있는 것이 아니라 체험으로 익히는 것이라며 스스로 노력하지 않으면 안된다고 했다. 그리고 서예 실력은 시간과 노력에 비례한다는 지론을 앞세워 토요일도 늦도록 붓글씨를 쓰였다. 그렇지만 한글 서예에 한자의 서체가 무슨 소용이며, 전설적인 서예가의 일화가 무슨 도움이 되겠는가.

교육은 열의와 정성만 있으면 된다는 것은 공허한 구호일뿐 기능이 따르지 못한 지도는 만용이었다. 가로획은 이렇게 긋고, 세로획은 이런 모양이어야 한다는 것을 써 보이지 않고 가르치기란 참 어려웠다.

그래서 5월부터는 5㎝ 마방진이 그려진 깔판을 나눠주고 서예가에게 거기에 맞춰 쓴 서체를 받아 연습을 시켰다. 이렇게 지도한 아이들이 7월에는 서울 서부교육청 예능실기대회에서 학급단체 금상을 받았고, 10월에는 일요신문 · 서울경제일보사 주최 제 1회 전국어린이서예대회에서 학급생 전원이 입상하였으니, 예상 밖의 성과를 거두었다. 거기에 자신을 얻은 나는 그 해 겨울에는 아이들에게 사군자까지 치게 했다.

그러다 보니, 가정은 아내의 말을 빌리면 하숙집이었다. 문제는 아내가 몸이 약해져 기농이 어려워도 나는 전혀 관심을 갖지 못하고 지냈다는 것이었다. 그것을 알게 된 이원수 선생님이 학교로 전화를 했다. 오는 토요일에는 어디 같이 갈 곳이 있으니, 제 시간에 퇴근하라는 것이었다.

그러나 토요일에 또 늦었다. 집에 와서 기다리던 선생님은 무슨 사람이 약속도 못 지키느냐며 그러면서도 아이들에게는 약속을 잘 지키라고 말 할 수 있겠느냐고 했다. 꾸중이 아니라 웃으면서 그렇게 말하고는 오늘은 늦었으니 내일 가야겠다며 집으로 가셨다.

다음 날 선생님은 다시 오셨다. 선생님은 아내에게 인천에 용한 한의사를 만나기로 약속을 해놨으니 같이 갈 준비를 하라고 했다. 내가 무관심했던 아내의 건강을 선생님은 마음에 두고 걱정을 하셨던 것이다. 내가 알기로는 이원수 선생님은 평생 자기 가정에는 무관심한 분인데 후배들의 어려움에는 당신의 일 이상으로 걱정을 하고 애를 쓰시는 것이었다.

콧날이 찡해왔다. 선생님을 따라 서울역에서 기차를 타고 제물포역에서 내렸다. 인천에 사신다는 선생님의 처제가 다방에서 기다리고 있었다. 그의 안내로 꼬부라진 골목길을 돌아서 어느 허름한 집으로 들어갔다. 문어머리에 미라처럼 쪼그라진 행색의 노인이 우리를 맞이했다. 손을 떨며 움직임도 불편한 것 같았는데 눈빛은 날카로웠다. 아내는 노인을 보자 질린 표정이었다.

이원수 선생님이 아내의 건강상태를 이야기했다. 노인은 선생님의 이야기를 듣고 아내를 진맥하더니 굵은 주사기로 근육주사를 놔주었다. 우윳빛이 나는 약이었다. 나중에 들은 이야기지만 그 노인은 일제 때 일본군에 입대한 후 만주로 끌려가서 마루타 생체실험에 참가했는데, 그 때의 경험을 살려 자기만의 독특한 약을 만들어 어려운 병을 치료해주며 숨어서 살아온 사람이라고 했다.

그 후에도 몇 번 그 노인에게 치료를 받았지만 아내가 싫어하자 선생님은 제물포에 있는 다른 중국 한의원에 데려가기도 했다. 그것은 사랑하는 자식의 건강을 염려하는 부모의 심정이 아니고는 어려운 일이었다. 그런 것 때문이었는지 그 무렵에 만난 이종택 선생님은 나를 이원수 선생님의 장남인줄 알았다고 했다. 그러나 그러한 선생님의 사랑을 나는 조금도 갚아드리지 못한 채 그 어른을 떠나보냈다.

숨을 거두기 직전에 나에게 써준 『겨울 물오리』란 동시도 신문사에서 가져간 후 돌려받지 못해서 선생님의 육필 한 장 갖지 못했다. 세월보다 깊은 망각의 무덤은 없다지만 선생님이 떠난 지 삼십 년이 지난 지금도 나의 가슴속에는 그 때의 그 모습으로 살아 계신다.

왜가리처럼 사신 박경종

  1971년에 이원수 선생님을 회장으로 모시고 박경종, 박홍근, 김성도 세 분을 부회장으로 하여 한국아동문학가협회를 창립했다. 한국문협과는 별도로 아동문학가들이 하나로 뭉친 아동문학단체였다. 그리고 1975년에는 단체 이름으로 한국아동문학상을 제정했다. 권정생이 제 1회 수상자로 뽑혔다. 수상작은 나중에 그의 대표작이 된 동화 《강아지똥》이었다. 이 동화는 제목에서 똥이라는 말이 어린이들에게 혐오감을 줄 수도 있을 것이라는 의견이 조심스럽게 제기되기도 했지만 작품이 우수하다는 데는 의견이 일치되어 심사위원 만장일치로 수상작으로 선정됐다. 권정생으로서는 처음으로 받게 된 큰 문학상이었고, 그의 작품이 세상에 널리 알려지는 중요한 계기가 되었다.
  시상식에는 그 때 안동에서 교편을 잡고 있던 이오덕과 동행하여 참석했다. 권정생으로서는 참 어려운 서울나들이였다. 안동 일직에서 조그만 교회 한 모퉁이에 방을 빌어 혼자 살고 있는 권정생은 건강문제로 외부 출입도 거의 없었지만 그의 살아가는 형편으로는 남의 앞에 버젓이 입고 나갈 옷 한 벌 제대로 된 것이 없었던 것이었다. 시상식에 온다고 잔뜩 차려입은 것이 갈색 골덴 양복에 검정 고무신이었다. 이것을 본 박경종 선생님은 시상식이 끝난 뒤 그를 데리고 충무로로 갔다. 그 때 선생님은 명동성당이 가까운 충무로 뒷골목에 조그만 양복점을 갖고 있었다. 양복점 운영이 경제적으로 어떤 도움이 된다기보다는 선생님의 동선동 집에는 사모님이 유치원을 하시기 때문에 낮 동안 선생님은 여기에 나와 계시면서 사람도 만나고 소일을 했으니, 말하자면 사랑방 같은 휴식처였다. 거기에 권정생을 데리고 간 선생님은 양복과 구두를 맞추어 주었다.
협회 부회장으로서 가난한 후배를 위해 그토록 마음을 써주셨던 것이다.
박경종 선생님이 1933년 동시 『왜가리』로 조선중앙일보에 당선된 이듬해였다고 한다. 방정환 선생님이 주동이 되어 개벽사에서 발행하던 아동잡지 《어린이》가 정간되자 아동문학가들이 작품을 써도 발표할 지면이 없었다. 1926년에 한석원 주재로 발행해 오던 아동잡지 《아이생활》이 유일한 발표지면이었는데 그것마저도 유지하기가 어려운 형편에 이르렀다.
1943년 어느 날이었다. 글벗 김창훈으로부터《아이생활》이 경영난으로 계속 발행하기가 거의 불가능하게 되었다는 말을 들었다. 너무도 안타까운 일이었다.
선생님은 어떻게 하든지 《아이생활》을 계속 발행해야 된다고 생각했지만 뾰족한 방법이 없었다. 선생님은 생각 끝에 《아이생활》를 직접 맡아 발행하기로 했다. 팔리지도 않는 잡지에 계속 투자만 했다. 그러자니 오죽했겠는가. 그래도 선생님은 《아이생활》이 일제의 우리말 말살 정책으로 폐간되던 1944년 1월까지 발행했다.
한 번 발행할 때마다 50원씩 네 차례에 걸쳐 총 200원을 투자하면서 김창훈, 임인수와 함께 잡지를 속간했던 것이다. 그때의 200원은 웬만한 집 한 채 값이었다고 하니, 선생님의 아동문학에 대한 애착과 열정이 얼마나 컸던가를 쉽게 짐작할 수 있는 일이었다.
아동문학을 위해서는 이러한 선생님이었기에 처음 만난 가난한 후배 작가 권정생을 그대로 보낼 수는 없었던 것이었다.
1969년에 한정동 선생님이 당신의 이름으로 아동문학상을 제정하셨다. 우수 아동문학 작품을 발굴 시상함으로써 작가들에게 새로운 활력을 불어넣겠다는 오직 한 가지 충정으로 제정한 이 상의 제1회로 수상자로 박경종 선생님이 뽑혔다. 그 뒤를 이어 어효선, 박화목

등 문단의 원로들이 차례로 이 상을 받으므로써 한정동아동문학상은 상당히 권위있는 상으로 자리를 잡아갔다.

또 이 상의 상금이나 운영에 관한 모든 재정은 누구의 도움도 없이 한정동 선생님이 일년 동안 받은 당신의 원고료를 한 푼도 쓰지 않고 모아서 주는 것이었기 때문에 별다른 의미가 있었다.

그러다가 1976년에 한정동 선생님이 세상을 떠나시자 문학상도 계속하기가 어렵게 되었다. 기금이 마련되어 있는 것도 아니고, 유일한 혈육인 딸도 아버지 이름으로 시상되는 이 상을 이어받아서 운영할 형편이 되지 못했다. 상이 없어질 위기에 놓였다. 모두가 아쉬워했지만 별다른 대책이 없었다.

그러자 박경종 선생님이 책임을 지겠다고 했다. 그 상의 첫 번째 수상자로서 상이 없어지는 것을 보고만 있을 수 없다는 아쉬움도 컸겠지만 33년전 아동잡지 《아이생활》 발행을 맡았을 때처럼 순전히 이 땅의 아동문학을 위해서는 그 상을 이어가야 한다는 충정에서였다.

선생님도 한정동 선생님이 그랬듯이 일 년간 당신에게 나오는 원고료를 한 푼도 쓰지 않고 모아서 상금을 주어 시상을 해왔다.

박경종 선생님이 건강이 좋지 않아 사모님과 함께 공주원로원으로 가시기 직전까지 무려 30년 가까이 그렇게 해오셨으니 그 정성을 미루어 짐작할 수 있을 것이다.

아동문학을 누구보다도 사랑하신 선생님은 선배 문인들의 문학비 건립에도 앞장을 섰는데, 1977년에는 시흥시 수암면 한정동 묘지에 한정동문학비를 세웠고, 1984년에는 서울 능동 어린이회관 뜰에 이원수문학비를 세우기도 했다.

또 선생님은 붓글씨를 잘 쓰셨는데, 후배들이 작품집을 보내드리면 꼭 축하 휘호를 내려주었다. 즐겨 쓰신 한문으로는 雪中梅(설중매), 半茶香(반다향), 三省吾身(삼성오신), 根深枝茂(근심지무) 등이었고, 당신의 작품으로는 『초록바다』를 많이 써주셨지만 대부분은 후배들이 책을 드리면 더 열심히 노력하라는 격려의 말씀과 함께 작품집 속에서 한 편을 골라 붓글씨로 써주셨다. 나도 한문 三省吾身(삼성오신)과 동시 『어머니』를 선생님의 글씨로 받았다.

2006년 4월 초였다. 박경종 선생님이 타계하셨다는 소식을 풍편에 들었다. 그 해 3월 5일에 선종하셨고, 유택은 경기도 남양주시 진건읍 사능리 영락동산이라고 했다. 참으로 허무했다. 선생님이 초대 부회장과 2대 회장을 지내셨던 한국아동문학가협회도, 30년 가까이 총무로써 다독여 키워왔던 한국동요동인회도 3대 회장으로서 글짓기교육의 일반화를 위해 애쓰셨던 한국글짓기지도회도, 선생님에게 한정동문학상을 받은 작가들도 모두 까맣게 모르고 있었다. 너무도 어처구니없는 일이었다.

생전에 선생님은 남을 위하는 일에는 발벗고 나섰는데, 정작 당신이 떠나셨을 때는 사랑했던 후배들이나 정들었던 동료들 어느 누구도 곁에서 지켜주지 못했던 것이었다. 내 자신도 그랬으니 무슨 말을 더 할 수 있겠는가.

선생님의 대표작의 하나이고 최초로 세상에 알려진 동시 『왜가리』를 떠올려본다.

왜가리는 참으로 고결하면서도 정이 많은 철새이다. 흰머리에 검은 줄이 긴 댕기를 달고 들판에 조용히 서있는 모습을 보면 참으로 고결한 모습니다. 그리고 새끼를 키우는 정이 남다르다.

암수가 함께 새끼를 돌보는데 어린 새끼에게는 뱃속에서 반쯤 소화시킨 먹이를 토해서 먹인다. 참으로 지극한 사랑이다. 후배를 위해주는 선생님의 정이 그러했던 것 같다.

　　……왜가리야?/ 왝!
　　어데 가니?/ 왝!

엄마 찾니?/ 왝!
아빠 찾니?/ 왝!……

　선생님은 왜가리셨다. 왜가리처럼 청순하고 고고하게 사시다가 왜가리처럼 아무도 몰래 외롭게 이 세상을 떠나셨다. 지금은 어느 하늘에서 이 땅의 아동문학을 걱정하고 후배들 생각을 하고 계실까? 내양 박경종 선생님!

한라산 등반길에 겪은 일

아빠하고 나하고 만든 꽃밭에
채송화도 봉숭아도 한창입니다
아빠가 매어놓은 새끼줄 따라
나팔꽃도 어울리게 피었습니다
애들하고 재미있게 뛰어 놀다가
아빠가 생각나서 꽃을 봅니다
아빠는 꽃을 보며 살자 그랬죠
날 보고 꽃같이 살자 그랬죠.

-『꽃밭에서』전문-

 난정 어효선(1925. 11. 2~2004. 5. 15) 선생님은 동요『꽃밭에서』,
『파란 마음 하얀 마음』등으로 널리 알려졌지만 문인화로도 유명하신 분입니다. 선생님은 등산을 참 열심히 하셨습니다. 몇 십년 째 일요일이면 어김없이 등산을 하신다고 했습니다.
 깡마른 체구로 생활에 빈틈이 없으신 분이라 등산에 있어서도 절대 걸르는 일이 없었습니다. 그런데 한 동안 뵐 기회를 갖지 못하다가 얼마전에 만났습니다. 사람의 일생을 곧잘 등산에 비겨 이야기하신 적이 있기에 나는 등산 이야기를 했습니다.
 "선생님, 지금도 등산은 여전히 계속하시지요?"
 "아니야. 전과는 많이 달라졌어."
 "달라지다니요? 그럼 더러 걸르기라도 하신단 말씀입니까?"
 "그렇게 되더군. 나이란 어쩔 수 없는 것이란 걸 새삼스레 느끼게 돼."

"건강은 좋으신 것 같은데요?"

"나도 전과 같지 못한데다가 주변이 점점 쓸쓸해져 가고 있단 말이야."

"주변이 쓸쓸해져 가다니요?"

"김선생도 나와 같은 기분을 느낄 날이 곧 오게 돼."

서울 토박이로 살아온 선생님은 젊어서부터 일요일이면 산을 찾는 것이 큰 즐거움이었고, 나이가 들어서는 건강을 유지하는 유일한 방법이 등산뿐이었다고 했습니다.

처음에는 혼자서 가까운 남산이나 한 바퀴 돌아오는 정도였는데 취미가 같은 친구들이 하나 둘 어울리게 되면서 조금 먼 곳을 가게 되더라고 했습니다. 등산 준비라야 간단한 도시락에 군대용 수통 하나만 준비하면 부담 없이 하루를 즐길 수 있으니까 좋고, 산을 내려와서는 소주 한 잔 하는 것도 별미였다고 했습니다. 그러다가 서울의 수도물이 나빠지자 군대용 수통을 버리고 작은 물통을 들고 다니게 되었다고 합니다.

세월이 가면서 약수를 길어다가 식수로 하는 재미에 물통은 조금씩 커지고, 커지는 물통만큼 등산 배낭도 점점 무게를 더해갔다는 것이었습니다. 물론 등산 친구 수도 늘어갔다고 했습니다.

"한창 전성기에는 열 명 안팎까지 된 적도 있었으니 대단했지."

"등산은 수가 많아도 좋지 않다고 하던데요?"

"뜻이 맞아서 약속한 시간엔 어김없이 모였고, 이왕이면 가보지 못한 곳을 가자는 의견이 나와서 그때 부터는 새로운 곳을 찾아다니기도 했지."

그래서, 세월이 갈수록 등산 거리가 멀어졌고 코스도 다양해졌으며, 친구들도 많아지고 물통도 경쟁이나 하듯이 조금씩 더 커져갔다는 것입니다.

"등산 친구가 늘어날 때의 반가움이나 새로운 등산로를 개척했을 때의 즐거움은 참으로 컸던 거야. 정상을 정복했을 때의 쾌감도 그만이었고."

그런데 언제부터인가는 지금까지의 과정을 거꾸로 거슬러가고 있다는 것을 알게 되었다고 했습니다. 나이가 많아진 친구들이 멀리 가는 것을 반대해서 등산 거리가 조금씩 가까워지게 되고, 날이 갈수록 힘이 부치니까 물통의 크기도 작아져 갔다는 것입니다.

그러더니 늙어 갈수록 천식이다 관절염이다 해서 빠지는 친구가 늘어나서 어느 순간에는 숫자가 눈에 띄게 줄어드는데다가 언제부터인가는 날씨가 조금만 나빠도 등산을 포기하는 경우가 많아지더라는 것입니다.

"저는 아직 그런 것을 느낄 나이가 되자면 멀었습니다."

"참, 김선생은 얼마이지?"

"을해생이니까. 선생님과는 비교도 할 수 없지요."

"곧 세월의 빠름을 알게 될 거야. 옛날 같으면 노인 취급 받을 나인데."

그렇지만 나는 내가 그렇게 나이를 먹었다는 생각을 해본 적이 없습니다.

어린이들 속에서만 살아왔기 때문인지는 몰라도 다른 직종에 있는 친구들도 나를 보고 아이들 같다고 농담을 하고 있습니다.

그런데 어느 날 갑자기 내가 정말 늙었구나 하는 것을 절실히 느끼게 되었습니다. 학교 6학년들을 데리고 한라산 등반 훈련을 갔습니다. 11월의 한라산 날씨를 계산해서 어린이들에게 두터운 외투를 입혔습니다. 산길에는 눈이 쌓였지만 영실까지 올라가니 어린이들은 더워서 거의가 외투를 벗었습니다.

"날씨로 봐서 외투는 짐만 되겠어요."

나를 쳐다보는 6학년 담임의 눈치가 어린이들 외투를 벗어두고 가게 하는 것이 어떻겠느냐는 것이었습니다.

"내가 남아서 어린이들 옷을 맡도록 하지요."

"교감 선생님도 한라산을 오르셔야지요. 예까지 와서 우리만 어떻게."

"나야 한라산을 한두 번 온 것도 아닌데 안 오르면 어떻습니까?"

산골에서 자란 나는 산을 참 좋아합니다. 그런데 몇 년 사이에 몸이 따라주지 않았습니다. 높은 산을 오르기에 자신을 잃어가고 있었습니다. 어린이들은 선생님들이 데리고 가고 나는 영실에서 5백나한의 절경이나 감상하며 쉬고 싶던 차에 좋은 핑계거리가 생긴 것입니다.

그래서 외투가 짐이 된다고 생각하는 사람들은 모두 벗으라고 했습니다. 어린이들은 너도나도 외투를 벗어 나에게 맡겼습니다. 어린이들 외투를 휴게소 앞에 쌓아 놓고 의자에 앉아 있었습니다.

한떼의 부인들이 올라왔습니다. 부인들은 어린이들의 외투를 보고 색깔이 곱다느니, 고급스럽다느니 하며 옷을 뒤적거리더니, 나에게 물었습니다.

"할아버지, 이 외투 얼마에 팔 거예요?"

아마도 나를 등산객을 위해 외투를 팔러 온 옷장수로 알았던 모양입니다.

"팔게 아닙니다. 산에 올라간 어린이들이 더워서 벗어 놓고 간 것입니다."

그렇게 대답은 했지만 순간 마음속으로 서늘한 기운이 휘몰아 왔습니다.

그것은 어린 날 노을 진 산마루를 날아 넘는 멧새를 보았을 때의 쓸쓸함이나 낙엽을 밟으며 늦은 가을 들길을 걸을 때의 적막함 같은 것이었습니다. 나와는 관계없다고 생각했던 '할아버지'란 말이 나를 가리키는 말임을 처음 알게 되었을 때의 기분이었습니다. 그 부인들의 모습이 사라진 뒤에도 할아버지란 낱말만 긴 여운을 달고 메아리처럼 내 빈 머릿속을 맴돌았습니다.
 "아닐 거야. 그 부인들의 고장에서는 어른에 대한 존칭으로 그런 말을 쓰는지도 모르지."
 시간이 꽤 지났습니다. 가만히 앉아 있으니 추웠습니다. 산을 쳐다봐도 숲에 가려져 어린이들은 뵈지 않았습니다. 담임들이 잘 보살피고 있겠지만 왠지 산에 올라간 어린이들이 걱정되었습니다.
 '중도에 낙오자가 생긴다거나, 변덕 많은 한라산 날씨가 갑자기 추워지기라도 하면 외투를 벗어두고 간 어린이들은 어떻게 하나?'
 나는 영실 길목에 지켜 서서 산을 오르는 사람들에게 서울에서 온 어린이들 중에 낙오자가 있거던 이곳으로 내려오도록 일러 달라고 부탁을 했습니다.
 11시쯤 되어서 다리 근육에 마비가 온 어린이가 울면서 내려 왔습니다. 1시간 후에 또 한 어린이가 절룩거리며 내려 왔습니다. 그 아이는 신발이 찢어지고 좀 지친 것 같은데도 표정은 밝았습니다.
 "발은 다치지 않았니?"
 "예."
 "걱정되지 않았니? 내가 어리목으로 갔으면 어쩔려고 했니?"
 "올라오는 어른들이 교감 선생님이 기다리고 계신다고 했어요."
 "교감 선생님이라고? 나는 그런 말 하지 않았는데?"
 "할아버지가 기다리고 계신다고 해서 교감선생님인줄 알았어요."
 "뭐? 할아버지라고? 허허허."
 나는 웃고 말았습니다. 처음 부인들에게 할아버지란 말을 들었을 때와는 다르게 쓸쓸함이나 적막함 같은 것이 덜했습니다. '할아버지' 란 말이 어쩔 수 없이 내 몫으로 다가왔음을 곧바로 체념하게 된 것입니다.
 "이제 점심 때도 지났으니, 더 이상 낙오자는 없겠지. 어리목으로 가서 점심이나 먹자."

영실 쪽으로 올라간 어린이들을 어리목으로 내려오도록 했기 때문이였습니다. 나는 택시를 불러서 두 어린이와 외투를 싣고 어리목으로 향하면서 사람의 일생을 등산에 비겨 이야기 하시던 어효선 선생님의 말을 떠올렸습니다.

"인생이 그런 것 아니겠어. 처음에는 혼자였던 것이 날이 가면서 친구도 불어나고 주변에 딸리는 것도 점점 늘어가다가 어느 시기가 지나면서 부터는 그 모두가 줄어들면서 종내는 혼자가 되어 처음의 제자리로 돌아가게 된단 말야. 애써 정상을 향해 올랐다가는 다시 내려와 처음 자리로 되돌아 가듯이."

〈1994. 7. 《유아교육자료》〉

삶은 설계하고 실천해야

(앞줄임)
일찍이 아무도 눈길조차 주는 이 없어
버려져 황폐만 했던 아동문학의 영토에
보습을 가다듬어 김매고 북주기 반세기

아동문학개론과 한국현대아동문학사
아동문학의 이론과 한국아동문학연구
세계아동문학사전 발행 등의 저작물로
불모의 땅에 이정표를 세우셨으며

우리 아동문학의 좌표와 진전을 위해
아세아 아동문학대회를 창설하였고
이를 세계아동문학대회로 격상시켜
한국아동문학 세계화에 기여했습니다.

이번 고희기념학술문집 또한
정년기념논총과 화갑기념논총에 이은
세 번째 한국아동문학작가작품론으로
이것이 곧 아동문학의 현주소입니다.

그만큼 이상도 높고 욕심도 많아서
저승문 앞에서도 일이 남아 돌아와서는
누구도 따를 수 없는 끈기와 집념(執念)으로

아동문학의 박토를 옥토로 바꾼 당신,

신사년 문화의 달, 고희를 맞이하면서
성운으로 자리한 문사들의 축복 속에
또 다시 풍성한 수확을 거두었습니다.

추국(秋菊)은 서리 속에 향기(香氣)를 더하고
장송은 삭풍 속에 더욱 푸른 법,
당신이 해야 할 일 아직 남았으니
그 뜻 다할 때까지 학수를 누리소서.
　　　－『삭풍에 더욱 푸른 장송처럼』 －고희를 축하드리며 일부－

　가까이 지내는 이재철 교수가 하루는 느닷없이 질문을 던졌습니다.
　"김선생은 앞날의 계획을 어떻게 세우고 있습니까?"
　"앞날의 계획이라니요? 학교에 있으니 어린이들 잘 가르치는 일이나 생각하며 살아가는 거지요. 그 외 또 무슨 계획이 필요합니까?"

　이재철 교수를 처음 만난 것은 1960년대 초반이었습니다. 대구교대 교수로 내 친구 신현득 권기환 등이 대구교대에서 그의 강의를 듣고 있었기 때문에 잘 알고는 있었지만 가까이 지내게 된 것은 1960년대에 초등학교 교사들의 자격강습이 지역교육청으로 이관되면서 부터였습니다. 상주를 중심으로 한 경북북부지역 교사들의 일급 정교사 자격강습을 상주에서 하게 되었는데, 이재철 교수가 거기까지 강의를 나왔습니다. 나는 도지정연구학교인 상영국민학교에 근무하면서 방송시청각교육 연구추진도 하면서 상주글짓기회 회장이란 이름을 갖고 있었기에 일급 정교사자격강습에 강사로 차출되어 이재철 교수와 같이 강의를 하게 되었습니다.

그런데 그 때 나는 이급 정교사였습니다. 그것을 알고 이재철 교수는 이급 정교사가 일급정교사 자격강습에 강의를 한다면서 기죽이는 농담을 곧잘 했습니다. 그런 인연이 서울 와서 한국아동문학가협회에 까지 이어지고 보니 상당히 가까이 지내게 되었습니다.

이교수는 내가 교사니까 어린이들 잘 가르치는 일 외에 또 무슨 계획이 필요하냐니까 뜻밖이라는 표정이었습니다.

"그 일이 전부는 아니잖습니까? 한 세상 왔다가 간 뒤에 뭔가 자신이 남길 수 있는 일을 해야지요."

"그런 걸 어떻게 계획하며, 계획한다고 그대로 되는 것도 아니잖습니까?"

"아니, 그럼 인생을 아무런 계획도 없이 살아간다는 겁니까? 남은 시간은 생각만큼 많지 않습니다. 금방이에요. 연차적인 계획이 필요합니다."

그러면서 학교는 일 년간의 교육계획이 있고 학생들도 주간학습계획과 하루의 일과표가 있는데 가장 중요한 인생을 계획 없이 살아서야 되겠느냐는 것이었습니다. 자기는 몇 살까지 살겠다는 계산 하에 연차적으로 할 일을 계획해 놓고 있다며, 삶을 허비하지 않기 위해서는 어떻게 해야 한다는 것을 대학생들에게 강의하듯 매우 진지하게 이야기했습니다. 뜻밖의 병고로 저승의 문턱까지 갔다가 살아난 분이기에 별난 생각을 다 하고 있구나 하는 생각으로 나는 이재철 교수의 말을 건성으로 듣고 말았습니다.

그런데 해가 바뀌면서 그의 말이 새삼스러워 졌습니다.

그는 일년 사이에 몇 권의 책을 냈고, 세 차례나 국제적인 학술 모임을 주관했으며 대학교에서도 많은 일을 맡아 잘 해왔음을 보고 놀랐습니다. 그래서 내가 해온 일을 생각해 보았습니다. 아무것도 내

세울 것이 없었습니다. 학교 나가는 것 외에는 삶을 모두 허비하고 말았다는 생각이 들었습니다.

'용강 올꾼이' 라는 옛날 이야기가 생각났습니다.

올벼나 올감자라면 철 이르게 익거나 같은 류의 다른 것보다 먼저 완성되는 것을 이르는 말이고, 올차다 라고 하면 야무지고 기운차다 는 좋은 의미지만 '올꾼이' 는 '덜된 아이' 란 뜻입니다.

올꾼이는 평안도 어느 마을에서 머슴살이를 하고 있었는데, 참으로 충직했습니다. 시키는 일은 말이 떨어지기가 바빴습니다.

하루는 주인이 올꾼이에게 말했습니다.

"너 내일 아침 일찍 용강을 좀 다녀 와야겠다."

"예, 주인님!"

"아침 일찍 서둘러야 할 거야."

"염려 마십시오. 주인님."

다음날 아침이었습니다.

주인은 심부름을 시키려고 올꾼이를 찾았습니다. 올꾼이가 뵈지 않았습니다. 분명히 오늘 용강을 다녀와야 한다고 어제 미리 일러두었는데 이상한 일이었습니다. 아무도 올꾼이를 보지 못했다고 했습니다. 온 식구가 마을을 다 뒤졌습니다. 올꾼이는 끝내 나타나지 않았습니다. 주인은 몹시 화가 났지만 어쩔 도리가 없었습니다.

기다림의 하루가 다 갔습니다. 해가 지고 땅거미가 짙어갈 무렵에야 올꾼이가 나타났습니다. 몹시 지친 모습이었습니다.

"네 이놈, 오늘 용강을 다녀와야겠다고 했거늘 어디 갔다가 이제 오느냐?"

주인은 두 눈을 부릅뜨고 고래고래 고함을 질렀습니다.

그러나 올꾼이는 어리둥절한 표정으로 이마에 땀을 훔치며 대답했습니다.

"그래서 소인 지금 용강을 다녀오는 길이옵니다. 뭐가 잘못입니까?"

주인은 그만 할 말을 잊고 말았습니다. 용강은 하루에 다녀오기에는 먼 길이었습니다. 그 곳을 올꾼이는 왜, 무엇 때문에 다녀와야 하는지도 모르고 다녀와야겠다는 주인의 말 한 마디만 듣고 다녀온 것입니다. 그래서 올꾼이는 주인을 위해 최선을 다했지만 자신이 얻은 것은 피로와 조롱과 시간의 낭비뿐이었습니다. 귀한 하루를 아무런 값없이 허비해버린 것입니다.

옛날 이야기라고 웃고 넘기기에는 뭔가 마음 한구석을 찌르는 것이 있습니다. 오늘을 살아가고 있는 우리 어린이들이 알게 모르게 용강 올꾼이꼴이 되어가고 있지나 않나 하는 생각을 지울 수 없기 때문입니다.

어린이들은 어른들이 바라는 대로 결석하는 일 없이 학교에 나와 열심히 공부를 하고 있습니다. 그러나 왜, 무엇 때문에 공부를 한다는 생각을 해본 경험은 거의 없을 것입니다. 할 필요를 전혀 느끼지 않고도 아무런 지장이 없이 지내고 있을 것입니다. 어른들이 하라는 대로만 하면 되니까.

학교 공부 끝나면 또 학원으로 갑니다. 동무가 미술 학원을 다니니 나도 가야 하고, 이웃집 아이가 피아노 학원에 다닌다니 나도 다녀야 합니다. 외국어는 일찍 배워야 좋다고 하니 영어 학원을 가고, 대륙과 길이 트였다고 중국어도 배우러 다닙니다. 어머니가 가라는 말 한 마디에 왜, 무엇 때문에 라는 목적도 이유도 모른 채 아침부터 밤까지 학교와 학원을 전전하며 피나는 노력을 되풀이 합니다. 굳이 목적이 있다면 그렇게 해서 부모 마음을 기쁘게 하는 것이고, 이유라면 '남들도 모두 그렇게 하니까' 라고 할 수밖에 없을 것입니다. 참으로 기특한 일입니다.

　어른들이 하라는 대로만 하면 되니까, 먼 훗날을 위한 자신의 인생 설계 같은 것은 거의 생각할 수도 없고 또 그런 일에 관심을 갖는 아이도 없습니다. 아직은 어리니까 자신의 인생을 스스로 설계하거나 계획할 능력도 없고 모든 것을 어른들의 계획에 따르면 되니까 그것이 당연한 걸로 알고 있습니다. 또 기초 교육은 다양한 경험을 골고루 쌓아야 한다는 어른들의 희망 때문에 그렇게 해야 하며, 어른들 자신들도 그런 과정을 거쳐 왔고 그래야만 남보다 앞설 수 있다고 할 수도 있습니다.

　그러나 그 결과는 어린이들의 삶을 즐겁게 해주고 사람답게 자라도록 도와 주기보다 자기의 주관이나 개성이 없고 목적도 없이 남이 시키는대로 따르기만 하는 추종형의 어린이로 만들게 되었습니다. 대학 입학시험을 주관식 논술형으로 바꾸게 된 것도, 국민학교 교육 방법을 열린 교육으로 개혁해 나가려는 것도, 이런 문제들을 근본적으로 고쳐 나가지 않으면 국제화 개방화의 미래 사회에 대비할 수 없다는 판단에서입니다.

　어른들은 어린이들을 자신들의 잣대로만 재려고 합니다. 어린이들은 어린이들대로의 삶을 따로 가지고 있습니다. 자신들의 삶의 목표는 자신이 설정하고 그것을 달성시키기 위해 스스로 계획을 세워 노력해 나가도록 해야 합니다. 그것이 보다 더 중요한 참 공부인 것입니다. 그래야만 앞날을 생각하지 못하고 계획 없는 나날을 보낸 나와 같은 사람이 되지는 않을 것입니다.

　자신의 일은 스스로 계획하고 실천해 나가는 태도를 어려서 부터 익혀 나가야만 나에게 앞날의 삶을 어떻게 계획하고 있느냐고 묻던 이재철 교수처럼 값지고 훌륭한 미래를 꾸려나갈 수 있는 사람으로 자랄 수 있으리라는 생각입니다. 그것이 어린이들 자신과 무한 경쟁

시대인 미래 사회에 대응할 수 있는 자율성과 창의력을 갖게 될 것입니다.

 우리 어린이들 모두는 '용강 올꾼이'가 되어서는 안 되고 또 결코 그렇게 되지는 않을 거라는 믿음을 갖고 있기에 하는 말입니다.

〈1994. 8. 《유아교육자료》〉

제5부
꽃전설도 원적이 있다

학교화단에 벌이 있어요

꿀 항아리 등에 지고
꽃가루 통 어깨에 메고
일터로 나갑니다

부웅, 붕! 노래하며
꽃밭 찾아다니는
부지런한 일꾼들.

-『꿀벌』전문-

내가 교감 때였습니다. 여름 방학이 끝나고 개학 3일째였습니다. 1,2학년 어린이들이 쉬는 시간에 교무실로 쫓아왔습니다. 학교 어린이들은 무슨 일이 있으면 이상하리만큼 나를 많이 찾아왔습니다.

"교감 선생님, 화단에 벌이 있어요. 아주 많아요."

"형들이 쏘였어요."

어린이들이 벌에게 쏘였다고 했습니다. 벌에 쏘였다는 어린이들을 불렀습니다. 3학년들이었습니다.

"벌을 잡으려다가 쏘였구나. 그렇지? 어디 보자."

어린이들은 쏘인 곳을 움켜쥔 채 우거지상을 하며 내 눈치를 살폈습니다. 아파서가 아니라 엄살인 것 같았습니다. 한 어린이는 머리였고, 한 어린이는 팔이었습니다. 머리를 쏘인 어린이는 눈물이 글썽했습니다. 나는 머리칼을 헤치고 벌침을 뽑았습니다. 팔을 쏘인 어린이는 빨갛게 부푼 침 자국을 혀로 핥으며 괜찮다고 했습니다.

학교 화단에는 봉숭아와 과꽃이 피어 있었습니다. 어린이들은 그 꽃을 보고 즐기기보다 비오는 날이면 달팽이를 찾고, 갠 날은 벌과 나비를 잡느라 정신이 없습니다. 그래서 나는 지래 짐작으로 꽃에서 벌을 잡으려다가 쏘인 줄 알았습니다. 그런데 그게 아니었습니다. 화단에 큰 벌집이 있다고 했습니다.

"화단에 벌집이 있다니? 어디야? 가보자."

나는 어린이들을 데리고 화단으로 갔습니다.

"저기요. 벌이 아주 많아요."

어린이들은 급식실 앞 화단을 가리켰습니다.

거기에는 많은 어린이들이 둘러서서 돌맹이질을 하고 있었습니다.

급식실 앞 화단에는 백일홍과 섬잣나무 사이에 키 작은 영산홍이 한 그루 있습니다. 새봄과 함께 남 먼저 화단을 장식했던 영산홍이지만 이제는 잊혀진 나무였습니다.

그 나무 둘레로 벌들이 날아다니고 있었습니다. 어린이들은 그 나무를 향하여 돌을 던졌습니다. 거기 벌집이 있었습니다. 영산홍 가지에 매달려 있는 벌집은 연밥 모양이었습니다. 연한 희색을 띄고 있어 쉽게 눈에 띄지 않았습니다. 벌들은 그 둘레를 분주히 날아다니고 있었습니다.

허리에 노랑과 갈색의 고운 띠를 두른 작은 벌들은 어린이들의 공격으로부터 자기들의 집을 지키려고 사력을 다하는 것 같았습니다.

"얘들아, 그만해."

내 말에 어린이들은 던지려던 돌을 슬며시 놓았지만 못마땅한 표정이었습니다.

"너희들 자연보호 알지? 벌은 중요한 자연이야 보호해야지."

"벌은 나빠요. 우리 친구를 쏘았어요."

"벌들은 사람을 먼저 공격하지는 않아. 너희들이 건드렸기 때문이지."

"아니어요. 제가 과꽃을 보고 있는데 쏘았어요."
팔을 쏘인 어린이가 항의라도 하듯 말했습니다.
"그럴 리가 있나? 네가 팔에 붙은 벌을 모르고 건드렸겠지."
수업 시작 신호에 어린이들은 교실로 들어갔습니다.
벌집은 육각형으로 된 방의 입구가 대부분 꽁꽁 봉해져 있었습니다. 꿀을 모아둔 창고가 아니면 애벌레가 있는 아기 방일 것입니다. 둘레를 날아다니던 벌들이 집으로 모여들었습니다. 부서진 집을 수리하기 시작했습니다.

문득 며칠 전에 본 신문 기사가 생각났습니다. 길가의 풀을 베다가 벌에 쏘여 죽은 미화원과 벌침을 맞고 죽은 중학생 이야기였습니다.
"그냥 두면 위험하겠어. 벌집을 없애야지."
숙직실에 가서 에프킬라를 가지고 와서 벌집에 뿌렸습니다. 벌은 강했습니다. 살충제를 맞으면서도 집을 포기하지 않았습니다. 벌집이 함빡 젖도록 에프킬라를 뿌렸습니다. 대부분의 벌들이 땅으로 떨어지고 나머지는 달아났습니다.
벌집을 가지째 잘라서 교무실로 가져왔습니다. 꽁꽁 봉한 방들이 열리면서 벌의 애벌레들이 기어 나왔습니다. 애벌레들은 꼭 구더기 같았습니다. 기어 나온 애벌레들도 결국은 모두 죽고 말았습니다.
"이것 과학실에 갖다 두시지요. 좋은 교재가 되겠어요."
벌집은 과학 주임에게 넘겨주고, 5학년 보결수업을 들어갔습니다. 요사이 어린이들은 제멋대로입니다. 벌을 쫓아 화단의 꽃을 짓밟고, 쓰레기도 아무데나 버립니다. 나는 그런 어린이들의 생활에 대한 훈화를 시작했습니다.
"우리는 환경의 오염과 자연의 파괴를 걱정하고 있습니다. 지금 학교 화단에는 과꽃이 한창 피고 있습니다. 그런데, 꿀을 모으러 오는 벌을 잡느라고 꽃을 망가뜨리는 사람이 많아요. 지구를 살리는 길은 풀 한 포기나 벌레 한 마리 사랑하는 일에서 부터 비롯됩니다. 그러므로……"

내 이야기에 빙긋빙긋 웃는 어린이들이 있었습니다. 아무리 버릇 없는 어린이들이라지만 선생님의 이야기를 들으며 비웃는 듯한 태도가 괘씸했습니다.

"너, 너. 일어섯!"

나는 웃은 어린이들을 불러 세웠습니다.

"선생님의 이야기가 우스우니?"

"아니요."

"그럼 왜 웃었어? 웃는 이유가 뭐냐?"

어린이들은 말이 없었습니다. 거듭 물어도 대답을 하지 않았습니다.

"얘들이 왜 웃었는지 누가 대신 말해 봐."

그러자 어린이들은 기다렸다는 듯이 입을 모아 말했습니다.

"교감 선생님이 꿀벌네 아파트를 몽땅 부수었대요."

순간 나는 아찔했습니다. 뒷통수를 호되게 얻어맞은 기분이었습니다. 어린이들은 내가 에프킬라를 뿌려 벌들을 잔인하게 죽인 것을 알고 있었습니다. 그것은 자연의 파괴가 아니라 사랑하는 제자들의 보호를 위한 일이었다고 해도 궁색한 변명일 수밖에 없었습니다. 벌집을 없앤 일이 잘한 것이라는 어린이들도 있었지만 대부분의 어린이들은 벌집을 통째로 없애버려 놓고는 자연보호 어쩌고 하는 내가 우스웠던 것입니다. 그러는 동안에 수업 끝나는 벨이 울렸습니다.

"이 일에 대해선 더 많은 것을 듣고 싶지만 시간이 다 됐군요. 여러분의 의견은 내일까지 글로 써서 내주면 내가 읽어보고 참고로 하겠어요. 괜찮겠지요?"

"예. 좋아요."

그래서 다음날은 벌집을 없앤 일을 두고 쓴 5학년 어린이들의 글을 몇 편 받았습니다.

〈벌집을 없앤 것은 잘한 일이라는 의견〉
- 벌이 아이들을 쏘았으니, 벌들은 그 벌로 집을 뜯겨도 마땅하다고 생각한다.
- 무허가 주택은 철거한다더라. 화단에 지은 벌집은 무허가이니 뜯어야 한다.
- 교감 선생님은 우리들을 보호하기 위해서 벌집을 뜯었으니 감사해야 한다.
- 벌집을 과학실에 두고 자연 시간에 우리가 관찰하게 했으니 고마운 일이다.
- 벌에 쏘여서 죽은 사람도 있다고 한다. 화단의 벌집은 위험하니 잘 뜯었다.

〈벌집을 뜯은 것이 잘못이라는 의견〉
- 벌은 우리에게 이익을 준다. 그런 곤충을 죽이고 집을 부순 것은 잘못이다.
- 교감 선생님이 자연을 보호하라면서 벌집을 없앤 것은 자연을 파괴한 것이다.
- 벌을 건드려서 쏘이고는 도리어 그 벌에게 복수를 하는 것은 너무한 일이다.
- 화단에서 다른 곳으로 쫓아내면 될 걸 아기 벌까지 죽인 건 너무나 잔인하다.
- 벌집을 화단에 두고 관찰했으면 벌에 대한 공부를 잘 할 수 있었을 것이다.

어린이들의 의견은 대개 이런 것이었습니다. 표현을 다하지 못했을 뿐이지. 실제로는 하고 싶은 말이 더 많았을지도 모릅니다.
나는 어린이들 보기가 미안했습니다. 그들을 가르치고 있는 우리는 하찮은 작은 일도 교육적인 입장에서 다시 한 번 되돌아보고 실행에 옮겨야 되겠다는 생각이었습니다.

식물도 생각하고 행동한다

이름 없는 꽃이라도 우리와 다름 없지
사랑으로 아껴주면 사랑으로 다가오고
미움으로 바라보면 미움으로 돌아선다.

-「꽃」전문-

(1) 월간 《소년문학》에 꽃시조 100수를 연재하고, 그것을 《꽃도 사랑을 주면 사랑으로 다가온다》라는 제목으로 2011년에 시조집을 펴냈다. 야생화 100종을 꽃 사진과 함께 시화첩으로 펴내서 시조를 읽으면서 꽃의 모양이나 생태를 알 수 있게 했다. 생각보다 우리는 꽃을 좋아하면서도 이름조차 모르는 경우가 많아서 시와 사진을 통해서 꽃을 알려주고 싶어서였다. 꽃을 좋아하지 않는 사람이 어디 있으랴 마는 우리 가족은 좀 다른 것 같다.

내 어머니 아버지는 일찍 세상을 뜨셨지만 생전에 꽃을 무척 좋아하셨다. 평생 농사만 짓고 사신 분들이 초가집 추녀물이 떨어지는 자리에는 궁궁이를 심어놓고 5월 단오날에는 그 줄기를 꺾어 내 옷섶에 꽂아 주었다. 울타리 밑이나 사립문 앞에는 「봉숭아」나 「백일홍」을 심었다. 집 옆 텃밭 둘레에도 「분꽃」, 「과꽃」, 「맨드라미」, 「국화」 등을 심어 가꾸었다.

그래서 사람들은 우리 집을 꽃집이라고 불렀다. 부모님들이 돌아가시고 뒤를 이어 그 집을 지키며 살고 있는 동생도 부모님과 같았다. 부모님이 돌아가신 뒤 한참 뒤에 고향을 갔더니, 집 옆 텃밭의 산수유 사이로 모란을 심어 밭전체가 모란꽃으로 덮여 있었다.

동생은 약초로 심었다고 했지만 값나가는 다른 약초도 많은데 굳이 그것을 심은 까닭을 짐작할 수 있었다. 밭 둘레로는 도라지와 산나리와 꽃무릇까지 있으니 봄부터 가을까지 연이어 꽃이 핀다.

텃밭의 바깥쪽은 높은 둑인데 거기는 개나리로 덮여있었다. 보통 개나리가 아니라 열매를 약재로 쓰는 「영교」라고 했다. 처음 듣는 이름이었다. 나는 아직도 영교의 정체를 모른다. 또 영교와 함께 제피나무가 몇 그루 있다. 제피나무는 잎이나 열매를 추어탕이나 생선요리에 향신료로 매우 좋다. 잎이나 꽃, 열매와 향기까지가 산초나무와 똑 같아서 식물의 전문가가 아니면 구별을 못하는데, 다른 점은 산초는 열매가 까맣게 익는데 제피는 열매가 익으면 새빨갛고 향기가 매우 강하다. 제피는 김치에 넣어도 맛이 크게 달라지는데 흔하지 않아서 추어탕에도 제피 대신 산초를 넣어 먹기도 하지만 맛에 큰 차이가 있다.

동생은 영교와 제피도 귀하게 가꾸고 있으면서도 그 열매를 따다가 팔지는 않았다. 그것은 꽃을 보기 위한 것이기 보다 부모들이 심었고 흔하지 않은 것이라서 귀하게 가꾸는 것 같았다. 동생은 생전의 부모님을 떠올리며 꽃들을 심이 그렇게 가꾸는 것이 분명했다. 그런 생각이 드니 콧속이 찡해왔다.

아내는 고향을 가면 그러한 것을 몹시 부러워했다. 제피나무 어린 묘목을 가지고 와서 화분에라도 심어 가꾸려고 했지만 실패만 했다. 높은 산으로 둘러싸인 청정한 자연 속에서 살던 식물이라서 적응을 못 하는 모양이다. 다만 거실과 베란다에는 어느 화원에서나 쉽게 구할 수 있는 꽃들만 열심히 가꾸고 있다.

지금은 아들이 살고 있는 단독주택에서 살고 있을 때는 옥상에 스티로플 상자를 들여놓고 꽃을 심고 상추, 부추 같은 채소와 함께 분꽃, 봉숭아, 장미, 국화 같은 것을 심어 꽃밭으로 만들어 놓더니, 아파트로 이사한 뒤에는 거실과 베란다에 여러 종류의 화분을 들여놓았다. 난초 종류가 몇 개 있는데 서양란은 화려하지만 향기가 적은데 동양란은 줄기도 꽃도 빈약하지만 있는 듯 없는 듯한 향기가 참으로 매력적이다.

그래서 옛 사람들이 난향만리(蘭香萬里)라고 한 것 같다. 그런데 야래향(夜來香)이 끼어들면서 동양란의 향기가 밀려났다. 야래향은 밤에 꽃이 피는데 향기가 어찌나 강한지 베란다 문을 닫아도 문틈을 비집고 들어와 방안까지 가득 채운다. 난초 향기가 비단실이라면 야래향은 굵은 밧줄 같다는 생각이 들었다. 그 향기는 모기를 쫓을 정도라고 했다.

마가목도 한 그루 있는데 잎과 꽃과 열매가 모두 반할만큼 아름다워서 내가 주문해서 심어봤는데 역시 분재로는 맞지 않는 것 같았다. 정성을 들였는데도 비실비실했다. 어차피 분재로는 알맞지 않는 나무 같으니 버리자고 했는데 아내는 너무 마음 아파했다.

그러더니 하루는 물을 주면서 '이게 약이다. 꼭 살아야 한다' 며 마가목과 이야기를 하고 있었다. 다음 날도 '너를 사랑한다' 라는 말을 되풀이 하며 물에 적신 가제로 잎을 닦아주고 뿌리에는 영양제 캡슐을 꽂아주었다. 분재집에서 그렇게 해보라고 하더라는 것이다. 그러자 마가목이 조금씩 생기를 찾더니 거짓말처럼 새 잎이 피어났다. 아내는 그것이 '사랑한다' 고 했기 때문이라며, 꽃이나 풀도 사람의 말을 알아듣는다고 믿고 있었다.

(2) 언젠가 《식물은 지금도 듣고 있다》의 저자 이완주 박사가 농작물에게 좋은 음악을 들려주면 수확이 늘어난다는 연구결과를 발표한 적이 있다. 이박사는 응달에서는 잎을 펼치지만 땡볕에서는 몸이 탈까봐 잎을 접는「괭이밥」, 낮에는 잎을 열지만 광합성을 하지 않는 밤에는 잎을 닫는「자귀나무」, 사람의 근친상간과 같은 자가수분을 피하려고 암술과 떨어져 있던 수술대가 벌이 오면 용수철처럼 튀어나와 벌의 등에 꽃가루를 덮어씌우는「매자나무」, 꽃밥을 치약처럼

짜서 그것을 옮겨줄 곤충의 배에 붙여주는「수레국화」등 식물도 생각하고 행동한다는 사실을 밝혀냈다는 것이다. 과학적으로 증명은 안 되었지만 평생 농사만 지었던 아버지는 옥수수의 버팀뿌리를 보고 멀지 않아 태풍 같은 센 바람이 불어올 거라고 했다.

버팀뿌리는 옥수수 밑둥의 줄기마디에서 뻗어 나와서 땅으로 굽어 박히는 뿌리인데 옥수수 몸체를 사방에서 받쳐 튼튼하게 고정시켜주는 역할을 한다. 옥수수가 살아갈 앞날에 큰 바람이 있을 것을 예견하면 보통 때보다 굵고 튼튼한 버팀뿌리를 준비한다는 것이다.

식물들은 본능적인 예지력을 갖고 거기에 대비하여 조절인자가 성장을 조정하는 것이라고 설명한다. 그것은 식물도 곧 느끼고 생각하고 계획적인 생활을 한다는 이야기가 된다.

어느 해인가는 뒤란의 감나무가 죽을 것 같다고 했다. 내가 보기에는 건강에 아무런 문제가 없는 것 같은데 아버지는 아니라고 했다. 무엇을 보고 그러냐니까 감나무의 밑둥을 보라고 했다. 거기에는 전에는 볼 수 없었던 감나무의 작은 줄기가 몇 개 돋아나 있었다. 감나무의 둥치가 죽음에 대비하여 뿌리 쪽에 새 줄기를 준비하고 있다는 것이다. 그 후 감나무는 정말로 큰 둥치는 시들고 밑둥에 돋은 어린 줄기가 죽은 둥치를 대신하게 되었다.

그 밖에도 노쇠해지면 솔방울을 많이 갖게 되는 소나무, 물기가 없으면 죽은 것처럼 말라 오무러졌다가 비가 오면 잎을 파랗게 펴는「부처손」, 겨울에 얼지 않으려고 잎을 땅에 납작하게 붙이는「로제트식물」, 자손을 널리 퍼뜨리려는「민들레」나「도깨비바늘」등의 노력도 마찬가지다.

식물도 생각하고 행동한다는 것을 기계를 써서 과학적으로 증명한 일도 있단다. 각종 탐지기가 만들어지자 그것을 이용해서 식물의 정서상태를 알아봤다는 이야기다. 과학자들은 나무에 탐지기를 설치해 놓고 여러 직업의 사람들을 가까이 가게 해봤다는 것이다. 그 결과 벌목꾼이 가까이 갔을 때는 불안한 반응이 나타났고, 숲을 돌보는 사람이 곁에 가니 매우 호의적인 반응을 하더라는 것이다.

또 서울의 김포평야 주변이 아파트단지로 바뀌고 공항로가 개통되자 「벼」의 수확량이 떨어졌다고 했다. 밤을 낮처럼 밝히는 공항로의 수은등과 자동차소음으로 들판의 벼가 불면증과 신경쇠약에 걸린 탓이라는 것이었다. 대도시 속 가로수가 단풍이 곱지 않은 것도 매연과 소음과 가로등 불빛으로 인한 스트레스 탓이라는 말을 들은 적이 있다.

우리 조상들은 경험에서 식물의 예지력이나 정서적 반응을 믿어 왔다. 태풍이 잦을 해에 자란 「담쟁이넝쿨」은 붙음뿌리가 더 많아지고 가뭄이 시작될 징조가 있으면 「냉이」 뿌리가 깊게 내린다고 했다. 식물도 앞일을 미리 알고 거기에 스스로 대비하는 것이다.

〈2011. 6. 《꽃도 사랑을 주면 사랑으로 다가온다》 부록〉

꽃 이름은 꽃다워야 한다

들꽃도 아기처럼 딸랑이를 갖고 노네
딸랑딸랑 흔들면서 혼자서도 즐겁다네
벌들도 함께 어울려 노래하며 춤추네.

-『은방울꽃』전문-

(1) 어느 유원지에서였다. 야생화단지에 「목화」가 몇 포기 있었다. 반가웠다. 어릴 때 어머니를 따라 목화를 땄던 생각이 났다. 가을볕이 따끈한 날 산밭에서 하얗게 핀 목화송이를 손으로 잡으면 햇볕은 모두 거기에 담겨있는 것처럼 손바닥이 따끈했다. 그렇게 딴 목화는 어머니 손에서 무명옷감이 되고 이불솜이 되었다. 그런 목화가 제 본래의 사명을 잊고 지금은 관상용으로 심어지고 있는 것이다.

마침 초등학교 어린이들이 있기에 목화를 가리키며 무슨 꽃이냐고 물었더니, 한 어린이가 자신있게 「무궁화」라고 했다. 내가 웃으면서 목화라고 쓴 패찰을 가리켰더니 고개를 갸웃거리며 가버렸다.

무안했던 모양이다. 목화를 무궁화라 했다고 허물될 것은 없다. 무궁화와 목화와 부용은 꽃모양이 비슷해서 혼돈하기 쉽다. 무궁화도 모르는 어린이들이 있는데, 그 어린이는 분명히 무궁화의 꽃모양을 알고 있음에는 틀림없었다. 그것만으로도 기특하다는 생각이 들었다.

《소년문학》에 꽃시조를 연제하면서 「갈대」를 시조로 쓸 때였다. 갈대와 비슷한 억새와 달뿌리풀을 구별해 주려고 갈대 이야기 속에 억새와 달뿌리풀을 끼워 넣었다. 그런데 발표하고 보니 말이 안 되었다. 생각 끝에 책으로 엮을 때는 갈대만의 이야기로 고쳐 썼다.

사실 식물학자가 아니면 갈대와 억새와 달뿌리풀을 구별할 수 있는 사람은 많지 않다. 그것을 글로 써서 구별할 수 있도록 하려니 어려울 수밖에 없었다. 꽃을 좋아한다면 그 이름과 특성부터 알아두는 게 순서일 것 같은데 그것이 쉽지 않다.

(2) 우리에게는 내 것을 비하(卑下)하는 풍조가 있다. 국산보다 외제를 선호하고 내 나라보다 남의 나라를 선망하는 경우가 많다. 꽃에 대해서도 그렇다. 우리 야생화는 이름도 없이 발길에 밟히고 제초제를 맞고 쓰러져가지만 외래종은 온실이나 화분에 심어져 귀하게 받들어진다.

「솜다리」, 「수수꽃다리」는 제 이름을 두고도 「에델바이스」, 「라일락」으로 불리는 덕택에 사랑을 받지만 「개미취」, 「고마리」, 「금불초」들은 「거베라」, 「마가렛」, 「크로커스」에 밀려나서 이름조차 잊혀져 가고 있다.

그렇지만 내 땅에서 무시되는 우리의 자생식물들이 다른 나라에서는 귀한 대접을 받고 있는 것이 많다고 한다. 식물학자 심경구(沈慶久) 교수의 연구에 의하면 1900년대에 우리나라 「섬노루귀」는 다른 나라 식물전문가들이 탐을 내서 씨를 말릴 정도로 캐갔단다. 그 당시 외국에서는 섬노루귀 한 포기 값이 우리 돈으로 500만원이었다고 했다.

「구상나무」도 유럽에서는 부르는 게 값이었다 했고, 「변산바람꽃」, 「새끼노루귀」, 재래종 「소나무」도 비슷한 대우를 받는다고 했다. 그런데 우리는 그런 것에 무관심해서 눈길도 주지 않았고 알지도 못하고 지내왔다.

언젠가 새 학년이 되어서 교실에 좀 멋있는 달력을 걸어줘야겠다고 생각하고 꽃 달력을 구해왔다. 교실에 걸려다 보니 「개불알꽃」이란 것이 있었다. 진분홍 색깔에 주머니처럼 생겨서 참 예뻤는데, 그것을 개의 불알 모양이라고 해서 개불알꽃이라고 한다. 이름이 어린 이들 앞에 내놓기에는 망설여졌다. 그 꽃은 난초과에 딸린 여러해살이풀이니 「개불란」이라고 해도 좋겠고 비슷한 종류에는 다른 이름으로 불리는 것도 있는데, 하필이면 우리는 왜 그렇게 부르는지 알 수가 없었다. 할 수 없이 달력을 바꾸어 걸었다.

우리 들꽃이나 풀이름에는 「애기똥풀」, 「쥐오줌풀」, 「며느리밑씻개」, 「나도감자개발나물」, 「홀애비바람꽃」 같은 부르기조차도 민망한 것이 많다. 이름은 그 대상을 대표하며 첫인상을 결정하는 것이기에 꽃 이름은 꽃처럼 곱고 예뻐야 될 것 같다.

사람들이 아기 이름을 짓기 위해 작명가를 찾는 것은 부르기 쉽고 듣기 좋은 것만이 아니다. 이름이 좋아야 사랑도 받고 팔자도 좋다고 믿기 때문이다. 우리 야생화는 이름부터가 이러니 좋은 대접을 못 받는지도 모른다.

또 「외대새치기아재비」, 「애기저가락바구지」, 「까막바늘까치밥나무」, 「애기도둑놈의갈구리」처럼 길고 부르기 어려운 이름도 많아서 이런 꽃을 어떻게 기억하고 구별할 수 있을까 하는 걱정이 앞섰다. 꽃이나 풀이름은 이왕이면 부르기 쉽고 듣기 좋고 외우기 수월한 예쁜 이름이었으면 한다.

〈2011. 6. 《꽃도 사랑을 주면 사랑으로 다가온다》 부록〉

꽃전설에도 원적이 있다

열 손가락 깨물어서
안 아픈 것 어디 있나

시집 간 손녀들 생각
잠시도 잊지 못해

그들을 걱정하던
할머니 넋이라지.

-『할미꽃』 전문-

(1) 오래 전이었다. 어린이들이 즐겨 읽는《꽃 전설》을 보다가 이것이 아닌데 하는 생각을 했다. 우리 야생화가 외래종으로 되어 있는 것도 있었고 출생지가 다른 외래종의 꽃이 우리나라에서 발생한 것으로 되어 있는 것도 있었다.

어느 유명 출판사에서 출판되어 대단히 인기가 있는 꽃 전설을 사봤다. 그것을 쓴 사람도 원로 아동문학가로 나와 가까이 지내는 사람이기에 관심있게 읽었다. 그런데 해바라기 전설을 읽고 나니 더 읽고 싶은 생각이 없어졌다.

먼 옛날 태백산 깊은 골짜기에 할머니, 할아버지가 살았는데 슬하에 자식이 없어 산신에게 백일기도를 드린 끝에 해순이, 해숙이라는 두 딸을 얻었다. 해순이, 해숙이는 이름처럼 해를 사랑해서 날마다 해만 바라보며 살다가 죽었는데, 그 무덤에서 돋아난 꽃이 해만 바라보며 피는 해바라기라는 것이었다.

모두가 알고 있듯이 해바라기는 국화과(菊花科 Asteraceae)에 속하는 1년생 풀로, 중앙아메리카가 원산지이다. 아무리 허구로 쓴 이야기라도 원산지를 바꾸는 것은 잘못된 지식을 가르치는 것이므로 삼가야 된다.

그래서 다른 나라에서 들여온 꽃에게는 그들이 태어난 고향을 잊지 않게 해주고 우리 꽃에게는 우리의 삶과 역사에 관련한 전설을 찾아 줘야겠다고 생각했다. 그리하여 어린이들이 읽으면서 어떤 것이 우리 꽃인가를 바로 알고 그 꽃에 대해 깊은 관심을 갖도록 해주고 싶었다.

무엇이나 관심을 갖게 되면 인상도 새로워지고 이름도 쉽게 기억할 수 있을 것이다. 이름을 알면 정이 가기 마련이고 정이 가면 사랑하게 된다. 어려서부터 꽃과 풀과 나무를 사랑하게 되면 교육의 당면과제인 자연보호도 저절로 될 것이라는 생각으로 우리 야생화에 대한 전설을 찾아 나섰다.

이미 출판된 꽃전설에 관한 책을 모아 내용을 검토하고 어렸을 때 들은 이야기를 떠올리며 우리 꽃 전설을 정리했다. 그러는 동안에 지금까지 무심히 보아왔던 꽃도 다시 보게 되었다. 거리의 삼공자니 베란다의 칠공주니 하며 크게 사랑을 받고 있는 외래종의 꽃보다 우리 꽃이 훨씬 아기자기하게 곱고 아름다울 뿐만 아니라 우리의 생활정서나 역사적인 사실과 관계를 가진 것도 많다는 것을 알게 되었다.

그렇게 해서 정리한 것을 원색 꽃사진과 함께 도서출판 한국독서지도회에서 《극락에서 가져온 과일나무》, 《보물성을 여는 홍자색 열쇠》, 《가얏고에 실은 조국의 노래》, 《선녀에게서 선물 받은 옥비녀》, 《신령님이 주신 신비의 약초》 등 5권의 꽃설화집으로 묶어내기도 했다.

(2) 그렇게 해서 찾아낸 꽃 전설 중에 「경징이풀」이라는 것이 있다. 서해 갯벌 어디에나 있는 「나문재」라는 풀에 얽힌 전설이다. 강화도를 자주 놀러가는 나는 초여름부터 늦가을까지 강화해협을 새빨갛게 덮는 바다풀에 관심이 갔다.

젊은 사람들에게 풀이름을 물으니 그냥 바다풀이라고만 했는데, 어느 노인이 그것은 '경징이풀'이라고 했다. 그런 바다풀을 찾아서 카메라와 메모장을 들고 강화도는 물론이고 영종도에도 여러 번 갔는데 영종도 갯벌은 전부 그 풀로만 덮인 곳도 있었다.

영종도가 전혀 개발되지 않은 때라서 월미도에서 여객선에 승용차를 싣고 들어가 섬을 돌아다녔다. 관광 겸 가족들을 데리고 가기도 했다. 그렇게 해서 쓴 것이 아래와 같은 「나무재」에 얽힌 전설이다.

〔지금부터 360여 년 전에 중국 청나라가 쳐들어 왔어요. 이것이 병자호란입니다.

"오랑캐들은 십만 대군입니다, 너무 강해요. 어쩌면 좋겠소?"

인조임금은 대신들과 의논했어요.

"저들은 해전에 약합니다. 강화도로 피함이 좋을 줄 아뢰오."

인조는 두 왕자 봉림대군과 인평대군을 비롯하여 종실의 비빈과 귀족들을 강화도로 보내고, 인조는 소현세자와 조정 대신들을 데리고 남한산성으로 피했습니다.

봉림대군 일행은 겨울바람 속을 행장도 제대로 갖추지 못한 채 적에게 쫓기며 강화해협에 도착했어요. 강화검찰사 김경징은 고깃배들을 모아서 이들을 맞이했어요. 모두들 서둘러 배를 탔지만 뒤따라 온 오랑캐들에게 수많은 왕실의 아녀자들과 귀족들이 죽었습니다.

"김경징! 김경징은 어디 있소?"

왕실의 비빈과 귀족들은 피를 흘리면서 강화도검찰사의 이름을 애타게 불렀어요. 그들이 죽어가면서 흘린 피는 갯벌을 붉게 적시며 흘러내려 바닷물도 새빨갛게 변했습니다.

이듬해 정월에는 강화성이 무너졌습니다.

남한산성으로 간 인조는 추위와 굶주림에 견딜 수 없어 항복을 하기로 결정했어요.

그러나, 청태종은 수항단을 마련하고 인조에게 무릎을 꿇어 잘못을 빌라고 했어요.

"뭐야! 임금인 내가 오랑케에게 무릎을 꿇으란 말이냐? 그건 치욕이야."

인조는 거절했어요. 강화도가 오랑케들 손에 들어갔다는 슬픈 소식이 전해왔습니다.

"어허! 이 일을 어쩐단 말이요? 그 곳으로 간 사람들은 어찌되었소?"

"자세히는 모르오나 묘사(廟舍)를 모시고 간 우의정 김상용(金尙容)은 강화성 남문에서 화약을 디뜨려 자결을 했다고 하옵니다."

"영의정이 죽다니! 그럼 두 왕자와 그 많은 왕실의 비빈들은?"

그러나 더 자세한 일은 알 길이 없었습니다.

인조는 멍하니 강화도쪽 하늘을 쳐다보며 혼자말처럼 중얼거렸습니다.

"하늘이 나를 버렸어. 이젠 무엇을 더 망설이랴."

인조는 소현세자와 함께 삼전도(지금의 송파동)에 마련된 수항단으로 내려갔어요.

청태종에게 무릎을 꿇고 세 번 절하고 아홉 번 머리를 조아려 항복을 했습니다.

이로써 우리는 수많은 사람들이 청나라로 끌려가 죽고 오랫동안 그들에게 얽메어 지내게 되었습니다.

그 후 김경징도 강화도를 지키지 못한 죄로 사약을 받아 죽었습니다.
　그 해 여름이 되자, 강화해협 갯벌에 새빨간 풀이 돋아났습니다. 그 풀이 밀물에 잠기면 온 바다가 피빛으로 물들었습니다.
　사람들은 그 풀이 강화검찰사 김경징을 부르며 죽어간 왕실의 비빈과 귀족들의 넋이라고 하여 '경징이풀'이라고 불렀어요.
　지금도 강화해협은 해마다 여름에서 가을까지 슬픈 역사를 되새기듯 붉은 빛깔의 나문재가 경징이풀로 불리며 해마다 갯벌을 붉은 피빛으로 물들여 피어나고 있습니다.〕

　이 글을 쓸 때는 나문재라는 것을 몰라서「경징이풀」로 썼는데, 그 이듬해 연말에 송재찬, 이동렬 등이 집에 왔기에「경징이풀」이야기를 했더니, 이 사람들은 나문재라고 했다. 즉각 동아대백과에서 나문재를 찾아보니, 사진까지 실려 있는데 바로 경징이풀이었다.
　제주도가 고향인 송재찬이나 인천에 살고 있는 이동렬은 늘 보아 왔던 풀이었던 것이다.
　　　〈2011. 6.《꽃도 사랑을 주면 사랑으로 다가온다》부록〉

고정관념과 생각의 전환

 오늘날 세계화 시대에는 생각의 전환이 매우 중요하다고 한다. 새로운 분야의 개척이나 창조적인 활동은 기존의 틀에서 벗어날 때 참신성이 힘을 받게 되어 경쟁에서 앞설 수 있기 때문이다.
 1492년 이탈리아 항해가 컬럼버스가 아메리카대륙을 발견하고 돌아오자 이것을 질투하는 사람들은 신대륙의 발견 같은 것은 그렇게 떠들어댈 일이 아니라고 했다. 신대륙은 본디부터 거기 있었던 것인데 그것이 컬럼버스에 의해 발견된 것은 우연이고 운이 좋았던 것뿐이라며 비아냥거렸다. 그러자 컬러버스는 "맞는 말입니다. 나도 이번의 발견을 그렇게 자랑거리로 삼지는 않습니다. 다만 그것에 도전했다는 것을 자랑하고 싶습니다."라고 하며, 자신을 비아냥거리는 사람들을 향해 테이블 위에 있는 달걀을 가리켰다. 그리고는 누구든지 그 달걀을 책상위에 세로로 세워보라고 했다.
 컬럼버스의 말에 사람들은 달걀을 세워 보려고 갖은 애를 썼지만 아무도 세우지 못했다. 그러자 컬럼버스는 달걀을 들어 여러 사람에게 보이더니 한 끝을 테이블 바닥에 가볍게 쳐서 속의 흰자가 새어 나오지 않을 만큼 편편하게 쭈그러서 쉽게 세웠다.
 보고 있던 사람들은 어이가 없다는 듯 그렇게 하면 누구나 세울 수 있다고 했다. 그러자 컬럼버스는 말했다.
 "물론 이 일은 아무 것도 아닙니다. 그러나 당신들은 어느 누구도 이런 방법으로 새로운 도전을 해보지 않았는데 나는 해냈습니다. 신대륙의 발견도 이와 같습니다. 비록 아무 것도 아닌 일이지만 생각을 바꾸어 거기에 도전하는 것이 중요한 것이라고 생각합니다."
 그러자 아무도 그 말에는 대꾸를 하지 못했다.

그 때 유럽의 동쪽에는 인도라는 나라가 있는데 값비싼 보석과 향료를 비롯하여 유럽 사람들이 탐내는 물건들이 많았다. 인도라고 한 것은 지금의 인도가 아니라 말코폴로의 동방견문록에서 말한 동방인데 실을 뽑는 모래가 있고, 불에 타는 바위가 있으며 기름이 솟아나는 샘이 있는 신비로운 황금의 땅으로 알려져 있었다. 이러한 것이 적혀있는 동방견문록을 읽은 유럽 사람들은 모두가 인도에 가기를 섬망했지만 중간에 장애가 있어 육지로는 가기가 어려웠다.

그런데, 컬럼버스는 지구는 둥그니까 배를 타고 서쪽으로 계속 가면 그 곳에 갈 수 있을 것이라는 확신을 갖고 있었다.

당시에는 사람들은 지구는 네모난 것이고 그 끝은 지옥으로 굴러 떨어지는 낭떠러지라고 믿고 있었다. 그래서 바다 멀리는 아무도 나가려 하지 않았다. 그러나 컬럼버스는 그런 고정관념에서 벗어나 서쪽으로 항해를 계속한 끝에 신대륙을 발견한 것이다.

우리가 어떤 일을 할 때 사고의 전환이나 참신하고 새로운 발상은 이와 같이 고정관념에서 벗어나는 것이 첩경이다.

사람의 생각이나 정신은 태어날 때부터 천부적으로 갖고 있는 불가사의한 능력이 있다고 한다. 그러한 생각과 정신은 우리들 자신 속에 잠재력이란 이름으로 저장되어 있다.

보통 사람으로는 상상도 어려운 일을 해내는 초능력을 가진 사람들이 있다. 그런 사람은 후천적으로 갖게 된 능력보다 자신 속에 내재한 타고난 정신력을 어느 정도 발휘하며 사는 사람들이지만 대부분의 사람들은 일생동안 천부적으로 타고난 자신의 신비스러운 능력을 5%~10% 밖에 발휘하지 못하고 살아간다고 한다. 그것은 생각이나 정신이 살아오는 동안에 얻게 되는 고정관념에 스스로 얽매어 버리기 때문이라고 한다.

이 고정관념에서 탈출을 해야 천부적으로 타고난 정신력을 제대로 발휘하여 훌륭한 창조적 사고를 이끌어낼 수 있다고 한다. 학자들은 그 예로 다음과 같은 일들을 말하고 있다.

　코끼리는 몇 톤의 무게도 코로 거뜬히 들어 올릴 수 있는 힘과 거대한 덩치로 무거운 짐을 실은 트럭도 쉽게 끌 수 있다. 그러나 사람에게 길들여진 코끼리는 고삐를 달아서 가느다란 나무 막대에 매놓아도 달아나지 않는다. 어려서부터 굵고 튼튼한 쇠말둑에 묶여서 자라왔기 때문에 자기를 묶어놓은 말뚝은 굵기에 관계없이 자기 힘으로는 어쩔 수 없다는 고정관념에 사로잡혀 있기 때문이라고 한다. 이런 일은 우리도 경험할 수 있다.

　집에서 기르는 가축 중에서 소는 덩치도 크지만 힘도 세다. 그런데 어린 아이가 고삐를 잡아도 고분고분하게 따라간다. 코뚜레를 끼웠으니, 아파서 끌려가는 것이 아니다. 그렇게 길이 들였기 때문이다. 길이 든다는 것은 훈련이 되어있다는 뜻인데 그것이 곧 고삐는 벗어날 수 없다는 고정관념이 생각을 지배하고 있기 때문에 다른 것은 생각지 못한다. 동물이나 곤충 등 생명 가진 것은 대부분이 이렇게 길들여진다.

　동물서커스단의 벼룩은 사람이 지시하는 일정한 높이만큼만 뛰어오른다. 그것만큼의 높이를 가진 유리상자 속에서 훈련을 받아왔기 때문에 유리 상자 밖에 내놓아도 여전히 자기 머리 위에는 투명한 유리가 덮여있다고 생각하기 때문이다. 사람도 그러하다는 것이다.

　일제 때는 아기를 달랠 때 자꾸 울면 순사가 온다고 했다. 순사가 무엇인지도 모르는 아기가 그 말을 들으면 울음을 그친다. 순사는 무섭고 잔인하다는 말을 어머니로부터 반복적으로 들어온 것이 아이의 머릿속에서 고정관념으로 각인되었기 때문이다.

　이와 같이 사람은 누구나 자신의 사고나 행동반경에 스스로 고삐를 맨 말뚝이나 투명한 유리상자 같은 한계를 부여하게 되어 자신의 내부에 잠재하고 있는 천부적인 재능을 다하지 못하고 일생을 살아간다고 한다.

'마이크로소프트사'를 창설한 미국의 '빌게이츠'는 스스로 대학을 중퇴하고 고정관념 없이 컴퓨터에 매달렸으므로 컴퓨터 황제가 되었다. 그가 정식으로 대학교육을 이수했다면 학교에서 배운 지식이 그의 생활 속에서 고정관념으로 굳어져 창조적 사고를 하는데 장애요인이 되었을 지도 모른다고 말하는 학자들이 있다.

빌게이츠는 아무런 고정관념을 갖지 않았기 때문에 자신이 천부적으로 타고난 무한한 잠재력을 발휘하게 되었을 것이라는 가정에서이다.

고정관념은 사회통념에 맞게 스스로를 통제하는 수단이기도 하지만 잠재력과 초능력을 묻어버리는 무덤이 되기도 하다. 그 고정관념이라는 무덤에서 탈출할 때 우리 앞에는 더 크고 넓은 새로운 사유의 광야가 펼쳐지게 될 것이고 따라서 보다 광대한 창작활동의 영토도 확보하게 될 수 있지 않을까 하는 생각을 해본다.

〈2010. 5. 《문학미디어》 여름호 머리말〉

더불어 함께 사는 사회

　1993년 8월 중국 여행 중에서였습니다. 상해에서 경제학을 전공한다는 조선족 젊은이를 만났습니다. 나는 중국말 악센트에 실린 서툰 함경도 사투리로 우리를 안내하는 그에게 동족으로서의 별다른 정을 진하게 느끼고 있었습니다.
　중국에 살고 있는 우리 동포들 중에는 일제의 수탈에 견디지 못해 조국을 떠났거나 개척단이란 미명 아래 만주 땅 황무지로 쫓겨 가서 살게 된 사람들이 대부분이기 때문에 그 젊은이도 그들의 후손일거라는 생각 때문이었습니다. 그래서 나는 그에게 진한 연민의 정 같은 걸 느끼면서 말했습니다.
　"앞으로는 우리 회사들도 중국에 많이 진출할 텐데 그 때는 한국 회사에서 열심히 일해 주기 바라네. 그것이 곧 조국을 위하는 일인 동시에 중국에 살고 있는 조선족들의 긍지도 높이는 길이 될 테니까."
　내 말에 그는 말이 없었습니다. 대답을 망서리는 눈치였습니다.
　"왜 졸업 후 다른 특별한 계획이라도 있는가?"
　"졸업하면 제 전공에 맞는 일을 찾아 열심히 일해야지요. 그렇지만 한국 회사에는 들어가고 싶지 않습니다."
　반세기 동안 막혀 있던 우리와 중국과의 길이 트이면서 한국의 경제 발전을 알고 그들이 놀라와한 것은 사실입니다. 그러니 한국의 회사들이 중국에 진출하면 제일 기뻐할 사람들이 조선족들일 것이고 조선족 젊은이들은 조국의 회사들을 위해 일하는 것을 큰 자랑으로 여길 것이라고 생각했던 나는 뜻밖의 대답에 어리둥절했습니다.
　"다른 나라 회사들보다는 이왕이면 동족인 한국 회사가 좋을 텐데."

그러자 젊은이는 솔직히 말해서 자기들도 한국 회사들이 중국에 들어오는 것이 기뻤고 기대도 컸다고 했습니다. 그래서 처음에는 한국 회사에 들어간 선배들이 많았다고 했습니다. 그런데 기대와는 달랐다는 것이었습니다.

"왜 무슨 어려운 문제라도 있다는 건가?"

젊은이는 말이 없었습니다. 이유가 무어냐고 거듭된 나의 질문에 언짢게 생각지 않는다면 솔직히 말하겠다며 입을 열었습니다.

젊은이의 선배 중에는 한국 회사에 들어갔다가 다른 나라 회사로 옮긴 사람이 있는데 주로 일본 회사를 많이 선택한다고 했습니다. 한국 회사의 사장들은 불친절하고 조금의 실수만 있어도 여러 사람 앞에서 망신을 준다는 것입니다.

"네가 누구 덕에 밥을 먹게 되는지 아느냐? 이것도 일이라고 했느냐?"

하고 인격적인 모독은 보통이고, 심지어는 폭행까지 당한 예도 있다는 것입니다. 일본 사람들은 다르다고 했습니다. 실수가 있어도 여러 사람 앞에서는 절대 나무라거나 일을 잘못한다고 지적하지 않는다는 것입니다. 나중에 따로 불러서 모르는 것은 친절히 가르쳐 주며 나무람보다 오히려 자신을 갖고 열심히 하라고 격려해 준다는 것입니다.

끝으로 그는 '한국 사장들은 오만하고 냉정한데, 일본 사장들은 겸손하고 다정하다'고 했습니다. 상해 대학의 학생들은 의심이 많은 중국 사장들이나 인색한 아랍 사장들보다도 한국 회사의 사장들이나 상사들을 더 싫어한다는 것이었습니다. 참으로 부끄러운 이야기였습니다. 그것은 사실이 아닐 거라고 말했지만 내 이야기는 아무런 설득력을 갖지 못했습니다.

지난 1월 25일 MBC TV PD 수첩에서는 우리나라에 와서 일하는 외국 노동자들의 실태를 방송했습니다. 외국인 취업자들의 인권 유린 실태에 관한 이야기는 다른 지면을 통해 읽은 적이 있지만 나는 잡지나 신문의 기사란 과장이 심한 경우가 많으니까 '설마' 했습니다.

현재 우리 나라에 와서 일하는 외국인 노동자수는 10만 여명이나 되는데 대부분이 열악한 환경에서 인간적인 대우를 받지 못하고 형편없이 낮은 임금을 받으면서 일하고 있다는 것이었습니다.

그들은 우리보다 경제적으로 뒤떨어진 중국, 필리핀, 스리랑카, 방글라데시, 파키스탄, 네팔을 비롯한 동남아 사람들이 대부분이었습니다.

그들 외국인 노동자들은 자기네 보다 좀 잘 산다는 한국에서 몇 년만 참고 고생하면 큰돈을 벌어서 고향에 돌아가 잘 살 수 있다는 부푼 기대로 우리가 기피하는 소위 3D 업종인 더럽고, 힘들고, 위험한 일에 종사하고 있습니다.

그러나, 그들은 대부분이 불법 체류라는 약점을 빌미로 고용주들로 부터 온갖 부당한 대우를 받으면서 인권을 유린당하고 있다는 것이었습니다. TV 화면은 외국 노동자들을 만나고 있었습니다.

"고향에서는 이런 줄도 모르고 아내와 자식들이 기다리고 있어요. 돈 많이 벌어 가지고 돌아가서 잘 살아 보겠다고 했는데."

어떤 외국인 노동자는 병상에서 잘린 손을 내보이며 울먹였습니다.

"몸을 다쳐서 일을 못하게 되자 봉급도 안 주고 쫓아 냈어요. 치료비를 달라고 했더니, 감금해 놓고 마구 차고 때려서 맨몸으로 도망쳐 나왔어요. 나중에 짐이라도 찾으려고 가보니, 제 물건은 모두 불태워 없애버렸더군요."

새까만 얼굴에 광대뼈가 앙상한 한 청년은 반년이나 돈 한 푼 못 받고 10시간 이상씩 일했으며, 다친 몸을 치료하느라고 빚만 져서 이제는 오도 가도 못하는 처지가 되었다며 눈물을 훔쳤습니다.

"사장이 여권을 빼앗아 놓고 봉급도 안 주면서 몸을 요구해요. 여관에 같이 가주면 봉급도 주고 하겠다고 하지만 그것도 거짓말이었어요."

여자 근로자들은 서툰 우리말로 성폭행을 당하고도 호소할 길도 없는 자신들의 신세를 한탄했습니다. 그들은 힘겨운 노동에 시달리는데다가 대부분이 더운 나라에서 왔기 때문에 겨울이면 고생이 더 하지만 오직 돈을 벌겠다는 일념으로 참았다고 합니다.

그러다가 과로로 쓰러져 죽은 사람만도 현재까지 50여 명이나 된다는 것이었습니다. 죽은 노동자 중에는 연고자가 분명치 않다는 이유로 고용한 회사에서 시신을 일방적으로 화장해서 처리해 버리는 경우도 많다는 것이었습니다.

우리는 노력한만큼 대우를 받으며 정의와 인권을 존중하는 자유국가임을 자랑합니다. 그런데 어찌 이런 일이 공공연히 자행될 수 있는지 도저히 이해가 안됩니다. 우리도 주린 배를 안고 외국에 나가 인간 이하의 대우를 받으며 돈을 벌어야 했던 가슴 아픈 과거를 갖고 있습니다.

아무리 개구리가 올챙이적 일을 기억 못 한다지만 불과 20 몇 년 전만 해도 우리가 그러했는데, 이제 좀 잘 살게 되었다고 해서 우리 자신이 다른 나라 노동자들의 인권을 이토록 유린하는 행위를 서슴없이 자행할 수 있다는 것은 참으로 부끄러운 일입니다.

이 노동자들이 어디 사는 누구이든 일을 시켰으면 제 때에 급료는 줘야 하고 일을 하다가 몸을 다쳤으면 치료할 수 있게 도와 줘야 사람의 도리입니다. 그런데도 감금 폭행, 강제 노동, 임금 체불, 산재에 대한 무책임 등 근로기준법으로도 금지된 부당한 행위를 예사로 하고 있는 공장과 회사들이 너무나 많다는데 놀라지 않을 수 없었습니다.

오늘 날은 국제화 시대입니다. 민족과 국가를 초월해서 모두가 더불어 사는 시대입니다. 이러한 국제 사회에서 함께 잘 살아 가자면 우리 자신이 도덕적으로 훌륭한 사람이 되어야 합니다. 우리가 남을 인간적으로 대접해주지 않으면서 남이 우리를 잘 대접해 주기를 기대할 수는 없는 일입니다.

"나도 고향에 가면 사랑하는 부모 형제가 있고 그리운 이웃들이 있어요. 그러나 지금은 너무 외로워요. 세상이 너무 무서워요."

하면서 눈물을 훔치는 외국 노동자들의 모습을 보면서 문득 중국 상해에서 만났던 조선족 젊은이의 말이 새삼스럽게 머리에 떠올랐습니다.

"한국 회사의 사장님들은 아래 직원들의 인격을 무시한다고 해요. 특히 우리 중국 조선족이 가난하다고 업신여겨요. 그리고 걸핏하면 돈 자랑이나 하니 그 밑에서 일하기가 어렵다는 것이 한국 회사에서 일해 본 선배들의 공통적인 이야기였어요."

우리가 왜 이러해야 하는지 도저히 이해가 안 됩니다. 이러다가는 세계화로 나아가고 있는 미래 사회에서 우리만이 이 지구상에서 고립되지 않을까 하는 나의 생각이 기우이기를 바라는 마음 간절합니다.

〈1994. 5. 《유아교육자료》〉

우리의 소를 생각해 본다

이 땅의 민초들이
짚신을 신었을 때
소도 짚신을 신었다
(중간 줄임)

이제는 놀고 먹고 자는 것이
삶의 전부가 된 소는

짚신도 없는 맨발이다
일하는 보람을 잃어버렸기
사는 재미도 없어졌다.
(아래 줄임)

-『소도 짚신을 신었다』일부-

우리가 기르는 가축 중에서 소만큼 오랜 옛날부터 사람을 위해 자신의 모든 것을 희생해온 동물은 없다. 농사를 돕고 수레를 끄는 일소로, 죽어서 털가죽과 고기를 주는 재산으로 중요한 몫을 해왔다. 메소포타미아 모술 근처의 알파차에서 기원전 4500년 경 유적에 소의 모습이 발견되므로서 소가 기원전 7000년 경 부터 소아시아와 중앙아시아에서 농업에 이용되었던 것으로 짐작하고 있다.

그 후 소의 이용은 동서로 전해져서 기원전 3000년 경부터는 나일강과 인더스강 유역의 고대문명 도시에서는 농업에 이용할 뿐만 아니라 농경신으로 숭배의 대상이 되어 소를 해치는 일이 금지되기도 했다고 한다.

그 후 기원전 150년 경에는 학문과 예술을 진흥시킨 소아시아 페르가몬왕 에우메네스 2세는 이집트로 부터 파피루스 공급이 중단되자 소가죽에 글을 써서 알렉산드리아 도서관보다 더 큰 도서관을 채웠다고 한다. 양피지가 여기에서 비롯되었다.

또 중국에서는 일찍이 소는 우레의 신을 태우고 다닌다고 믿어 입춘 때는 전국적인 종교 행사로 흙으로 빚은 소에게 풍작을 비는 제사를 지냈다고 한다.

우리나라는 농경, 교통, 운반에 소를 이용했다는 기록이 있고, 최근까지도 농촌에서는 매년 첫 소의 날(丑日)에는 소죽에 콩을 넣어 끓여 주고 일을 시키지 않으며 지방에 따라 소를 위한 특별한 행사가 치러지기도 했다.

그러한 소가 새해 벽두부터 그 값이 절반으로 곤두박질을 하여 축산농가들은 비탄에 잠겼는데 군에서는 비무장 지대인 서해 유도에 있는 소를 구출하기 위해 떠들썩했다. 장마철에 물에 떠내려오다가 살아난 듯한 소 한 마리가 유도에 살아남은 것이 우리 군인들의 포대경에 잡혔던 것이다.

추위와 굶주림도 문제지만 지뢰라도 밟아 죽으면 어쩌나 해서 소를 구해내기로 하고 서둘러 군사정전위를 통해 이북에 통고하고 우리 군인들이 상륙용 고무보트로 소 구출작전을 벌였다. 무사히 구출된 소는 '평화의 소' 라는 이름이 붙여지고 다친 다리를 치료하는 등 부산한 며칠을 보냈다.

소 한 마리를 두고 이토록 야단법석을 벌인 이유는 여러 가지다. 올해는 정축년 소의 해이므로 무인도에 혼자 사는 소에 대한 연민 같은 것도 있었겠지만 불안한 남북의 현재 상황에서 한 마리 미물의 생명까지도 귀히 여기는 우리의 평화정신과 생명존중의 사상을 실행으로 보여 주는 상징적인 의미도 있고, 또 소는 우리에게 그럴만한 사랑의 대상이 되기에도 충분하다는 생각이다.

　소는 옛부터 논밭을 갈고, 수레를 끌어주며 연자방아를 돌려 사람들의 생활을 편리케 해주면서도 대가를 바라지 않으니 투철한 봉사의 귀감이 되고, 뿔이라는 무기와 억센 힘을 갖고 있으면서도 자랑하지 않으니 겸양의 미덕을 갖추었다고 할 수 있으며, 모든 일에 진중하고 순박하고 근면하니 군자의 자세라 할 수 있다.

　또 먹은 것을 조용할 때 다시 되새김질하는 것은 반성의 중요함을 가르쳐 주고, 죽어서도 사람에게 자기 몸을 고스란히 바치니 가히 살신성인의 표상이라고 할 수 있다.

　그래서 오랜 옛날부터 수많은 사상가들에 의해 소는 평화로운 사회를 위한 가장 이상적인 인간형으로 비유되어 왔으니, 아리스토텔레스는 소를 가리켜 만물이 점점 훌륭하고 아름답게 진화한 끝에 이루어진 영물이라고 했으며, 생각이 깊어 행동이 신중하니 믿음직하다는 것이다. 속담에도 '부인에게 한 말은 탈이 나도 소에게 한 말은 탈이 없다'고 하는 것도 그 때문이다.

　중국 송나라 때 곽암지원(廓菴志遠) 선사는 불법의 진리를 따라 깨달음에 이르는 과정을 소찾기에 비유하여 열 단계의 그림으로 나타냈는데, 그것이 유명한 심우도(尋牛圖)라는 것이다.

　사람이 살아가는 이치를 상징적으로 표현하여 가르치는 심우도는,

　① 사람이 자기의 본성인 소를 찾아 험하고 먼 길을 떠난다(尋牛).
　② 시냇가 나무 아래에서 소의 발자국을 보았다(見跡).
　③ 꾀꼬리 우는 숲 속에서 풀을 뜯는 소를 찾았다(見牛).
　④ 잡히지 않으려고 날뛰는 소를 간신히 붙잡았다(得牛).
　⑤ 달아나려는 소를 잘 길들여 순순히 따르게 하였다(牧牛).
　⑥ 길들여진 소를 타고 한가롭게 집으로 돌아온다(歸家).

⑦ 이젠 소가 달아날 염려가 없어 안심하고 쉰다(忘牛).

⑧ 소도 사람도 없고 모든 게 본디 빈 것임을 깨닫는다(俱妄).

⑨ 처음 있는 그대로가 세상의 본 모습임을 알게 된다(還源).

⑩ 성현들이 간 길도 등지고 거리로 나선다(垂手)

로 되어 있다. 거울에 먼지가 끼듯 욕심으로 마음이 흐리게 된 인간에게 자신의 참된 모습을 되돌아보게 하는 가르침에 소를 인용한 데는 그만한 이유가 있다는 생각이다.

정축년 소의 해에는 굳이 공(空)의 진리를 생각지 않더라도 우리 모두 소처럼 욕심 없이 남을 위해 멸사봉공하는 자세로 살아갔으면 하는 생각을 가져 본다.

〈1997. 1.《새마을칼럼》〉

제6부
무너진 어린이들의 우상

어린이들께 우상을 주려다가

부러진 걸상 다리를
새 것으로 바꿔 끼웠다
떨어져나간 가방 손잡이도
다른 것으로 갈아달았다

사람의 몸도 탈이 나면
그렇게 고칠 것이라 했다

허파가 망가지면
새 허파로 바꿔주고
잃어버린 팔다리도
맞추어 줄 거라 했다

그것을 위해
사람 몸의 각 부분을
기계가 키울 거라고 했다

눈 코 귀는 물론이고
간 위 콩팥까지도
미리 준비해 두었다가

다치고 병들거나
낡아서 못 쓰게 되면

기계의 부품을 갈아주듯
바꿔줄 것이라 했다.

줄기세포 연구가
성공을 하는 날에는.

-『줄기세포』전문-

　지난 4월 29일 2시에 황우석 박사의 23차 공판이 서울고등법원에서 있었다. 모두가 알다시피 황우석 박사는 배아줄기세포 배양으로 세상을 놀라게 했고, 그것이 사기극이었다고 해서 또 한 번 세상을 발칵 뒤집어 놓은 장본인이다.
　전 국민의 희망이었던 과학자에서 순식간에 사기횡령의 죄인으로 전락하여 법정에 불려다니는 황우석의 평가는 아직도 끝나지 않았다. 자신을 과신하고 공명 때문에 허세를 부리다가 스스로를 망쳤다며 안타까워하는 사람들이 있는가 하면 위대했던 그를 죽인 것은 사회라며 분개하는 사람들도 많다.
　그래서 재판이 있을 때마다 그를 지지하는 사람들이 법원 앞에 몰려들고 수많은 네티즌들이 인터넷에 그를 격려하는 글을 올리는가 하면, 그를 후원하겠다는 기업들도 있고 데려가겠다는 나라도 여러 나라가 있다고 한다.
　내가 황우석 박사를 만난 것은 2005년 5월 1일이었다. 여의도 국회 의사당 앞에서 동요의 날 선포식이 있었는데, 나는 주제가『오늘은 동요의 날』가사를 썼기 때문에 초청을 받아 참석했다. 야외에 마련된 내빈석에는 국회의장과 관계부처 장관들 및 여야 국회의원들이 자리했는데 거기에 나는 서울대학교 수의과대학 교수 황우석 박사와 나란히 앉게 되었다.
　오늘 여기 참석하기 위해 스페인인가 어디에서 지난밤에 왔다고 했다. 그는 이미 정부로부터 홍조근정훈장, 과학기술훈장 창조상을 비롯하여 자랑스런 한국인대상을 받은 우리나라 최고의 과학자 대우를 받고 있었으며, 최초로 배아줄기세포 배양으로 세계 제일의 생명공학자로 유명해져 있었기에 나는 그를 만난 것이 참 기쁘고 자랑스러웠다. 나는 그의 수려한 외모와 겸손한 태도에 매우 호감이 갔고 내 막내딸도 서울대학 분자생물학연구실에 있기 때문에 황박사의 연구에 대해 자연스럽게 이야기가 되었다.

황박사는 그가 하는 연구가 우리의 몸을 만드는 세포를 키우는 일인데, 사람의 신체에서 미비했거나 훼손된 부위만을 따로 배양해서 맞춰주는 일이라고 했다. 자기 연구가 잘 되면 사람이 태어날 때부터 없었거나 살아가는 동안에 손상된 신체의 특정 부위를 기계의 부속품을 채우거나 바꿔주듯 복원해줄 수 있을 뿐만 아니라 불치병에 걸린 부위를 새것으로 땜질하듯 바꿔주어서 완치시킬 수도 있을 것이라고 했다.

그래서 눈이 없는 아이에게는 눈을 끼워주고 다리가 없는 아이는 다리를 붙여주어서 오월의 푸른 숲을 보고 즐기며 넓은 들판을 마음껏 달리게 해주고 싶은 것이 소망이라고 했다.

오월이 어떻고 어린이날이 어떻다고 해도 뛰어놀기는커녕 볼 수도 없고 듣지도 못하는 아이들이 많은데 황우석 박사가 그리는 꿈이 이루어진다면 그것이야말로 신체가 완전하지 못한 어린이들에게는 신이 내린 기적의 선물이 될 것이라고 생각하니 마음이 저절로 황홀해졌다.

그 날 행사가 끝나고 집에 와서 막내딸에게 그 이야기를 했더니, 황박사의 말이 너무 앞질러가고 있으며, 매스컴에 오르내리는 것도 사실과는 다르다는 것이었다.

사실이 어떻든 그 날 기자들은 황우석 박사에게 카메라를 많이 들이댔고 덕택에 나는 기자들이 찍어준 국회 의사당을 배경으로 그와 나란히 서있는 모습의 사진을 얻었고, 그것을 학교에 가지고 가서 교장실 책상 유리판 밑에 자랑스럽게 끼워놓았다.

나는 학교에서 어린이들이 나에게 할 이야기가 있으면 언제든지 망설이지 말고 찾아올 수 있도록 교장실을 개방해 놓고 있어 어린이들이 나와 이야기를 하고 싶어 수시로 찾아왔다. 그래서 내가 황우석 박사와 같이 찍은 사진에 대한 소문은 순식간에 퍼졌고, 어린이들은 그 사진을 갖겠다고 성화였다.

그래서 상당한 기간 나는 그 사진을 컴퓨터에 넣어 복사해서 나누어 주느라고 바빴다. 사진을 받은 어린이들은 그것을 교실에도 붙이고 자기들 공부방에도 붙였다. 어린이들은 내가 황박사 같은 유명한 사람과도 친하다며 자랑스럽게 생각했고 부모들도 그러는 어린이들을 보고 기뻐했다.

황박사와 내가 같이 찍은 사진을 가지고 좋아하는 어린이들에게 공부를 더 열심히 해서 황박사 같은 사람이 되라고 말하는 부형도 많았다. 황우석 박사는 어린이들에게 조금씩 우상이 되어가고 있었다.

황우석 박사는 그 해 8월에 개 복제를 최초로 성공했고, 세계기술네트워크 생명공학상을 받았으며 전 세계가 주목하는 과학자로서 질시와 선망의 핵심에 앉게 되었다.

나는 그래서 황박사와 개인적으로 특별한 친분이 있는 것이 아니지만 시치미를 딱 떼고 계룡산 밑 가난한 농가에서 태어나 5살 때 아버지를 잃고 찢어지게 가난한 집에서 황소에게 풀을 뜯기며 학교를 다닌 일이며 돼지우리에서 오늘의 기적을 이룩해낸 이야기를 학교 교육통신에 썼다.

실제로 황우석 박사는 자기가 살던 16평의 낡은 아파트를 팔아서 경기도 광주에 가축사육장을 짓고 거기에서 숙식을 하며 동물 실험 연구에 몰두했기 때문에 세계의 과학자들은 그의 성과를 말할 때

'산골짜기 낡은 돼지우리에서 이룩한 기적'이라고 했고, 그 이야기가 교육통신에 나가자 그것을 읽은 많은 어린이들이 자기도 열심히 해서 황우석 박사 같은 과학자가 되겠다고 했고 도서실에서도 과학도서 대출이 크게 늘어나게 되었다.

 그런데 황우석 박사의 모든 업적이 거짓투성이의 허상이라고 했다. 청천벽력이었다. 어린이들에게 그렇게 자랑스럽게 사진을 복사해주고 교육통신에 그의 이야기를 위인전기처럼 써서 모든 어린이들에게 본받으라고 했던 주인공이 사기꾼이라니 어린이들의 가슴에 심어주었던 우상이 한꺼번에 와르르 무너져버린 것이었다.

 황우석 박사를 그렇게 위대하다고 자랑하던 나를 어린이들은 어떻게 생각할 것이며 그들이 공부방에 자랑스럽게 붙였던 그 사진들은 또 어떻게 되었을까를 생각하니 어린이들 보기가 민망스러웠다. 그래서 지금도 나는 오월이면 그러한 일들이 생생하게 떠올라 괜히 몸과 마음이 움츠려든다.

 황우석 박사가 다시 일어나 그 날 나에게 말했던 일들을 꼭 현실로 이루어내길 비는 마음 간절하다. 그리하여 내 사랑했던 어린이들의 가슴에 우상을 만들어주고자 했던 일들이 다시 이루어지길 지금도 빌고 있다.

〈2008. 5. 《문학미디어》 특집〉

오카야마 휴게소의 모모따로상

학교 풍물놀이팀을 인솔하고 오사카 간사이공항에 도착한 것이 1월 4일 11시 50분이었다. 히로시마에서 온 버스가 기다리고 있었다. 히로시마까지는 7시간 정도 걸린단다. 중간 휴게소에서 도시락으로 점심을 때우고 5시 30분 경에 한 휴게소에서 버스를 멈추었다. 오카야마 휴게소라고 했다. 커다란 관광 안내도 입간판 옆에 4m나 됨직한 모모따로상이 나를 내려다보고 있었다.

오른 손으로 일본 국기인 태양이 그려진 부채를 치켜들고 왼손은 허리에 찬 칼자루를 잡은 채 서있는데, 왼쪽 어깨에는 장끼가 금방 날아갈 듯한 자세로 앉아 있고 오른발 앞에는 원숭이가, 왼발 앞에는 우리나라의 풍산개를 닮은 흰색의 세파트가 앉아 있는데, 그 모습이 생생히 살아 있는 것만 같았다. 이 고장이 일본이 자랑하는 모모따로의 발상지라고 했다.

모모따로는 신화적인 일본의 전래동화로서 일제 때 우리 어린이들이 배우는 초등학교 교과서에도 실려서 60대의 우리나라 사람들은 누구나 잘 알고 있는 이야기이다.

아득한 옛날 이 오카야마의 어느 산골에 인정 많은 노인네 부부가 살고 있었다. 자식이 없는 부부는 자식 하나 갖기가 소원이었다. 하루는 할머니가 빨래하러 갔다가 냇물에 떠내려 오는 복숭아를 주어 왔는데, 하늘이 도우셨는지 그 속에서 귀여운 사내 아기가 나왔다. 이름은 복숭아에서 나왔다고 해서 '모모따로' 라고 지었다. 모모따로는 자라면서 힘과 지혜가 뛰어났다.

그 때 마을에는 이따금 무서운 도깨비들이 나타나서 사람들을 괴롭혔다. 모모따로는 도깨비를 잡으러 길을 떠났다. 도중에 흰색의 개가 나타나 같이 가기를 원하여 데리고 갔다. 그 다음은 꿩을 만나고 또 원숭이를 만나서 그들을 모두 부하로 삼아 도깨비섬으로 갔다.

도깨비를 무찌르고 마을에서 잡혀간 사람들을 모두 구하고 빼앗아간 양식과 보물들을 찾아 수레에 싣고 마을로 돌아왔다. 그 후 이 마을은 영원히 웃음이 넘치는 평화로운 마을이 되었다는 것이다. 그래서 모모따로는 이 고장뿐만 아니라 전 일본 어린이들의 우상이 되었다.

세계에는 신화나 전설 또는 동화의 주인공이 어린이의 우상으로서 민족정신의 구심점이 되고 있는 나라가 많다. 중국은 서유기의 손오공, 프랑스는 신데렐라와 어린왕자, 영국은 피터팬, 로빈슨크루소, 갈리버, 행복한 왕자, 덴마크는 인어공주, 이탈리아는 피노키오, 꾸오레의 엔리꼬, 스위스는 하이디, 미국은 톰소여, 러시아는 바보 이반, 캐나다는 빨강머리 앤, 스웨덴은 말괄량이 삐삐와 닐스, 벨기에는 파랑새, 오스트리아는 밤비 등이 모두 그러하다. 그러나 반만년의 역사와 전통을 자랑하는 우리에게는 어린이들의 우상이 없다.

우리는 한글을 창제하신 세종대왕, 구국의 영웅 이순신, 동의보감을 펴낸 허준 같은 세계적인 위인들이 있으며, 예산의 이성만 형제의 우애, 황주의 효녀 심청, 남원의 열녀 춘향 등 전설처럼 전해오는 이야기와 고전에 나오는 인물들 중에는 삶의 지표가 되고 정신의 기둥이 될 만한 주인공들이 수없이 많다. 이들을 새롭게 조명하여 자라나는 이 땅의 어린이들에게 우상이 될 수 있게 할 수는 없을까 하는 생각을 해본다.

〈1997. 1. 4. 오카야마를 지나며〉

히로시마 평화기념관 유감

평화는 기념이 아니다
평화는 실행이어야 한다

그림의 꽃은
아름다운 허상일 뿐
향기도 없고
열매도 못 맺는다

평화라는 꽃은
사랑의 밭에 심어
피와 땀으로 가꿔야 한다.

-『평화』전문-

 히로시마(廣島)에 있는 후루다공민관(古田公民館)의 초청을 받고 일본으로 향했다. 어려서 일본의 핍박으로 학교도 못다니고 자란 나에게 일본은 가깝고도 먼 나라가 아니라 '싫은 나라' 였다. 그러나 몇 차례 '한일 친선 교류의 날개' 에서 만난 히로시마 사람들은 어릴 때 우리를 지배했던 사람들이 아니었다. 예절 바르고, 겸손하며 친절했다. 아이들 45명과 함께 비행기에 몸을 실은 것은 그래서 나에게는 대단한 용단이었다.
 히로시마공항에 내린 것은 1995년 7월 23일 1시 5분이었다.
 서울을 떠난지 정확히 1시간 20분만이었다. 후루다 사람들이 이산가족을 찾은 듯 반가와 했다. 우리는 곧바로 히로시마(廣島)평화기념공원으로 향했다.

고속도로를 따라 무궁화가 연분홍, 연보라로 또는 새하양으로 웃고 있었다. 일본 땅에서 무궁화를 만난다는 것은 뜻밖이었다. 모두가 한사랑, 계월향, 신태양 같은 품위있고 잎이 큰 홑꽃이었다. 가슴이 뭉클했다.

차는 평화기념공원으로 들어가는 본천교 다리 입구에 멈추었다. 거기에 한국인원폭희생자위령비(韓國人原爆犧牲者慰靈碑)가 있었다. 원폭으로 희생된 2만의 고혼을 위해 뒤늦게나마 민단(民團)에서 세운 것이라 한다.

세토나카이(瀨戶內海)국립공원으로 흘러드는 본천(本川)과 원안천(元安川)을 양옆으로 끼고 원폭 돔, 원폭자료관, 원폭사몰자위령비, 원폭공양탑, 평화의 샘과 종 등의 조형물을 감싸안고 있는 평화기념공원은 호수와 숲과 건물이 잘 조화를 이루고 있었다.

50년 전 8월 6일 아침, 이 부근 800m 상공에서 원자탄이 공중폭발함으로서 순식간에 도시는 암흑과 열풍에 휩싸이고 20만 명이 죽은 저주의 땅으로 변했던 사실을 모른다면 공원은 이름 그대로 평화의 원역이었다.

그런데, '한국인원폭희생자위령비'는 그 공원에 들지 못하고 있었다. 우리는 위령비에 헌화하고 묵념을 올렸다. 어제 이곳을 지나간 태풍 페이 3호의 꼬리가 아직 남아서 날씨는 무덥고 간간이 비가 뿌렸다.

나는 비에 젖고 있는 위령비의 모습을 비디오 카메라에 담았다. 위령비에는 꽃다발과 함께 색종이로 학을 접어 담은 투명비닐 포대가 여러 개 놓여 있었다. 둘레의 돌 난간에도 실에 꿴 종이학은 여러 묶음 걸려 있었다. 그것을 보는 순간 콧날이 찡해오며 눈앞이 흐려져 왔다. 빗물 때문만은 아니었다. 종이학을 접은 사람들을 생각했다.

원자폭탄의 피해자 사사끼 사다꼬는 소학교 1학년의 귀여운 소녀였다고 한다.

병원에 입원한 소녀는 피폭 순간의 악몽과 갈갈이 찢긴 육신의 고통에 시달리며, 점점이 사그라드는 목숨을 간신히 지탱하며, 학을 천 마리만 접으면 살아 날 수 있다는 말에 실낱 같은 희망을 걸고 색종이로 학을 접었다고 한다. 그러나 소녀는 끝내 눈을 감고 말았다. 사람들이 죽은 소녀의 '종이학'을 세어보니 999마리였다. 그래서 사다꼬의 죽음은 더욱 많은 사람들을 울렸다.

학생들은 돈을 모아 사다꼬를 위한 '학의 탑'을 세웠고, 종이학은 모든 일본 사람들의 가슴 속에서 간절한 소망을 비는 상징이 되었다고 한다. 이 위령비에 바친 종이학은 누가 어떤 소망을 빈 것일까. 종이학에 실어보낸 기원을 생각하던 나는 문득 위령비 둘레에 깔린 자갈에 눈길이 멎었다.

까만 자갈돌 하나하나에는 글씨가 쓰여 있었다.

'죽어도 차별.' '아! 통분.' '어머니, 내 어머니.' '고이 잠드소서.' '꿈에도 조국!' '대한 독립 만세.' '무궁화 삼천리.' '왜 여기 있어야 하나?' '누굴 위한 죽음이었나?' '그대들 앞에 우리 모두는 죄인입니다.' '극락왕생하소서.'

깨알 같은 글씨는 한국인원폭희생자들의 명복을 빌거나, 일본을 원망하는 말로 가득했다. 누가 종이학과 꽃을 바치고, 이런 글귀를 남겼을까.

일본인 희생자들을 기리는 원폭사멸위령비(原爆死滅慰靈碑)는 공원 중심부에 있다. 둘레는 작은 호수로 둘러싸였고, 그 지하에는 위폐가 모셔져 있다고 한다. 위령비 뒤쪽에는 일년 내내 등불이 활활 타고 있다. 평화를 사랑하는 모든 사람들의 마음을 상징하는 성화라고 한다. 그러면서도 한국인원폭희생자위령비는 이 곳에 함께 자리할 수 없다는 것은 무슨 까닭에서일까?

모두가 서로를 위로하고 기뻐하며 함께 어울린 잔치자리에 참석을 거절 당하고 문밖에서 서성이는 사람의 마음을 헤아려 보자. 죽어서도 차별 대우를 받고 있는 우리의 비참한 모습이 거기 있었다.

그들은 왜 이 낯선 땅에 왔으며, 무엇 때문에 희생되었는가?

동양평화라는 허울을 쓰고 일으킨 일본의 침략전쟁에 강제로 끌려와서 죽은 원혼들이다. 그들은 보상은 커녕 이름조차 기억되지 못한채 한 개의 싸늘한 돌덩이로 외롭게 서있는 것이다.

예절 바르고 겸손하며 친절한 일본 사람들의 뒤켠에는 아직도 우리 민족에 대한 차별과 모멸의 그림자를 짙게 드리우고 있음을 직접 확인한 순간이었다. 한국인원폭희생자위령비 앞에 놓인 돌에 일본 학생들이 써서 바쳤다는 글귀를 다시 한번 생각해 본다.

'밤이 가면 해는 뜬다.'

분명 후루다 사람들 같이 정많은 일본 사람들이 썼으리라.

정치인은 과거를 청산하지 못해도 젊은 세대들에게는 기대할 것이 있다는 생각이들었다. 전쟁이 끝난지도 50년이다. 이제라도 생각이 달라져야 한다. 또 마땅히 그래야 한다.

그리하여, 썩은 나무에서 새움이 돋듯이, 묵은 풀은 스러져 새싹을 가꾸는 거름이 되듯이, 불행했던 과거가 평화의 미래를 건설하는 주초가 되기를 바라는 마음 간절하다.

〈1995.《독립기념관》9월호〉

백야 김좌진 장군을 생각하며

여행(旅行)은 일상에서 벗어난 해방감과 미지의 세계에 대한 호기심으로 누구에게나 큰 즐거움이 됩니다. 새로이 접하는 풍광에서 별다른 신선감을 맛보고, 색다른 자연의 모습에서는 겸허를 체득하며, 낯선 사람들과의 만남에서는 관용의 미덕을 알게 됩니다.

그래서 우리 조상들은 귀한 자식은 여행을 많이 시키라고 했습니다. 여행을 통해서 보다 커다란 안목을 가진 세계인으로 성장할 수 있게 되기 때문입니다. 현장교육이나 체험학습이 값지다는 것도 그 때문입니다.

우리 학교는 그래서 지난 5년간 히로시마(廣島)와 교류하며 우의를 다져왔습니다. 우리 고유의 풍물도 히로시마 후루따공민관(古田公民館)에 전수시켜서 그 곳 어린이풍물부와 할머니들 풍물부가 생겼습니다. 그래서 이제는 선린인 중국 쪽에도 관심을 돌려야 되겠다고 생각했습니다. 우선 이국(異國) 땅에서도 우리의 말과 글과 얼을 지키며 전통문화를 소중히 전승해오고 있는 중국 조선족 특수교육기관인 연길시소년궁(延吉市少年宮)과 교류를 하기로 했습니다. 북한에도 평양을 비롯해서 여러 곳에 소년궁이란 이름의 청소년종합문화회관이 있어 청소년들의 예능교육을 하고 있습니다. 북한은 평양소년궁이 대표적인데 어려서부터 고전무용은 물론이고 고운 한복차림으로 가야금병창을 하는 모습을 방송을 통하여 이따금 보면 참 잘합니다. 우리 고전음악에는 한복을 입고, 손풍금 같은 외국 악기를 연주할 때는 거기에 맞는 제복을 따로 입어서 통제국가의 면모를 그대로 볼 수 있습니다.

나는 그러한 평양소년궁의 생활을 떠올리며 2002년 7월 25일부터 29일까지 4박 5일간 연길소년궁과의 교류와 옛 간도지방 여행을 떠났습니다. 어린이 39명에 교사 15명, 학부모 6명에 개인가족 3명이 동행이었습니다.

어린이들은 물론이고 선생님들도 중국은 처음이라서 보다 뜻있는 행사가 되도록 준비에 세심한 주의를 기울였습니다. 행사 두 달 전에 현지답사를 해서 일정을 짰으며, 여정(旅程)에 따라 견문(見聞)과 감상(感想)을 쓸 기록장도 준비했습니다. 외지에 가서 풍경이나 문물을 구경하는 일을 보통 시찰, 유람, 관광 등으로 부르지만 우리는 이번 여행을 현장체험학습으로 계획했습니다. 그래서 겉으로 드러난 풍광(風光)을 눈으로 보는 것이 아니라 중국이라는 대하(大河)의 강심(江心)을 흐르는 격류를 머리와 가슴으로 느끼도록 해주겠다는 목표 아래 여행계획서를 학습보도안처럼 짰습니다.

7월 25일 연길소년궁에 도착했습니다. 연길소년궁은 예능교육을 중심으로 하는 특수학교였습니다. 어린이들의 예능도 입학의 조건이 되지만 학비가 비싸서 경제적으로도 넉넉한 어린이들만 다니는 학교였습니다. 우리 어린이들은 모두 소년궁어린이들 집에 민박으로 보내고 어른들은 백산호텔에 투숙했습니다.

7월 26일 아침 일찍 연길소년궁으로 갔습니다. 민박을 한 어린이들은 그 곳 어린이들과 나란히 손을 잡고 모여들었습니다. 민박가정에서 받은 선물과 그들이 캐나다, 미국 등에 가서 공연한 사진들을 내보이며 나에게 자랑을 했습니다. 우리는 강당에 모여 자매 결연식을 하고 어린이들의 공연을 관람한 후 곧바로 백두산으로 향했습니다. 용정을 거쳐 화룡을 지나 노령(老嶺)에서 잠시 쉬었습니다. 외진 고갯길에서 조선족들이 천막에서 먹고 자며 과자, 음료, 약초 등을 팔고 있었습니다. 잠시 쉬는 사이에도 어린이들은 울창한 원시림 속을 들짐승처럼 뛰어다녔고, 선생님들은 들꽃을 촬영하거나 골짝물에서 어린아이처럼 물장난을 했습니다. 모두가 건국신화의 발원지가 가까워지고 있다는 사실에 마음들이 들떠있었습니다.

누군가가 여기가 청산리(靑山里) 근처라고 했습니다. 그러자 우리는 김좌진(金佐鎭) 장군을 생각하며 숙연해졌습니다. 지금부터 80여 년 전이었습니다. 3.1운동 후 중국으로 망명하는 우리 청년들이 늘어나자 만주에서 활약하던 독립군 부대들은 규모가 커졌습니다. 이에 겁을 먹은 일본은 많은 군대를 보내 독립군을 토벌하기 시작했습니다. 그 때 북로군정서(北路軍政署) 총사령관이었던 김좌진 장군은 1920년 10월 화룡현 청산리에서 일본군과 맞섰습니다. 10월 20일 백운령전투를 시작으로 21일에는 천수평전투, 23일 마록구전투까지 4일간 독립군은 2천 명의 병력으로 2만 명의 일본군과 싸워 적의 연대장 가노(加納)을 비롯하여 3,300명의 사상자를 냈고, 독립군은 사망 60명, 부상 90명을 냈습니다. 그 전승지가 근처라니 감개가 무량했습니다.

지금 만주 흑룡강성 목단강시 동1조로 애민가의 10여 평 서민아파트에는 74세의 한 할머니가 외동딸 홍련(紅蓮)의 간호를 받으며 유방암과 관절염에 시달리고 있습니다. 이 할머니가 세상에는 잘 알려져 있지 않은 김좌진 장군의 딸이며, 지금 SBS 월화드라마로 방송되고 있는 『야인시대』의 주인공 김두한의 배다른 누이동생임을 알고 있는 사람은 많지 않습니다.

김좌진 장군은 1927년 5월 3일 만주에서 애국심 강하고 마음씨 고운 김영숙이란 아가씨와 결혼을 했습니다. 다음 해 6월 일본군의 습격을 받은 김영숙은 만삭의 몸으로 도망을 가다가 보리밭에서 딸을 낳아 이랑 속에 숨기고 자신은 일본군에게 잡혀 비참하게 죽었습니다. 김영숙을 찾아 나섰던 독립군이 밭이랑에 핏덩어리로 버려진 아기를 구해냅니다. 금강석처럼 맑고 강하고 귀하게 자라라며 이름을 김강석(金剛石)이라 짓고 신분을 감추기 위해 산시마을의 중국인에게 맡겨 기르게 했습니다. 1930년 그가 두 살 때 김좌진 장군이 피살되자 독립군들은 김강석을 흑룡강성 해림으로 데리고 가서 김좌진 장군의 참모였던 김기철씨가 맡아 기르게 되었습니다. 1945년 그가 17살 때 해방이 되었지만 해방된 조국은 이승만(李承晩)이 친일파를 앞세워 정권을 잡고 보니, 조국 독립을 위해 목숨을 바친 사람들이나 그 후손들은 오히려 껄끄러운 대상이었습니다.

그런데 양부마저 죽자 김강석은 살기가 어려워졌습니다. 할 수 없이 해림에서 연수라는 곳으로 이주를 했는데, 그 곳에서 마적의 딸이라는 오해를 받아 감옥살이를 했습니다. 이 때 조선족 청년 위정규를 만나 결혼을 하고 이듬해 딸 홍련을 낳았습니다. 그러나 1951년 남편마저 6.25전쟁에 끌려가 죽자 어린 딸의 손을 잡고 현재의 거주지로 옮겨와 죄인처럼 신분을 감추고 살아왔습니다. 조국을 위해 목숨을 바친 장군의 딸이 부모의 나라는 와보지도 못한 채 남의 땅에서 외롭게 인생의 황혼을 맞고 있습니다.

우리는 역사의 정통성이며 호국 영령의 유지와 애국의 충혼을 말합니다. 그러나 현실은 그런 것이 아무런 의미도 갖지 못하고 있어 어린이들에게 정의와 애국을 가르치기가 참 부끄럽습니다. 물론 이것은 나의 감상이지만 어린이들도 각자 중국 여행에서 느낀 점이 있었을 것이기에 그것을 돌이켜 생각하며 기록을 함으로써 국제간의 이해증진과 세계인으로서의 자질 향상에 힘을 보태고자 할 따름입니다. 그리고 조국의 은혜로움을 체험으로 느끼게 하고 어린 가슴속에 나름대로의 조그마한 애국혼(愛國魂)이라도 이를 통하여 심어주고자 합니다.

그런 것을 알지 못하는 우리 어린이들은 백두산 기슭 노령의 숲속에서 풀꽃을 꺾고 솔향기에 젖어서 끝없이 행복한 모습이었습니다.

차에 오르면서 우리가 지나는 곳이 어디라는 것을 말했지만 어린이들은 내 이야기보다 차창을 스쳐가는 바깥 풍경에 정신이 빼앗겨 있었습니다.

〈2002. 7. 26. 백두산 「백산호텔」에서〉

몽골에서 본 우리의 두 얼굴

2001년 7월이었습니다. 유니세프 사업지역을 돌아보러 몽골엘 갔습니다.

몽골은 우리가 잘 알고 있듯이 800여 년 전에는 신화적인 영웅 칭기즈 칸(태무진 : 1162~1227)이 강력한 유목군단을 이끌고 유라시아를 휩쓸고 대몽고제국을 수립함으로써 세계 역사상 가장 강력하고도 위대한 민족으로 떠올랐습니다.

그의 손자 쿠빌라이 칸이 북경에 도읍을 정하고 원나라를 세워 중국을 지배하게 되면서 우리나라 고려와는 100년간이나 특별한 관계를 갖게 되었습니다. 그 때부터 우리는 관리의 복식이며 궁중 언어까지 몽골어를 받아드렸고, 신부의 연지와 족두리 등 몽고의 풍속도 우리 생활에 뿌리를 내렸습니다. 제주도 조랑말 등도 그 때 들여와 우리 땅에 정착하게 되었습니다. 상대적으로 우리의 언어와 생활양식도 몽골에 많이 전해져 언어와 풍속이 같은 것이 많습니다.

그런 몽골이 지금은 고비사막 너머 거치른 모랫벌과 초원을 떠도는 유목민으로서 매우 어렵게 살아가고 있습니다. 그래서 우리 일행은 그들을 도와주러 왔다는 우월감 같은 것을 보이지 않으려고 노력하는 한편, 칭기즈 칸의 후예라는 그들의 자존심을 높여주려고 애썼습니다. 초원에서는 그들의 전통 생활 방식대로 손칼로 산양을 잡고 맨땅에 주저앉아 몽골보드카를 마셨습니다.

우리나라에서는 30만원도 더 될 것 같은 크고 살찐 산양 한 마리 값이 30,000원이 채 안되니 유목민의 경제를 짐작할 수 있었습니다. 보석을 뿌린 듯한 밤하늘의 별을 쳐다보다가 온갖 풀벌레들이 날아드는 게르(빠오)의 좁은 침대에서 잠을 잤습니다.

그 다음 날은 울란바타르로 돌아왔습니다. 게르에서는 몽골 식사를 했으므로 한국 음식이 생각나서 한식당을 찾아갔습니다. 마침 한 떼의 한국 관광객이 우리를 뒤따라 들어왔습니다. 이국 땅에서 만난 동포라 반가웠습니다. 우리는 방에 들어갔고 그들은 홀에 자리를 잡았습니다. 인솔자인 듯한 사람이 일어나서 무어라고 말하자, 일행들은 곧바로 손뼉을 치며 찬송가를 부르기 시작했습니다.

목사의 인솔로 온 우리나라 선교단이라고 했습니다. 노래가 길어졌습니다. 다른 나라 여행객들이 곁눈질을 하며 이맛살을 찌프렸습니다. 이제는 그쳤으면 했는데 노래는 계속되었습니다. 우리도 참다못해 방문을 닫았습니다.

현재 몽골 사람들의 평균 월급은 우리 돈으로 30,000만 원 정도라고 했습니다. 한식당의 찌개 한 그릇 값은 5,000원이었습니다. 몽골 사람들의 수입으로는 상상도 못할 이런 곳에서 식사를 하게 된 것이 너무 감사하고 자랑스러워서인지는 몰라도 그들은 식당에 있는 다른 사람들은 전혀 의식하지 않는 것 같았습니다. 그런 행동이 어렵게 사는 몽골 사람들에게 좀 잘 산다고 으스대는 모습으로 비쳐진다면 우리의 위상이 어떻게 될 것인가를 생각했습니다.

이래서 한국 사람은 어디에서나 소란스럽고, 무례하다는 소리를 듣는 것 같습니다. 여러 인종이 한데 어울려 있는 곳에서 아래와 같은 사람은 틀림없이 한국 사람이라고 비아냥거리는 소리를 들은 적이 있습니다.

- 두 시간 관람할 박물관을 20분에 돌고 나와 빈둥거리며 떠드는 사람.
- 돈 자랑을 하며 쇼핑센터에서 외제 물건을 분별없이 마구 사는 사람.
- 책임과 임무는 남에게 미루고 권리와 이권만 주장하는 이기적

인 사람.
- 남을 배려하지 않고, 짓밟고라도 앞서려고 온갖 술수를 다 쓰는 사람.

그래서 한국 사람은 지나치게 거드름을 피고, 남의 말은 듣지 않고 자기 주장만 내세우는 불손하고 독선적이라는 소리를 듣는지도 모릅니다. 세계에서 교육열이 가장 높고 문맹률은 제일 낮으며, 아주 짧은 기간에 경제를 성장시켜 선진국과 어깨를 나란히 한 것이 우리라고 하지만 거만하고 무례하며 자기밖에 생각지 못한다면 참으로 부끄러운 일입니다.

국제화 시대를 살아가자면 겸손하고 예의바르며 남을 배려할 줄 아는 사람이 되어야 하겠습니다. 그렇지 않으면 함께 살아가야 하는 지구촌에서 우리만 따돌림을 당하게 될 지도 모릅니다

그 날은 울란바타르에서 자고 다음 날은 아침 일찍 아르가란트로 향했습니다.

가도 가도 메마른 풀밭과 모래 언덕뿐인 벌판을 승용차는 쿨룩거리며 씩씩거리며 쉬지 않고 달렸습니다. 구름 한 점 없는 아청빛 하늘은 지평선에 닿을 듯 가까웠으며, 바람 끝은 시리고 햇살은 따가웠습니다. 물 한 방울 나무 한 그루 볼 수 없는 초원에는 이따금 양과 말들이 한가롭게 지나가고, 가축의 시체를 뜯는 독수리들이 우리를 향해 경계의 눈빛을 보낼 뿐이었습니다. 도로 표지판 하나 없는 허허벌판을 100㎞쯤 달려갔을 때였습니다. 망망한 초원 멀리 사람의 그림자가 보였습니다.

우리를 마중 나온 아르가란트 군수(?)와 사회복지사였습니다. 그들은 우리에게 파란 천으로 감싼 우유통과 버터 그릇을 내밀었습니다. 귀한 손님을 맞이하는 몽골식 환영 의식이라고 했습니다. 그것

을 받아먹고 풀밭을 지나 밋밋한 모래 언덕을 넘으니, 아르가란트 (Argarant Som) 군소재지가 나타났습니다. 인구 2,000명에 가축은 600,000마리이고, 농경지도 15,000㏊나 된다고 했습니다. 그것이 그들의 자랑이었습니다.

군의회 사무실에서 다과를 대접받고 그 곳의 학교를 방문했습니다. 부서진 콘크리트 덩어리들이 흩어져 있는 풀밭에 단층 흙벽돌 건물이 띄엄띄엄 서있었습니다. 다른 곳에서 본 학교는 울타리나 담장은 물론이고 복도도 현관도 없는 창고 같은 단간집이 많았는데, 이 학교는 복도가 있었습니다.

그러나 두터운 벽에 창문이 좁은데다가 불을 켜지 않아서 어두컴컴했습니다. 책걸상은 낡았고 칠판도 베니어판 같은 것인데 둘레가 떨어져 너덜거렸습니다. 방학중이라 학생들이 없으니 폐가처럼 을 씨년스러웠습니다. 선뜻 안으로 들어서기가 망서려졌습니다. 그 때 뒤쪽 건물에서 뚱뚱한 사람이 나오더니, '안녕하십니까?' 하고 반갑게 인사를 했습니다. 몽골 사람이 우리말을 하는 것을 보니 너무 기뻤습니다.

그는 우리를 안내했습니다. 전기 부족으로 불을 켜지 않은 컴컴한 복도를 따라 들어가니, 한 교실에서 7, 8명의 젊은이들이 자기 또래의 한 젊은이에게 영어를 배우고 있었습니다. 가르치는 젊은이는 한국 대학생이었습니다.

그는 자유총연맹 봉사단원으로 이 곳에 와서 학생들에게 한국어와 영어를 가르치고 있다고 했습니다. 정말 뜻밖이었습니다. 방학 기간을 이용해서 6명 같이 왔다고 했습니다. 여비는 어디서 지원 받았느냐고 물었더니, 머리를 흔들었습니다. 평소 용돈을 절약해서 여비를 마련했다고 했습니다. 가슴이 뭉클했습니다.

지금은 7월 말입니다. 더위가 기승을 부립니다. 한국에서는 피서지마다 젊은이들로 흥청댑니다. 피서 비용을 마련하기 위해 범죄를

저지르는 일도 있습니다. 그런데 이 학생들은 피서 같은 것은 상상도 못하는 사막의 나라 외진 곳까지 와서 학교 뒤켠 헛간 같은 한 건물에서 자치 생활을 하며 몽골 청소년들을 가르치고 있는 것입니다. 이들은 개인이 아니라 국가로서 세계 속에 한국을 심는 자랑이라는 생각이 들었습니다.

학교를 돌아보고 현관을 나서는데 열 살도 안 돼 보이는 여자 아이가 다가오더니, 혀짜래기 소리로 '아년하쎄요' 했습니다. 나는 아이를 안아서 번쩍 들어올렸습니다. 아이는 좋아서 깔깔거렸습니다.

몽골 민족은 이 지구상에서 우리와 혈통이 가장 가까운 사람들입니다. 그들을 돕는 것은 곧 우리 자신을 돕는 일입니다. 우리 모두가 이 봉사단원 대학생들의 선행을 생각했으면 합니다. 전날 만난 선교단 사람들과는 너무도 대조적인 모습이었습니다.

올챙이 적을 모르는 개구리들

여행(旅行)은 역행(力行)이고
여정(旅情)은 연정(戀情)인 것

마음이 내키면 내키는 대로
발길이 이끌면 이끄는 대로

바랑(鉢囊) 하나 둘러메고
방랑(放浪)의 길을 떠나자.

무엇을 얻을가를 생각지 말자
버리면 새 것이 채워지나니

낡은 일상을 훌훌 털어버리고
바람처럼 구름처럼 떠나보자.

-『떠나보자』전문-

  2006년 5월 말이었다. 제72차 국제펜클럽총회 참석차 문효치 이사장, 김귀희 사무처장과 함께 런던을 거쳐 베를린에 갔을 때였다. 때마침 우리 광부와 간호원 서독 파견 40주년이 되는 해라며 교민신문들이 대대적으로 특집보도를 하고 있었다.
  우리를 자택으로 초청하여 융숭한 대접을 하고 괴테 등 유명 작가의 사적지를 안내해준 분도 그 때 간호원으로 파견되었다가 거기에서 결혼해서 살고 있는 분이었다.

나는 분명치 못한 기억을 더듬어 40여 년 전 일을 떠올렸다. 그 때 우리는 매우 어려웠다. 나라가 정치적으로나 경제적으로 너무 힘들었지만 그것을 극복해 나갈 길이 보이지 않았다. 그러자 군인들이 반공을 국시로 하고 절망적인 민생고를 해결하겠다는 공약을 내걸며 혁명을 일으켰다.

  그리하여 대통령이 된 박정희는 젊은이들에게 일터도 주고 외화도 벌어들이도록 하겠다고 서독으로 2,000여 명의 간호원과 광부를 파견했다. 젊은이들은 굶주려서 부황으로 얼굴이 누렇게 뜬 가족들을 생각하며 다투어 지원했다. 그들을 보낸 뒤 대통령도 서독을 방문했다.

  그 때 선발대로 간 상공부장관을 수행한 오원철의 말에 의하면 장관이 묵을 숙소가 아침만 먹는 하루 3달러짜리 민박인데 사워는 돈을 따로 내야 했단다.

  그러니 대통령인 박정희에 대한 예우가 어땠는지는 미루어 짐작이 간다. 그런 예우를 받으면서도 대통령은 독일 뤼프케 대통령을 만나고 차관을 얻어 '한강의 기적'을 다짐했다. 그 때 박대통령과 육영수 여사는 우리 간호원·광부들과 부둥켜안고 울었으며, 함께 밤을 지새웠다고 했다. 그런 이야기를 들으니 가슴이 찡해 왔다.

  유럽 여행에서 돌아온 나는 경북신문사 이종기사장을 만나 독일에서 들은 파독 간호원과 광부들이 살아온 이야기를 했더니, 자기도 며칠 전에 종교단체 행사 참석차 필리핀을 다녀왔는데, 그 곳 교민들도 내가 독일에서 들은 것과 비슷한 이야기를 하더라고 했다. 1960년대 필리핀은 아시아에서 일본 다음으로 잘 사는 나라였단다.

  당시 한국은 국민 1인당 GDP가 100달러 미만이었는데, 필리핀은 1,000달러가 넘었단다. 우리보다 10배 이상 잘 살았던 것이다. 그래서 박대통령은 우리의 경제개발을 위한 돈을 빌리러 갔는데, 우리가 가난한 나라라고 박대통령에 대한 예우가 형편없었단다. 교민들이 그것을 보고 분통을 터뜨렸더니, 박대통령은 "괜찮습니다. 우리 국민들이 배불리 먹을 수만 있다면 나는 어떤 대우를 받아도 좋습니다." 하며 교민들의 손을 꼭 잡아주더라고 했다. 그래서 교민들 모두가 울었다는 것이다. 당시 동남아에서는 울며 떼쓰던 아기도 계속 그러면 한국에 보내야겠다고 하면 금방 얌전해질 정도로 우리나라는 동남아 쪽에서도 비웃음의 대상이었다고 한다. 그런데 지금은 동남아 사람들이 우리나라에 와서 일하는 것이 꿈이고, 필리핀 사람들은 명문대학을 나오고도 한국에 와서 건설근로자나 식모살이라도 할 수 있다면 큰 행운이고 은혜라고 생각할 정도이다. 상황을 이렇게 뒤집어 놓은 것이 박정희 대통령으로부터 비롯된 것이었다.

그런데 공교롭게도 학교에서 여름방학 때 실시하는 해외 연수지역을 필리핀으로 정했다. 선생님들이 의논 끝에 필리핀으로 정한 것은 그 동안 해외연수를 위해 적립해온 여행경비에 맞추다 보니 그렇게 되었다. 나는 선생님들이 의논을 할 때 의사표시는 하지 않았지만 내심으로는 몽골 쪽이면 좋겠다는 생각을 하고 있었다.

몽골은 몽골반점에서 보듯이 우리와 혈통이 가장 가까운 민족이 살고 있는 나라이다. 그들은 칭기즈칸의 애첩이 한국 여인이었다며, 우리나라에서 구입해간 중고차에 '가리봉동행', '무슨 주식회사' 라는 한글 안내판을 그대로 달고 울란바트르 거리를 달리는 것도 자랑스럽다고 한다.

그래서 그 쪽으로 가면 많은 것을 생각할 수 있을 것이라고 생각했으나 경비문제도 있기 때문에 선생님들의 의견대로 결정했다. 필리핀은 요사이 우리 아이들이 어학연수도 많이 가고, 우리 학교에도 필리핀 영어강사 한분이 있으니 의미가 있다고 생각했다.

또 필리핀은 40여 년 전인 1960년대만 해도 우리보다 열 배 이상 잘 살았는데 지금은 상위 10%를 제외한 나머지 대부분의 빈민들은 하루 600원 이하의 생계비로 가축우리 같은 집에 살고 있으며, 거리에는 구걸자가 우글거리고 사람들은 다투어 남의 나라로 종살이(?)를 떠나고 있다. 그런 현장에서 어느 국가든 훌륭한 통치자를 만나지 못하면 이렇게 될 수도 있다는 것을 체험할 기회가 되었으면 매우 보람있는 연수가 되리라는 생각이었다.

   지금 우리나라는 매우 어수선하며 경제를 우려하는 사람들도 많다. 한국경제에 관해 날카로운 분석으로 유명한 『앤디 시에』(45) 모건스탠리 아태본부(亞太本部) 수석 이코노미스트는 '지금 한국은 급성장하는 중국과 부활하는 일본 사이에서 성장 엔진이 식어가는 심각한 상황을 맞고 있다」며, 한국이 이대로 성장 잠재력을 강화하는 데 실패한다면 중국의 일개 변방이 되거나 필리핀 같은 빈국으로 추락할 것이라고 했다. 어쩌면 우리는 진짜로 올챙이 적을 모르는 개구리인 지도 모르겠다.

〈2006년 7월〉

수정해야 될 우리의 뿌리

　우리 역사책으로 가장 오래된 것은 신라 눌지왕 때 충신 박제상(朴堤上)이 쓴 '부도지(符都誌)'라고 한다. 부도란 하늘 뜻에 맞는 도읍이라는 뜻으로 단군의 나라를 말한다.
　사학가들은 이 책을 두고 한민족 최고의 역사서일 뿐만 아니라 인류의 시원을 새롭게 밝혀 주는 위대한 책이라고 했다. 그 동안 식민사관으로 축소 왜곡된 역사를 그대로 답습하고 있는데다가 국조 단군마저 우상으로 몰아세우며 조상을 부정하고 자신을 비하하는 일이 있는 현실에서 이 책은 우리로 하여금 많은 것을 다시 생각해 보게 한다.
　부도지는 우리 민족의 발원지를 파미르고원의 마고성(麻姑城)으로 기록하고 있다. 이 부도지와 환단고기 및 재야 사학가들이 말해온 이야기들을 참고하여 우리의 뿌리는 물론이고 세계인류의 시원을 나름대로 생각해 본다.
　나는 사학가가 아니므로 사실에 근거하기보다 읽고 들은 것을 중심으로 간결하고 알기 쉽게 내 나름대로 정리해 보려는 것이다.
　마고성은 태초에 마고(麻姑)라는 거인이 세운 나라로 청궁(靑穹), 황궁(黃穹), 흑소(黑巢), 백소(白巢)라는 네 통치자들이 마고성을 네 개의 부성으로 나누어 각각 한 곳씩 맡고 있는 이상향이었다.
　청궁, 황궁의 어머니는 궁희(穹姬)이고, 흑소, 백소의 어머니는 소희(巢姬)인데, 궁희와 소희는 마고(麻姑)의 딸이었다.
　마고성에 사는 사람들은 귀에 오금이라는 장치가 있어 하늘 소리를 직접 들을 수 있었다. 그래서 하늘이 시키는 대로 살아가는 천손들이었다. 먹는 것도 목숨 가진 것은 건드리지 않고 땅에서 솟아나는 젖을 먹었다. 그것이 유천(乳泉)에서 솟아나는 지유(地乳)였다. 천손들에게 하늘은 그들을 지켜주는 아버지요, 땅은 젖을 주는 어머니였던 것이다.

하루는 지유를 먹으러 유천을 찾아왔던 지소라는 천손이 흐드러지게 잘 익은 과일을 무심코 따먹었다. 오미(五味)라는 것이었다. 달고, 시면서도 고소하고, 쓰면서도 떫은 것 같은 다섯 가지 맛이 나서 오미라고 했는데, 이것이 오늘날의 포도이다.

"어! 이것도 먹을 수 있네."

지소는 지유를 먹으려고 유천에 모여든 천손들에게 오미를 먹어 보라고 권했다.

"정말이네. 이것도 먹을 수 있어요."

천손들은 망설이다가 지유와 함께 오미도 먹었다. 그러자, 지금까지는 전혀 느끼지 못했던 여러 가지 감정이 생겨났다. 순수하기만 했던 천손들이 일상적인 인간의 감정인 오욕칠정(五慾七情)을 갖게 된 것이다. 누구를 미워하기도 하고 못 마땅하다고 다투기도 했다. 이렇게 되자 하늘이 몹시 화가 났다.

"내 말을 듣지 않고 오미를 먹었으니 다시는 돌이킬 수 없는 큰 벌을 내리리라."

하늘은 천손들의 귀에 달린 오금을 모두 토사로 바꾸어 대화의 통로를 막아버리고, 지유를 끊어버렸다. 그 때부터 천손들은 하늘 소리를 들을 수 없어 살아가는 일을 자기들끼리 의논하지 않으면 안 되었고, 먹을 것도 스스로 마련해야 살 수 있게 되었다. 주린 배를 채우려고 열매를 따고 물고기를 잡았으며, 안전을 위해 동굴을 찾았다. 서로의 도움이 필요해서 여러 가지 모임도 만들었다. 땅에서 구한 것을 서로 바꾸기 위한 모임인 조시(朝市), 강이나 바다에서 얻은 것을 물물교환하는 해시(海市), 정치적인 협의를 위한 신시(神市)가 생겨서 성안은 늘 시끄러워졌다.

　본성인 마고성에서 이 일을 지켜보던 마고는 하늘의 뜻을 어겨서 이상향을 잃어버린 네 개의 부성을 큰 비로 쓸고 물로 씻어내는 대청소를 했다. 네 개의 부성에 살던 천손들은 한꺼번에 쓰레기처럼 쓸려나갔다.

　이렇게 성을 쫓겨난 천손들은 네 갈래로 뿔뿔이 흩어졌다.

　첫째 황궁은 동쪽으로 달아났는데 그들은 황인종의 시조가 되었다.

　둘째 백소는 서쪽으로 떠나갔는데 백인종의 시조가 되었다.

　남쪽으로 내려간 셋째 청궁은 청인종의 뿌리가 되었고, 넷째 흑소는 서남방으로 흘러가서 흑인종의 조상이 되었다.

　인류학자에 따라서는 세계 인종을 피부색깔에 따라 3대 인종, 5대 인종으로 분류하거나 남인(藍人), 홍인(紅人), 녹색인(綠色人) 등으로 분류하기도 하지만 부도지에는 4대 인종으로 되어 있다. 그 원조의 이름부터가 황(黃), 백(白), 흑(黑), 청(靑)으로 피부 색깔을 나타내고 있다.

　황, 백, 흑은 있지만 청인종이 어디 있느냐고 하겠지만 녹인(綠人)이나 남인(藍人)으로 불린 사람들이 그들인지도 모른다. 청인종은 인도문명의 원조이니, 한 때 해안도서주민으로 분류하기도 했던 인도와 동남아 주민들이 그들이다. 그들은 흑인과 달리 검은 피부 아래 푸른색이 받치고 있다. 청인종이란 증거이다.

　지상낙원이었던 마고성을 쫓겨나 새 땅을 찾아간 이들이 각각 자리 잡은 곳이 세계 사대문명(四大文明)의 발상지가 되었다. 황궁의 후예들은 중국 황하강 가에 이르러 황허문명을 이룩한 황인종이고, 청궁의 예손들은 인도의 인더스, 갠지스강을 중심으로 인디아문명을 낳은 청인종이고, 흑소의 백성들은 이집트 나일강가에 터를 잡아 이집트문명을 창조한 흑인들이고, 백소의 후손들은 티그리스, 유프

라데스 강가의 기름진 땅에서 메소포타미아문명을 건설한 백인종이 그들이라는 것이다.

이것을 알기 쉽게 도해하여 보면 아래와 같다.

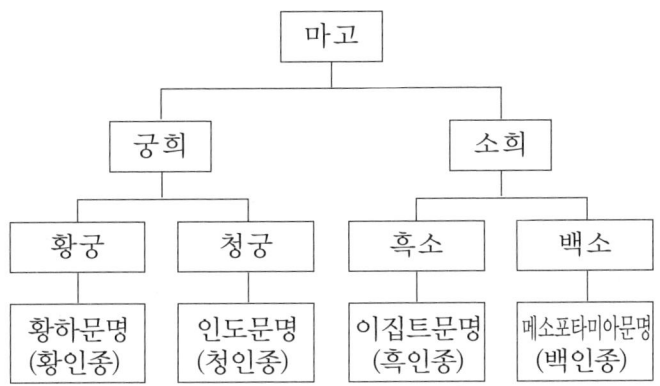

고대 그리스 로마신화에서 포도가 포도주를 비롯하여 일용양식으로 나오는데, 그 원조들이 마고성에서 쫓겨 갈 때 지소가 처음 먹은 오미인 포도종자를 갖고 갔거나 아니면 지유 대신 먹었던 오미(포도)의 기억이 남아 일찍이 포도를 중요 양식으로 했던 것이 아닌가 한다.

그 중 우리 민족의 뿌리는 제일 맏이인 황궁인데, 마고성을 떠나 해가 돋는 곳을 향해 동쪽으로 갈 때 나뭇가지에 해가 걸리는 것으로 방향을 잡아왔기 때문에 동쪽을 나타내는 글자가 나무(木)에 해(日)가 걸린 형상(東)이라고 한다.

해 뜨는 곳을 찾아 동쪽으로 온 것은 인간의 원초적인 공포의 대상인 어두움으로 부터의 탈출을 위해서였다고 한다. 그렇게 하여 동으로만 이동하여 천산주(天山州), 적석산(積石山), 태백주(太白州)를 거쳐 황허(黃河)와 요하(遼河)문명을 이룩하면서도 해 뜨는 곳에 더 가까이 가고자 요동을 지나 백두산 아래까지 와서 터를 잡아 단군의 나라를 세우고 해 뜨는 아침의 찬란한 광채를 기려서 나라 이름을 조선(朝鮮)이라 했다.

그래서 우리 조상은 마고의 뿌리에서 궁희, 황궁으로 줄기가 뻗어서, 유인, 환인, 환웅, 단군으로 이어져 왔다는데, 마고성은 황궁(黃穹)시대, 천산주는 유인(有因)시대, 적석산은 환인(桓因)시대, 태백주는 환웅(桓雄)시대, 백두산은 단군(檀君)시대라고 추정하고 있다.

박제상의 부도지는 마고에서 부터 단군까지의 역사적 자취를 기록해 놓은 책이다. 우리의 설화나 지명에 마고, 태백, 청구라는 낱말이 많이 나오는 까닭도 이런 연유에서이고, 우리정신 속에 동방사상이 깊이 뿌리내리고 있는 것도 그 때문이라고 한다.

단군이 개국을 하면서 나라 이름을 '빛나는 아침' 이란 뜻의 조선(朝鮮)이라고 했듯이, 고구려(高句麗)는 아침 햇빛을 받아 더욱 높아 보이는 산과 한결 고와 뵈는 강산의 모습인 산고수려(山高水麗)에서 따온 말이고 고려(高麗)는 고구려의 준말이며, 신라(新羅)는 새로 밝은 아침을 맞아 살림을 새롭게 벌인다는 뜻을 갖고 있으니, 모두 동방사상과 무관하지 않다.

일상용어에서도 왕세자를 동궁(東宮), 관가를 동헌(東軒), 태양을 동군(東君), 고구려 때 하늘에 제사하던 동맹(東盟)이란 단어들이 모두 동방사상에서 나온 것이 아닌가 한다.

내가 어렸을 때 어머니는 삼눈을 앓는 나를 새벽에 깨워서는 집에서 아침 해가 제일 먼저 비치는 동쪽 벽 쪽으로 데리고 가서 그 벽에 내 얼굴(畵像)을 그리고, 그림의 아픈 눈에 바늘을 꽂고 무어라고 주술을 외었다. 그렇게 해서 삼눈을 치료했던 것이다.

또 정신병(미친병)을 앓는 사람은 마을의 박수가 동쪽으로 뻗은 복숭아나무 가지를 잘라 와서 매질을 해서 고쳤다.

동쪽으로 벋은 복숭아가지는 동도지(東桃枝)라 해서 전래되는 주술 같은 민간요법에 널리 쓰였는데, 이런 일들이 모두 마고에서 단군까지 오는 동안에 형성된 동방사상에 뿌리하고 있는 것이다.

〈2004. 여름.《역사와 문학》창간호.『우리 역사 다시보기』〉

제7부
한두실에서 복사골까지

문맹으로 4학년에 입학하고

나는 안동 한두실(서후면 대두서동 576)에서 아버지 계명(桂明 1918~1979 : 金首露王 71代孫)공과 어머니 진주강씨 봉석(鳳石 1916~1973 : 醴泉 普門面 友來洞)여사의 장남으로 태어났다. 할아버지(雲基:字 洛瑞, 職銜 通政大夫)는 2대가 외동인 종가의 장손이니 수명장수 하라며 나를 품에 안고 입김으로 숫구멍(腦天)을 불어주었단다.

그래도 혹시나 해서 3년을 기다렸다가 출생신고를 했다. 내 생년이 실제보다 2년 뒤인 1937년으로 된 것이 그 때문이다. 네 살 때쯤인가 집안이 파산을 했다. 마을에 일제앞잡이가 있었는데 그의 농간으로 우리 농토가 대부분 남의 손으로 넘어갔다는 것이다.

상처는 들추면 더 아프니 덮어두라는 할아버지의 엄명으로 나는 커서도 이 일을 알려고도 하지 않았고, 누구도 말해주지 않았으므로 내가 아는 것은 이것이 전부이다. 내가 이유를 알아보려고 했을 때는 알 만한 사람들이 모두 떠난 뒤였다. 집안이 파산을 하자 아버지는 만주로 떠나고, 할아버지마저 집을 나가버려서 어머니 혼자 농사를 지으며 살림을 꾸려 나갔다.

들로 가신 엄마 생각/ 책을 펼치면
책장은 그대로/ 푸른 보리밭

이 많은 이랑의/ 어디 만큼에
호미 들고 계실까/ 우리 엄마는

글자의 이랑을/ 눈길로 타면서
엄마가 김을 매듯/ 책을 읽으면

싱싱한 보리 숲/ 글줄 사이로
땀 젖은 흙냄새/ 엄마 목소리.

-『어머니』전문-

  그 때의 어머니를 생각하며 쓴 이 시는 1989년부터 시행한 4차 초등국어 4-1 읽기 책에 이어 5차 초등국어 6-1 말하기와 7차 중등음악 1학년 책에 실렸고, 전남 곡성의 관광단지 도깨비살계곡의 자연석 바위에 새겨지기도 했다.
  중일전쟁을 일으킨 일본이 3차 남경대학살을 자행할 무렵에 아버지는 잠시 귀국했다가 다시 일본 북해도 탄광으로 가고, 객지를 떠돌던 할아버지는 해방을 못 보고 세상을 떠났다.
  나는 학교에 갈 나이가 되었지만 일본글은 절대 배우지 말라는 할아버지의 명에 따라 야학에도 못 다녔다.
  해방이 되고 귀국한 아버지는 빼앗긴 농토를 찾으려고 제소했으나 친일세력은 그대로여서 뜻을 이루지 못했다.
  일본은 망해도 그들의 영향력은 여전한 것이 당시의 실태였다. 화가 난 아버지는 모든 것을 다 버리고 재종들이 살고 있는 관음절(竹田洞)로 이사를 했다. 아픈 기억을 지우려고 본적도 풍산면 죽전동 572로 바꾸어버렸다.
  1947년 7월에 풍산국민학교 4학년에 입학을 했다. 나는 문맹이었지만 나이가 많아서 그렇게 했다. 아버지가 마분지에 반절표와 구구단을 써주시면서 외라고 해서 국민학교 첫 공부를 그렇게 시작했다. 그 때는 학년 시작이 9월이라 두 달 만에 5학년이 되었다.
  교실이 부족하여 면사무소 옆 누에고치판매소의 시멘트바닥에서 공부를 했다. 한글과 구구단을 겨우 외는 나는 국어책도 옆자리의 동무를 따라 읽고 산수는 깜깜한 형편이었지만 학교생활은 참 즐거웠다. 책을 좀 읽을 수 있게 되자 나는 국어책에 '동무동무 어깨동무, 어디든지 같이 가고…' 란 동요를 본 따 글을 써보기도 했다.

  담임이 칭찬해 주셨다. 어머니는 그런 나를 참으로 자랑스럽게 생각했다. 겨울이면 이십 리가 넘는 학교에 늦을까봐 두멍의 얼음을 깨고 새벽밥을 짓고, 발이 시릴까봐 고무신을 저고리 앞섶에 품었다가 신겨 주었다.

    잠자리에서 일어나며
    "어머니, 제 옷……."
    "응, 여기있다."

    어머니는 제 옷을
    이불 밑에서 내주셨어요.

    책보를 들고 일어서며
    "어머니, 제 신은요?"
    "응, 여기있다."

    어머니는 제 고무신을
    품안에서 내주셨어요.

                             -『겨울 어머니』전문-

  어머니는 학교 가는 내가 마을 앞 산모롱이를 돌아설 때까지 사립문 밖에서 지켜보셨다. 귀가가 늦으면 동구 밖까지 나와서 기다렸다. 지금은 멸종이 되어버린 늑대가 그 때는 왜 그렇게 많았던지 해만 지면 산골길에 늑대가 떼로 몰려나왔으므로 늘 걱정했다. 늑대 소리는 열두 가지라고 했다. 아기웃음, 고양이의 옹알이, 염소의 울음, 까마귀들의 짖음 같은 소리를 냈다.

집에서 오리 쯤 되는 길가에 천양판이란 묘가 있는데 땅값이 천양이나 되는 명당이라고 했다. 묘 앞은 계곡물이 작은 폭포를 이루고 그 밑은 꽤 깊게 물이 괴어 여름에는 학교에서 돌아오는 길에 목욕을 하며 내가 수영을 배운 소가 있고 그 건너편에는 개바위가 있었다. 그 골짜기에 호랑이굴이 있었는데 사람을 해치지 않도록 한 장수가 개를 먹이로 갖다 놓았더니 그것이 바위로 되었다는 전설이 있어 날이 저물면 으스스했다. 그 골짜기에 늑대가 많았다.

그래서 어머니는 내가 늦으면 좌불안석이라 동구나무 까지 나와서 기다렸다. 그런 어머니의 모습을 회상한 것이 『동구나무 가로등』이다.

마을 앞 동구나무 밑에
가로등 하나 서있습니다.//
학교에서 돌아오는/ 나를 기다려
어머니가 서계셨던 자리.//
어머니는 떠나시고
내가 어른이 된 지금은//
동구나무 밑에/ 그날의 어머니처럼
가로등이 서있습니다.//
비내리는 밤이면/ 빗물에 젖은 불빛이
그리움으로 번지는데.//
가로등은 오늘밤도
누구를 기다리며 서있습니다.

-『동구나무 가로등』 전문-

1949년 6월 26일, 국민학교를 졸업하고 병산중학교로 진학을 했다. 병산중학교는 풍산류씨 대종회에서 세운 풍산 최초의 중학교였다. 국민학교는 문맹으로 입학해서 2년 여만에 졸업을 했는데 중학교는 다른 동무들과 똑같이 1학년에 정식으로 입학을 하고보니 참 좋았다.
　국어는 한학자인 송인식 선생이 가르쳤는데, 1학년들에게 한자로 된 독립선언문 외기를 숙제로 주었다. 하룻밤에 다 외었다. 국민학교를 문맹으로 입학한 나는 국어는 글자를 모르면서 옆 동무를 따라 읽고, 산수는 문제와 답을 모두 외어서 시험을 볼 정도로 외는데 훈련이 되어 있었기 때문이었다.
　과학은 1학년은 식물계, 2학년은 동물계, 3학년은 인체계를 수의사인 김진동 선생이 가르쳤는데, 1학년 학기말 시험이 '고사리의 세대교번을 도해하여 논하라' 였다. 고사리의 생식세포인 홀씨가 몇 단계를 거쳐 성체가 되는 과정을 그림으로 풀이하라니 막막했다. 채점 결과는 학급평균이 17점인가 얼마였다. 그런데 나는 그것을 다 풀었다. 외는 공부에 훈련이 된 덕이었다. 그래서 졸업 때까지 김진동 선생의 총애를 받았다.
　2학년이 되자 아버지는 통학거리가 멀어 공부할 시간을 너무 많이 빼앗긴다며 학교 근처에 방을 얻어 자취를 시켰다. 땔나무와 양식은 지게로 져다주셨다. 혼자 있으니 아이들이 놀러왔다. 아래 학년 여자아이들도 찾아왔다.
　멀지 않은 곳에 사는 담임 권오수 선생이 그것을 걱정해서 밤이면 이따금 자취방을 돌아보러 오시기도 했다. 권오수 선생은 수학선생인데 분필로 칠판에 도형을 그리면 길이와 각도가 너무나 정확해서 모두들 감탄을 했다.
　6.25전쟁이 터졌다. 피란도 할 틈이 없이 마을에 공산군이 들어왔

다. 마을 사람들은 산골짜기로 달아났지만 공산군과 함께 온 북한의 선무공작대라던가 하는 여대생들의 설득에 모두 돌아와 부역도 하고 의용군이라는 이름으로 공산군에 가담하기도 했다. 내 재종형도 그 때 의용군으로 갔다.

  휴전이 되고 얼마 안 되어서였다. 아버지는 비오는 날인데도 쉬지 않고 마을에서 보문면 산성동으로 넘어가는 당재라는 고개에 있는 논에서 바위를 치우다가 깔려서 다리를 다쳤다. 간신히 목숨을 건진 큰 사고였다. 살림이 어려워 치료도 제대로 못 받고 오래도록 자리에 누워계셨다. 빈손으로 일군 땅을 한 뼘이라도 더 넓히려고 애쓰시다가 그렇게 된 것을 생각하면 언제나 목이 멨다.

    나라가 힘이 없으니 삶터마저 빼앗기고
    빈손으로 고향 떠나 낯선 땅에 옮겨와서
    힘겨운 날품팔이로 지내시던 곤한 시절

    삼베적삼 등받이가 소금기로 찌들도록
    쟁기질과 김매기로 온 삭신이 쑤셨지만
    그것도 분복이라며 웃음으로 넘기셨죠.
    (아래 줄임)

-『아버지 생각』 일부-

  일 년 넘게 자리에 누워계셨던 아버지가 일어났다. 몸은 초췌하고 다리는 불편했지만 살아있다는 것에 감사하며 아버지는 곧바로 논밭이 기다리고 있는 들로 나갔다. 성하지 못한 몸으로도 누구보다 일찍 들로 나갔고 밤이 되도록 일을 했다. 마을 사람들은 같은 들에서도 우리 논밭의 곡식이 제일 잘 된다고 했다.

  중학교 졸업이 가까워지자 진학할 학교선택으로 분주했다. 집이 가난해서 진학을 포기하는 친구들도 많았다. 가정형편을 생각하면 나는 제일 먼저 진학을 포기해야 할 처지였다. 그런데 아버지가 안동사범학교에 원서를 내라고 했다. 김진동 선생이 반대했다. 사범학교는 선생밖에 못하니 인문고등학교로 가서 의학이나 생물학을 하라는 것이었다. 그것이 내 적성에 맞는다는 것이었다.

김선생님은 집에까지 찾아와서 아버지를 설득했지만 그럴 형편이 아니었다. 사범학교를 가면 관비가 나오니 학비 걱정이 줄어들고, 병역이 면제되니 죽을 염려도 없는데다가 6.25 직후 말할 수 없이 어려운 때에 직장이 보장되니 모두가 선호했다. 시골 중학교에서는 우등생도 원서를 내지 못할 만큼 입학이 어려웠다. 김진동 선생의 만류에도 불구하고 사범학교에 원서를 냈지만 경쟁이 17대 1이나 된다는 말이 떠돌아서 나는 일찌감치 아버지를 도와 농사나 지을 각오를 했다. 그런데 천행이었다.

합격이었다. 신현득도 같이 입학이 되었다. 신현득과 나는 중학교 동기인데다가 가정형편도 비슷해서 가까이 지냈다. 친구들은 학생잡지 《학원》의 연재만화 『꺼꾸리와 장다리』의 모델이 신현득과 나라고 했다.

사범학교는 안동 태화동에서 자취를 하면서 다녔다. 토요일이면 집으로 와서 아버지 일을 돕고 일요일 늦게 안동으로 갔다. 차비를 아껴 집에서 안동까지 40리길을 양식자루를 어깨에 메고 걸어갔다. 농번기에는 농사일을 하느라고 결석도 잦았다. 연습이 많아야 하는 음악시창과 풍금연습은 거의 못 했다.

또 나는 마음이 약하고 친구들과 잘 사귀지도 못 하는 촌놈이었다. 그때는 사범학교가 농림학교와 대립적인 입장에 있었는데, 샌님 같은 사범학교 학생들이 농림학교 학생들에게 얻어맞기만 했다. 이를 막기 위해 대구 능인고등학교에서 깡패들을 데려다가 편입학을 시킨다는 말까지 나돌았으니, 학생깡패는 두려움인 동시에 우상이었다.

　나는 깡패처럼 구는 동급생에게 종종 얻어맞고 돈도 빼앗겼다. 같은 반의 정승태가 누구든지 종상이를 괴롭히면 그냥두지 않겠다고 나섰다. 승태는 권투부원들 보다도 주먹이 세었다. 그런 승태가 촌스럽고 겁 많은 나를 보호하겠다고 선언한 것이다. 고마웠다. 승태는 나중에 장남 결혼식 주례도 나에게 부탁할 만큼 나를 좋아했다.

　그런데 사람의 일이란 참 묘했다. 학교시절에 나를 괴롭히던 권헌적은 대구 특수학교에 근무했는데 나이가 들면서 나에 대한 태도가 남달리 깍듯해졌다. 자기 아들이 서울에서 큰 기업체에 근무했는데, 그를 아들로 생각하고 보살펴달라더니 중매까지 간곡하게 부탁해서 성사시켜 주었다.

　1955년에 사범학교를 졸업하고 상주 외남국민학교로 발령이 났다. 휴전이 된지 얼마 안 된 때라서 많은 졸업생들이 거제도와 휴전선 근처 수복지구로 갔는데, 경상북도 내에 발령을 받았으니, 이것 또한 행운이었다. 부모들의 기뻐함은 어디에도 비길 수 없었다. 아버지는 군사부일체(君師父一體)라며, 자상하고 어진 어버이 같은 선생이 되라고 하셨고, 어머니는 말없이 눈물만 글썽거렸다.

삼백의 고장을 동시마을로

1955년 3월 31일, 외남국민학교에 부임했다. 갈방산을 뒤로 하고 아카시와 벚나무 숲에 싸인 아늑한 학교였다.

학교 뒤로는 실습지가 있고 그 위쪽에 볏짚지붕의 흙벽돌집이 한 채 있었다. 방 네 칸이 일자형으로 된 사택인데 나는 거기 한 방에 짐을 풀었다.

6.25전쟁 뒤라서 어린이들은 모두 굶주렸다. 숙직실 옆에 가마솥을 걸고 미국이 보내주는 전지분유와 옥수수가루를 섞어 죽을 끓여 먹였지만 집에 보내면 농사를 돕고 밤에는 석유를 아껴 등잔불을 켜지 못 하므로 공부는커녕 숙제도 못했다.

(앞 줄임)
밤이 되어도 석유 닳는다고
등잔불을 못 켜게 해서
공부는 아예 생각도 못했지.

초저녁부터 잘 수도 없어
마당에 나가 뛰놀기라도 하면
배 꺼진다고 걱정하는 거야.
(중간 줄임)

그때를 생각하면/ 지금은 어려움이 아닌 게야
춥고 배고프다는 소리는
복에 겨워 해보는 투정이지.

나라경제가 어렵다니까
모두 살기 힘들다고 하니까
할머니는 또 그 이야기를 했다
반세기도 더 지난 보릿고개 이야기를.

—『보릿고개』 일부—

고학년도 문맹자가 많았다. 학과공부보다 문맹퇴치가 급했다. 내가 국민학교에 문맹으로 입학했을 때 옆자리의 동무를 따라 글을 외면서 글자를 익혔던 기억을 떠올렸다.
동시를 써주고 외어서 글자를 익히게 했다. 일테면 『감따기』란 글을 써서 읽어주며 따라 외게 했다.

동생과 텃밭에서/ 감을 땁니다.
삭혀서 먹으면/ 끼니를 때우고
내다 팔면/ 공책과 연필이 됩니다.

—1955.『감따기』전문—

외남은 감고장이라서 어린이들은 재미있어 했다. 외면서 글자를 익히고 왼 글을 참고로 글을 쓰게 했다. 강소천의『닭』을 외면 '물 한모금 입에 물고/ 하늘 한 번 쳐다보고'를 '밥 한 숟가락 입에 넣고/ 김치 한 쪽 집어먹고' 처럼 모방해서 써보게도 하고, 글자를 못 쓰는 어린이들은 말로 하는 구두작문을 시켰다.
이 이야기를 지상에 발표했다가 모작과 창작, 모방과 창조에 대한 문제를 두고 교육학자들의 논쟁이 되기도 했다.

파랗던 풋감도/ 홍시로 익듯
하늘도 그렇게/ 익는 것일까?

하루 해가 서산에 질 때면
하늘도 빠알갛게 물이 드네.
(아래 줄임)

-1956. 『노을』 일부-

감이 빨갛게 익을 무렵에는 놀에 물든 마을풍경과 하늘빛을 이렇게 써보였다. 어린이들은 홍시와 놀빛을 떠올리며 이 시를 외고 글자를 익혔다.

나는 그 때 본 감나무의 새빨간 잎을 떠올리며 나중에 『단풍』이라는 제목으로 '빨갛게 익어가는 감을 닮아서/ 잎사귀도 빨갛게 물이 들었네/ 감나무에 떨어진 아침 이슬은/ 감잎에 담겨서 빨강 물방울'이라는 시로 썼고, 그것이 청양 고은식물원에 시비로 세워지기도 했다.

나는 어린이들에게 글은 생활의 스케치라고 가르쳤다.

눈과 귀로 보고 들은 것, 몸을 움직여서 행동한 것을 그림으로 그리듯이 적으라고 했다.

교문만 나서면 언제 어디서나 농사일에 땀을 흘리는 어른들을 쉽게 볼 수 있었다. 그러한 모습을 글로 써서 보여 주었다.

마을 어른이 보릿짚을 잔뜩 실은 리어카를 끌고 가고 있었다. 내가 다가가서 뒤를 밀자 어린이들도 밀었다. 리어카를 끌던 어른이 돌아보며 웃었다. 그것도 글로 써보였다.

리어카가 간다./ 오르막길에.
리어카 아저씨 등이/ 땀에 젖었다.
내가 가만히 다가가서/ 리어카를 밀었다.
아저씨가 돌아보며/ 씨익 웃으셨다.

-1957. 7. 『리어카』 전문-

이 글을 보여주면서 부모들이 일하는 모습을 써보라고 했다. 어린이들이 좋아했다. 이 글은 나중에 제목을 『짐수레』로 바꾸고 내용도 일부 고쳤는데, 4차 교육과정개편 때 초등국어 3학년 교과서에 실리기도 했다.

이렇게 해서 책을 못 읽는 어린이들은 글을 외게 한 후 글자를 익히도록 했다. 학교가 끝나고 가정으로 보내면 공부를 할 수 없기 때문에 내가 사는 사택으로 데리고 가서 밥을 먹이고 밤공부를 시키며 글짓기를 가르쳤다. 봉급으로는 생활이 되지 않던 때라 아내(金点順)는 돼지를 길러 상주 장까지 몰고 가서 팔아 생활비를 보태고 실습지에는 채소를 가꾸고 땔나무를 해서 살림을 꾸려나갔다. 양식은 지숙골 친정에서 얻어다가 어린이들 밥을 해먹이면서도 얼굴 한 번 찌푸리는 일이 없었다. 그렇게 하는 것이 당연한 내조라고 생각하는 것 같았다.

전교생에게 일기쓰기와 글짓기를 가르쳤다. 일기쓰기 단계를 정했다. 1학년은 그림일기, 2학년은 만화일기, 3학년은 편지일기, 4학년은 주제일기, 5학년은 자유일기, 6학년은 비평일기로 한 것 같다. 또 글짓기 희망자를 모아 문예반을 만들어 특별지도를 했다.
이듬해 1956년에 신현득 선생이 의성에서 상주청동국민학교로 전근을 와서 글짓기지도를 했다. 청동은 외남의 이웃인데 신선생은 지도력이 뛰어났고 또 광적일 만큼 열심이었다.
그해에 청동 어린이가 상주예술제에서 1등을 했고, 경북예술제에서도 3등을 해서 글재주를 과시했다. 우리는 일요일에도 문예반을 데리고 청동과 외남을 오가며 글짓기를 가르쳤다. 그렇게 쓰인 작품을 신현득은 《청동》이라는 문집으로 엮어내고, 나는 《먼동》이라는 학교신문에 실어 읽을거리로 했다.

1957년에 이오덕 선생이 경남 군북중학교 교감을 그만 두고 상주 공검국민학교 교사로 왔다. 이오덕 선생은 일본 철방교육(綴方敎育) 이론에 심취해 있었고, 그 이론에 따라 지도를 해서 《문집》을 펴냈다. 어린이글은 사투리 하나도 고쳐주면 안 된다며, 문집에도 어린이들이 써낸 대로 실었다.

　나는 글짓기에서 표준어교육을 해야 한다는 생각이었으므로 종종 논쟁을 하기도 했다. 그러면서도 경쟁관계가 아닌 보완관계로 글짓기교육의 이론과 실제를 발전시켜 나갔다. 상주글짓기교육의 씨앗은 그렇게 싹터 자라기 시작했다. 청동과 상주와 외남이 글짓기교육을 선도했다.

　그리하여 상주는 글짓기교육으로 유명해져 「동시의 마을」이란 이름을 갖게 되었다.

가르치면서 배운 아동문학

나는 어린이들에게 읽히기 위해 쓴 소년소설과 시를 더 고치고 다듬어 현상모집에 응모했다. 1958년에는 〈새교실〉 4월호 4.5.6학년 편에 자유시 『너를 찾아 가련다』를 발표했고, 8월호에는 소년소설 『부처손』이 곽종원 선생 심사로 《새교실》 「지우문예」에 뽑혔다. 그 때부터 몇 편의 시와 소설을 《교육자료》와 《새교실》 등에 발표했으나, 그것은 어린이들에게 읽어줄 글이 되지 못 하였다. 그래서 시와 소설 쓰기를 중단하고 동시만 쓰기로 했다. 그렇게 쓴 동시 『산골』이 1959년 《새벗》 창간 7주년 현상공모에 뽑혔다.

  앞산과/ 뒷산이/ 마주 앉았다.//
  하늘이/ 한 뼘//
  해가/ 한 발 자국에/ 건너간다//
  햇볕이 그리워/ 나무는/ 목만 길고.//
  바위도/ 하릴없이/ 서로
  등을 대고/ 누웠는데.//
  산마루를/ 기어넘는/ 꼬길가에.//
  송이버섯 같은/ 초가집 하나.//
  해지자/ 한 바람 실같이
  저녁연기 오른다.

-『산골』 전문-

산골짜기 외딴집 풍경을 그려낸 이 시는 학교 뒤의 갈방산과 내 고향마을을 생각하며 쓴 사생시(寫生詩)로서 어린이들에게 늘 말해

온 '보이는 대로 쓴' 시였다. 어린이들에게 이 시를 보여주고 각자가 자기 마을 풍경을 이렇게 써보라고 했다.

  하루는 수업이 끝난 후 청소당번을 남겨두고 출장을 가게 되었다. 교문을 나서면 왼쪽이 모래고개라는 작은 고갯길이었다. 고갯길을 넘으면서 학교를 돌아보았다. 소나무 사이로 보이는 학교가 나뭇가지에 걸려있었다. 창문에 매달려 유리를 닦는 어린이들과 교문을 뛰어나오는 어린이들의 재잘거리는 소리가 들리는 것만 같았다.
  나는 그 풍경을 메모지에 스케치했다. 그날 출장에서 돌아와『산 위에서 보면』이라는 시로 썼다.
  이 시는 이듬해에 서울신문 신춘문예에 당선되었다.

     산 위에서 보면/ 학교가 나뭇가지에 달렸어요.//
     새장처럼 얽어놓은 창문에/ 참새 같은 아이들이
     쏙쏙/ 얼굴을 내밀지요.// 장난감 같은 교문으로
     재조잘 재조잘/ 떠밀며 날아 나오지요.
                               -『산 위에서 보면』전문-

  이 작품을 뽑은 윤석중 선생은「뽑고 나서」에「들어온 작품을 꼬느면서 무엇보다도 기쁘고 반가웠던 것은 국민학교 일선교사(一線敎師)들의 작품이 많이 눈에 띈 것이다.
  지난날에는 어린이들의 글을 직접 다루는 분들이 자기 자신은 글 한 줄 못 쓰는 수가 많아서 중이 제 머리 못 깎는 것이나 마찬가지였는데, 최근에 국민학교 선생님들이 아동을 위한 문예방면에 두드러지게 진출하고 있음은 경사스러운 일이 아닐 수 없다.
  당선작『산 위에서 보면』은 귀여운 '스케치'에 지나지 않으나 학교를 새장에 비기고 아이들을 조잘대며 날아다니는 새들에 비긴 것은 재미있지 아니한가. 아이들 자신이 산 위에서 본 노래가 『소풍날』이란 제목으로 발표된 것이 있었는데 그 보다는 이 노래가 훨씬 더 어린 맛이 난다. 이것만 보더라도 어린 마음에는 어른 아이가 없는 것이다. 가작 일(一)석 '골목길 담 모퉁이'도 밝은 작품이다. 남을 울릴만한 것이 못 될 바에는 구슬프거나 청승맞은 것은 되도록 동요에서 피하는 것이 좋다」라고 했다.

그때 나는 군에 복무 중이었다. 학교가 도지정 국어과연구학교인데 내가 연구추진의 주무를 맡고 있었다. 그래서 교장선생님이 상주경찰서에 부탁을 해서 군에 가는 것을 미루어왔던 것이다. 그때는 그럴 수도 있던 시절이었다.

그러다가 연구공개수업이 끝난 1959년 말에 입대한 나는 서부전선 최전방 25사단(6566부대)에서 완충지대 잠복호(潛伏壕) 근무조 조장으로 차출되었다. 잠복호 근무조는 계급도 소속도 없었다. 조장이 6명의 조원을 데리고 남방한계선과 군사분계선 사이의 비밀초소에 들어가기 때문에 후방과 연락이 되지 않았다. 그래서 나는 신춘문예 당선을 몰랐다.

1960년 서울신문 신춘문예에는 총 4,883편이 응모하여 전 장르에서 당선은 동시부문 하나뿐이었다는데, 나는 당선소감도 못 썼고 시상식도 몰랐다. 유일한 당선자인 내가 몰랐으니, 시상식을 어떻게 했는지는 아직도 모른다.

그때 내가 담임했던 6학년 4반은 여자 반이었는데, 내가 입대하자 유별나게 나를 못 잊어 해서 훈련소에서부터 화제가 되었다. 그 이야기는 나중에 『꿈 실은 열차』라는 이름으로 영남일보 신춘문예 넌픽션으로 뽑혀서 신문에 실리기도 했다.

신춘문예에 당선된 그 해 10월에 제대한 나는 외남국민학교에 복직했다가 2년이 지난 1962년에 읍내 상영국민학교로 전출을 했다. 이 전출은 뜻밖이었다. 상영이 방송시청각연구학교로 지정되면서 연구추진을 위한 교사충원으로 내가 가게 된 것이었다. 읍내 학교 전출은 대단한 영전이었지만 나는 마음이 내키지 않았다.

외남은 교직 초임지일뿐만 아니라 어린이들과의 정이 남달랐던 곳이기 때문이었다. 그 때 졸업한 어린이들도 반세기가 지난 지금까지도 그 때를 가장 아름다운 시절로 기억하고 있으며, 여느 제자들보다도 나와 함께 했던 그 때를 못 잊고 있다.

1959년 내가 담임했지만 군에 입대하느라고 졸업을 시키지 못하고 떠났을 때의 제자들과 제대 후에 담임했던 제자들은 내가 52년간의 학교생활을 마감한 이듬해인 2008년 8월 8일에 자기들이 다녔던 외남의 학교길에 도로공원을 조성하고 내 시비를 세웠다.

입대 할 때의 제자로는 오숙자 장진순 이정희 이옥희, 제대 후의 제자로는 이풍자 정삼진 손춘옥 박경숙 류재모 송재권 원옥희 윤명자 윤숙자 장금수 정옥님 차윤환 최기연 최석록 황영연 등이 주축이 되었다. 그리고 시는 농사를 짓던 자기네 부모들을 생각해서 내 시 중에서 무논에서 피사리 하는 『아버지』와 보리밭 김을 매는 『어머니』를 생각하는 두 편을 삽화를 곁들여 새겼다. 대부분 환갑이 지난 그들은 내 눈치를 봐가며 조심스럽게 진행했기 때문에 나는 시비건립을 반신반의했던 것이 사실이었다.

그래서 김춘옥 외남부면장의 사회로 진행된 시비제막식에서 오숙자의 시비건립 취지와 경과보고를 듣고서야 비로소 구체적인 사실을 알았다. 보고 내용은 아래와 같았다.

〈건립취지〉

김종상 선생님은 1950년대 말과 1960년대 초, 극히 어려운 시절에 저희들을 담임하셔서 사랑과 열정으로 이끌어 주셨습니다. 그래서 저희 동문들은 당시를 일생에서 가장 행복했던 시절로 추억하고 있습니다.

그러한 선생님이 작년을 끝으로 교직을 물러 나셨습니다. 이에 저희들은 반세기전 선생님의 지도로 청동 상주와 함께 '동시의 마을'이란 애칭을 얻었던 그때의 명성을 되새기며 시비를 세워 선생님의 은혜를 기리고자 뜻을 모았습니다.

지금 이 자리에는 그때 김종상 선생님과 함께 상주글짓기교육을 선도하셨던 신현득 박사님도 참석하셨습니다. 김선생님은 학교수업이 끝나도 저희들을 집에 보내지 않고 학습지도를 해주셨습니다.

학과수업도 보충해 주시고 어디서 책을 구해다가 읽게 하시며 글짓기지도도 해주셨습니다.

나중에 알게 되었지만 그 책들은 선생님께서 초임교사의 쥐꼬리 월급에서 떼어 사오신 것이였습니다. 사회생활을 하고 가정을 꾸리면서 그 일들을 한다는 것이 얼마나 어려운 것이었는지 절절이 느꼈습니다.

지금 돌이켜 생각해 보면 그야말로 최고수준의 논술교육과 최고가의 전 과목 종합반교육을 공짜로 받은 셈입니다. 거기에 더해 백일장이나 글짓기 현상모집이 다가오면 선생님의 단칸방과 학교 숙직실은 저희들의 합숙소가 되곤 했지요.

그리되면 여기 앉아 계신 사모님께서 저희들의 식사준비를 도맡아 해 주셨습니다. 역시 공짜로요, 아마도 사모님이 지으신 밥을 제자로는 제가 가장 많이 얻어먹었을 것입니다. 그래서 오늘 제가 이 자리에 서 있는지도 모릅니다.

사모님! 이 자리를 빌어 다시 감사드립니다. 그리고, 선생님! 여기 있는 이 시비가 많이 늦었지만 조금이나마 위로가 되고 보람이 되었으면 하는 저희들의 바람입니다. 감사합니다.

〈경과보고〉
다음은 설립 과정을 말씀 드리겠습니다.

- 첫 번 째로 설립장소에 대해서 입니다.

모교 동문이며 현재 상주시의원으로 역동적인 활동을 하고 계시는 정재현 시의원님이 여러모로 애써 주셔서 이 장소가 선정됐습니다. 시비를 설치하러 오신 비석공장 사장님께서도 더 없이 좋은 자리라고 덕담해주셨습니다.

그리고 상주 외남이 전국에서 처음으로 상주곶감특구로 지정되어 곧 시행하게 될 '곶감테마공원' 바로 입구에 자리하고 있습니다. 각지에서 곶감테마공원을 보러오시는 분들은 자연히 이곳에 들러 선생님의 시를 읽게 될 것입니다.

- 두 번 째로 건립비용에 대해서 입니다.

선생님께서는 외남초등학교에 계시는 동안 15회 한 반과 17회 한 반을 졸업시켰습니다. 그 두 반 동문들이 성의껏 형편껏 마련하고 17회에서는 담임을 하지 않은 반 제자들도 몇 명 참여 했습니다.

- 세 번 째로 시비에 새길 시를 고르는 일이었습니다.

너무나도 아름다운 시들이 워낙 많아 수십 개의 시비를 세워도 모자랄 터이지만 그 중에서도 가장 애송되는 '어머니'를 고른 후, 이 장소와 지역과 그때 당시 대부분이 농부였던 저희들의 부모님을 생각하며 '아버지'를 한편 더 고르게 되었습니다.

- 네 번 째는 돌을 찾는 일이였습니다.

고향사랑이 투철하신 정재현 시의원님께서는 당연히 상주지방에서 생산되는 돌을 사용하고 싶어했습니다. 그래서 서산에 있는 화강암 채석장과 상주시와 근방의 돌공장을 돌아봤지만 마땅한 돌을 구하지 못했습니다. 시가 두 편이라 글씨가 많으므로 크고 단단하며 결이 고운 돌이어야 된다는 조언을 얻었습니다. 그런데 마침 유명하다는 보령 오석광산과 연결이 되어 보령공장에 의뢰 제작하게 되었습니다.

그리하여 지난 8월 8일에 설치공사가 끝났으나 선생님이 건강상의 문제를 내세우며 제막식을 사양하셨으므로 미루어오다가 오늘에야 제막을 하게 되었습니다.

이 시비가 완공되기 까지는 저희들의 노력보다 상주시 이정백 시장님과 정재현 시의원님, 외남면 김학만 면장님과 외남초등학교 이동식 교장선생님의 배려와 지원으로 성대히 마칠 수 있었습니다.

그리고 지금 이 자리에는 평소에는 도저히 뵐 수 없었던 경향각지의 문화예술계 원로 여러분들이 참석하셔서 이 자리를 더욱 빛내주셨습니다. 이렇게 뵈옵게 되어 큰 영광이며 충심으로 감사를 드립니다. 감사합니다. (오숙자)

제막식 행사는 시비가 세워진 길 양쪽의 들판에 천막을 치고 푸짐한 음식이 차려졌으며 이정백 상주시장을 비롯한 시의원들과 지역주민들 수백 명이 참석한 가운데 상주풍물패가 축제분위기를 돋구었고 외남초등학교는 기념체육회를 했으며, 상주농협에서는 삼백의 고장을 자랑하는 상주쌀과 특산물을 서울에서 참석한 문단과 학계의 인사들에게 선물했다.

제막식이 끝날 무렵에 어느 제자가 귀띔을 해주어서 알게 되었지만 시비를 세운 날을 8, 8, 8이 겹친 날로 한 것은 내가 외남에 처음 부임한 해가 단기로 4288년이고, 8년째가 되던 해에 외남을 떠났음을 의미한다고 했다. 또 8은 옆으로 뉘면 무한대를 나타내는 기호(∞)가 될 뿐만 아니라 재물과 행운이 따르는 숫자라는 것이다.

그런데다가 2008년은 내가 1958년 8월에 처음으로 소년소설『부처손』이《새교실》에 뽑힌 때로부터 꼭 50주년이 되는 해이기도 하다. 시비제막식을 건강상문제를 내세워 사양한 것은 뜻밖에도 내가 이런 대우를 받는 것이 과분하고 죄스러웠기 때문이었다.
 하지만 시비가 세워진 장소가 그들이 6년간 다닌 학교길이고 지난날 내 발때가 묻은 곳이며 나이가 750살이나 된 '하늘 아래 첫 감나무'가 가까이 있는 곳감테마공원 입구여서 결과적으로 나로서도 참으로 의미 있는 일이었다.

서투른 서울 생활 속으로

　1962년 외남의 생활을 청산하고 상영으로 전출한 나는 글짓기교육연구단체인「상주글짓기회」회장 일까지 맡게 되었다. 그래서 학교 일 외에도 상주글짓기회 기관지《푸른잔디》발간, 글짓기지도교사연수, 글짓기교육이론서 발간, 경북글짓기대회 주최 등 글짓기교육의 일반화에 힘을 썼다. 그런 일이 인정되어 나는 상주글짓기회 대표로서 1966년에 제 2회 경향교육상 인문교육부문 본상을 받았다. 공교롭게도 그 해는 전국에 많은 사립국민학교가 설립되던 해였다. 국민이 우매하여 일제의 침탈을 당했던 우리는 광복과 함께 민족교육의 열기가 충천했다.
　그러나 일제잔재를 청산하지 못한 사회는 민족정기와 역사의 정통성을 바로 세우지 못하고 있는 형편인데다 동족상잔의 비극으로 국토는 황폐해지고 교육환경은 열악하기 짝이 없었다. 취학인구는 급증하는데, 국가재정상 교육투자는 어려워 1960년대에는 교실부족으로 2부제 3부제를 해도 학급당 학생수가 80~100여 명씩 되는 학교가 늘어나고 있었다. 이를 해결하기 위해 정부에서는 능력이 닿는 사학재단에 학교설립을 권장했다. 그래서 많은 사립국민학교가 세워지면서 우수교사를 특채하기 시작했다.
　서울 몇 군데 사학재단에서 나를 특채하겠다는 연락이 왔지만 나는 마음이 내키지 않았다. 그런데 유석에서는 유일선 초대 교감에 이어 2대 안병룡 교감까지 계속해서 연락을 해왔다. 안병룡 교감은 경북글짓기교사연수 때 내 강의를 들은 일이 있어 잘 안다고 했다.
　1969년 2월이었다. 또 안병룡 교감의 편지가 왔다. 서울구경도 할 겸 한번 와보기나 하라는 것이었다. 나는 담임했던 졸업생들의 중학교 입학시험 결과도 좋아서 조금은 들뜬 기분으로 상경했다. 말로만 듣던 서울 마포종점에 있는 학교로 찾아갔더니, 안병룡 교감이 몹시 반기며 박인출 교장에게로 데리고 갔다. 박교장은 잘 왔소 하며 나를 쳐다보더니, 잘 해주시오 했다. 그 뿐이었다. 안교감은 학교 설립자의 허락이 났으니, 당장 취임승락서를 쓰라고 했다. 서울전입은 이렇게 엉겁결에 이루어졌다.

재단이 나를 조건 없이 특채한 이유는 유석의 문예교육을 위해서였다. 상주의 글짓기교육과 경향교육상 등을 보고 특채한 것인 만큼 나에게 갖는 기대도 컸다. 그 기대에 부응하기 위해 나는 부임과 동시에 문예반을 조직하고 전교생에게 일기를 쓰이고 글짓기를 필수 교과처럼 했다. 성과는 바로 나타났다.

1970년 새싹회 주최 제 2회 대통령상타기 글짓기에서 5학년 신명희가 동시 『나뭇가지』로 대통령상, 2학년 박용범이 『일기』로 문공부장관상, 3학년 하정훈의 『일기』를 비롯한 많은 어린이들이 입상을 했다. 대통령상타기 글짓기에서 『일기』가 뽑힌 것은 전국 25,702명의 응모자 중에 유석 어린이들 뿐이었다. 전교생 일기쓰기를 필수로 한 결과였다. 그 때부터 나는 학교신문을 발행하고, 동시문집 《구슬주머니》, 일기문집 《조그만 역사》, 어린이들의 시에 어린이들이 곡을 붙이고 삽화까지 어린이들이 그린 시화곡집 《시와 가락이 손을 잡고》 등을 펴냈다.

또 전교생에게 빠짐없이 일기를 쓰여서 학년말에는 일기장을 양장으로 합본하여 개인별 일기문집을 만들어주는 전통을 세웠다. 학급문집은 아연판에 석필로 글을 쓰고 그림을 그려서 평판인쇄로 펴냈다. 어린이들 육필문집이었다.

그러나 역시 서울생활에는 적응이 잘 되지 않았다. 나보다 한 해 먼저 상경하여 《교련새어린이》를 만들던 이영호와 추계국민학교에 있는 엄기원을 찾아가서 서울생활의 안내를 받았다. 어려울 때 친구를 만난다는 것은 큰 힘이고 행복이었다. 그런데 어떤 사람의 조언은 나를 슬프게 했다. 셋집에 살더라도 근사한 집에 좋은 가구를 들여놓아라. 비싼 옷을 입을 것이며 버스를 타지마라 용의는 항상 단정히 하고 휴대품은 고급스러운 것을 가져라 등이었다.

사립학교 학부모들은 선생의 일거수일투족을 저울질한다는 것이었다. 그것이 우스개가 아니었다. 얼마 안 되어 내 교수용어가 경상도 사투리라고 재단에 투서가 들어와서 이사장에게 불려가 주의를 받았다. 화가 났다. 내 말에 경상도 억양이 묻어있긴 해도 학습에 지장이 있다고 생각하지는 않았다. 이것은 분명 안동 촌놈이라고 흔들어보는 것이라는 생각이 들었다. 그래서 그 이야기를 『서울의 이방인』이라는 제목으로 수필을 써서 명동 성당에서 발행하던 《가톨릭청년》이라는 잡지에 발표했다. 또 쓸 것도 없는데 일기를 강제로 쓰라고 하니, 어린이들이 시험공부를 할 시간을 빼앗긴다는 항의도 들어왔다.

그 때는 사립학교 어린이들 대부분이 저녁에 구릅지도를 하는 선생님에게 과외수업을 받던 때라서 일기를 쓸 시간도 낭비라고 생각했던 것이다. 그래서 나는 "쓸 것이 없으면 쓸 것이 없다는 이야기를 일기로 써라."고 한 폴리니우스 2세의 명언을 띠지로 만들어 나누어 주고 일기장 표지에 붙이게 했다.

이런 일들이 나를 슬프고 외롭게 했다. 그런 날이면 퇴근 후에 시골을 그리며 밤하늘을 쳐다보았다. 서울하늘은 매연에 그을려 별도 달도 볼 수가 없었다. 어쩌다 빌딩의 어깨 너머로 달이 보이면 참 반가웠다. 그러나 그것은 시골에서 보던 달이 아니었다. 여위고 수심이 가득한 표정에 남루한 차림이었다. 내 모습이 그러하다는 생각이 들었다. 그 때의 느낌을 다음과 같이 적었다.

　　서울의 달은/ 아무도/ 보아주는 이 없어

쓸쓸하고 맥 빠진 표정이다.//
억새 숲을 헤치며
솔가지를 딛고 오르면 왁자하게
손 흔들어 반겨주던
시골 어린이들을 생각하며.//
빌딩 숲 사이로/ 소란스러운 거리를
두리번거리는/ 서울의 달은.//
매연에 그을려/ 부석하고 짜증난 얼굴로
고가도로 난간에 앉았다가
슬그머니 떠나간다.

-『서울의 달』전문-

어떤 때는 늦은 퇴근길에 택시를 타고 서울 외각을 돌아오기도 했다. 하루는 밤에 북악을 올랐다. 팔각정에서 내려다본 서울은 참 황홀했다. 창문마다 반짝이는 등불이며 길을 따라 흐르는 자동차의 불빛과 오색네온등이 빛의 바다였다. 그것은 밤하늘의 어느 별자리보다도 찬란했다.

문득 나도 한 개의 별이란 생각이 들었다. 내 별은 잠시 반짝했다가 꺼져버릴 불티 같은 것이겠다는 생각이 들었다. 그것을 보고 생각난 것을 아래와 같이 적었다.

바다를 보았겠지/ 끝없는 물결.//
물방울이 빛이라면/ 밤 바다는
출렁이는 빛결로/ 살아있는 별자리겠지.//
끝없이 펼쳐진/ 눈부신 소용돌이
굽이굽이 빛결 위로/ 부서지는 꽃불.//
돌고 달리고/ 치솟고 퍼지는…….//

육백만 가슴으로/ 저마다 엮는 꿈이
찬란한 빛으로 피어/ 서울은 끝없는 별의 바다.//
어디서 쏟아져/ 어디로 흐를까?/ 이 별자리는,//
은하수 강변을/ 유성이 흘러가듯.//
나도 이 밤/ 북악을 흘러간다
한 개의 외로운 별.

-『밤 북악에서』 전문-

  일요일이면 시내구경을 다녔다. 서울로 자리를 옮기고도 시내구경을 제대로 못했다. 남대문시장으로 갔다. 장사꾼들이 살아가는 모습을 보았다. 충청도 사투리로 멍게를 파는 아주머니, 전라도 말씨로 번데기를 외치는 아저씨, 경상도 토박이말로 싸구려를 부르는 젊은이 모두가 열심히 살아가고 있었다.
  우리나라 각처의 사람들이 모두 거기에 와서 함께 어울려 살아가고 있었다. 그들의 얼굴에서 순박한 농민들의 모습을 떠올렸다. 이농으로 시골의 논밭이 묵어가고 있음을 걱정하는 까닭을 알 것 같았다.

충청도와 전라도/ 강원도와 경상도에서
고향을 버린 사람들/ 모두 여기 있구나.//
밤늦은 시장 골목/ 가스등 아래
멍게를 팔고/ 번데기를 외치며,//
서툰 하루를/ 남의 흉내로 사는
분이네 오빠./ 돌이 아저씨.//
소나기 딛고 간 /밭이랑마다
팔 걷고 풍년을 심던
그 흙빛 주먹엔/ 호미가 없어도,//

착한 황소 눈엔/ 아직도 서려있구나
전설 같은 고향 이야기.
-『시장골목』전문-

　남대문시장을 구경한 후 시청을 지나 덕수궁 뒷길을 걸어서 서소문으로 넘어갔다. 길 왼편으로 단층 가게들이 나란히 있는데 거기에 의족원이 있었다. 고무와 플라스틱으로 만든 팔다리가 진열되어 있었다. 한 젊은이가 주인인 듯한 남자의 도움을 받으며 장화를 신듯 의족을 다리에 끼우고 있었다. 어쩌다가 다리를 잃었을까?
　전쟁터에서, 공사판에서, 팔다리를 잃은 사람들을 생각했다. 무엇으로도 대신할 수 없는 잘려나간 팔다리를 그렇게라도 떼워 붙여야 하는 심정들은 어떨까?

전쟁터에서/ 공사장에서
거룩한 이름으로 바친/ 팔과 다리를 위해.//
푸줏간 살코기처럼/ 진열장에 내걸린/ 의족, 의수들.//
포탄에 찢긴 다리를 보며/ 조국을 부르던 병사,
톱니바퀴에 뜯긴 팔을 안고/ 어머니를 찾던 사람들.//
모두 여기 와서 찾는구나,/ 그 잃어버린 팔과 다리.//
헤진 신발을 바꾸어 신 듯/ 뚝 잘려나간 팔다리를
여기 와서 때워 붙이고
하늘을 쳐다보는/ 표정 잃은 얼굴들.//
아! 비가 내린다,/ 구멍난 가슴 속으로.//
메아리도 없는 여울이/ 멍든 마음을 씻어 내린다.
-『의족원』전문-

　마음대로 걸을 수 있는 건강한 내 다리에 감사하며, 의족원을 뒤로 하고 서대문 로터리를 지나 북아현동으로 넘어가는 경기대학 언덕길로 향했다. 날이 저물고 있었다.

나는 아직 가족들은 상주에 남겨둔 채 북아현동 친지집에 숙식을 의지하고 있었기 때문에 종종 이 길로 다녔지만 그날은 전에 없이 한적했다. 어디선가 물소리가 들려왔다. 귀에 익은 골짝물소리였다. 반가웠다. 물소리가 나는 곳은 맨홀이었다. 하수도를 흐르는 구정물 소리가 이렇게 맑을 수가 있을까 하는 생각이 들었다.

맨홀을 빠져나온 물소리는/ 숨이 가쁘다.//
발길에 짓밟히고/ 차바퀴에 갈리면서
회오리바람에 쫓기는/ 나비들처럼
지친 날개를 파닥이며/ 내 귓가에 매달린다.//
목욕탕 배수구나/ 음식점 구정물 통에서
모여들어/ 하수도를 흐르면서도
싸리꽃 피는/ 산골짝인 줄만 아는가?//
졸졸졸/ 숨이 끊어질 듯 이어가는
하수도의 물소리.

-『물소리』전문-

이러한 생활은 상당기간 서울의 이방인에겐 새로운 글감이 되었고, 그것을 쓰는 것으로 위안을 삼았다.『만원버스』,『서울누나』,『거리의 소음』,『공기오염』,『한강보호』,『개조심』,『집찾기』,『빌딩』,『다방』,『아파트』,『네온사인』등의 '시'와『건널목에서』,『제비들의 주택난』,『택시기사 이야기』,『개가 된 사람들』등의 '수필'은 모두 이 무렵에 쓴 글이다.

어머니, 아버지는 떠나시고

1973년 음력 1월 27일이었다. 동생으로부터 어머니가 위독하다는 연락이 왔다. 어머니가 입원했다는 대구동산병원으로 달려가니 어머니는 중환자실에서 산수호흡기에 의지하고 있었다. 손을 잡으니 눈을 뜨며 입술이 움직였다. "얘야, 나는 괜찮다. 바쁜데 왜 왔니?" 했다. 분명히 그렇게 말하는 것 같았다. 그뿐이었다. 그것은 어머니가 늘 해온 말씀이라 환청이었는지도 모른다. 신장이 나빴는데 자식들에게 부담이 될까봐 아프면서도 오랫동안 숨겨와서 요독증이 되었다고 했다. 의사는 방법이 없으니 고향으로 모시는 것이 좋겠다고 했다.

다음 날 어머니를 품에 안고 안동으로 향했다. 택시 안에서 숨을 거두었지만 집에 도착해서도 나는 어머니가 살아계신다고 믿었다. 어머니의 죽음이 믿어지지가 않았다. 그 때 병원에서의 어머니 모습을 다음과 같이 썼다.

> 동산병원 460호/ 중환자 병실.//
> 검진판의 눈금 위를/ 숨 가쁘게 기어내리는.//
> 어머니 여윈 숨결은/ 끊어질 듯 이어지고.//
> 남은 목숨의 양을/ 한 장 그래프로 재는
> 흰 까운의 의사는.// 늙은 역장처럼/ 표정이 없어
> 더욱 서러웠습니다.//
> (뒤 줄임)
>
> -『동산 병원에서』 일부-

어머니를 잃고 일 년간은 내 정신이 아니었다. 거리에 나서면 한복 입은 여자는 모두 어머니로 보였다. 나는 어머니를 한 번도 직접 모시지 못 했다. 모시려고 해도 고향을 떠나서는 잠시도 못 산다고 했다. 내가 상주에 있을 때도 그랬지만 서울로 온 후에도 모시려 하면 사흘을 못 넘기고 가셨다. 아버지도 마찬가지였다. 도시는 분주하고 삭막해서 견딜 수 없다고 했다. 그것은 진심이 아니었다. 객지에 사는 자식에게 짐이 될까봐 그랬던 것이다.

평생을 그렇게 사신 분들이었다. 할 수 없이 고향에서 농사를 짓는 동생이 모셨다. 그래서 어머니가 떠난 자리는 너무 넓고 모든 빛이 떠나버린 적막한 어둠이었다.

한 목숨 산다는 것이/ 불꽃 같은 것이라면
활활활 날며 타는/ 횃불일 수도 있을 텐데
어머니 지나온 일생은/ 잿불 같은 것이었네.//
제몸을 나누어서/ 새 빛으로 피워주며
언제나 아궁이 깊이/ 없는 듯 숨어있어
보듬어 속으로 뜨거운/ 그러한 불씨였네.//
그 불이 다 사그라져/ 마지막 꺼지던 날
하늘과 땅 사이는/ 다 빈 듯 허허롭고
이 세상 모든 빛들이/ 함께 따라 떠났네.//

-『불씨』전문-

어머니를 잃은 뒤 나는 어머니를 그리는 시를 연작으로 써서 1974년 어머니 1주기 때 《어머니 그 이름은》이라는 시집으로 영전에 바쳤다.

어머니, 그 이름은/ 두고 온 고향 마을.//

오솔길 꽃가마에/ 다홍치마 곱던 사연
돌각담 초가삼간/ 전설담은 등불이네.//
어머니, 그 이름은/ 서러운 고향 하늘.//
서낭당 돌무더기/ 원을 실어 탑이 되고
억새숲 영마루에/ 그리움의 달이 뜨네.//
어머니, 내 어머니/ 이제는 멀어간 별.//
하많은 사연으로/ 높푸른 청자하늘
그리움은 영원의 정/ 눈물 같은 옛 이야기.
-『어머니, 그 이름은』 전문-

구름 너머 고향을 두고/ 그리움을 앓던 나날
어머니 무명치마는/ 굽이굽이 푸른 산자락
언제나 내가 쉴 곳은/ 거기 두고 있었네.//
괴로움의 그늘에서도/ 즐거움을 기르시고
미움도 어루만져/ 사랑으로 가꾸시는
어머니 높은 산맥에/ 나 하나는 무얼까?//
때로는 바람을 맞고/ 눈비에 지친 날에도
그 품에 깃을 풀면/ 꽃이고 잎이었지만
끝내 그 높은 뜻은/ 헤아리지 못했네.
-『어머니 무명치마』 전문-

이 '어머니' 연작시는 출판되던 해에 '한정동아동문학상'을 받았고, 1977년 5월에는 캐나다교포신문《캐나다 뉴스 : THE CANADA NEWS》에 어머니날 특집으로 꾸며지기도 했다.

1970년부터 마포아파트에서《아동문학사상》을 발행한 김요섭 선생과 자주 만났고, 박목월 선생은 한양대에서 퇴근길에 종종 나를 불러 원효로 댁으로 가서 시에 대한 이야기를 해주기도 했다. 이 무렵에는 고마운 문단 선배들이 많았다.

　1970년 10월 27일에 글짓기사례기 《글밭에서 거둔 이삭》 출판기념회를 마포에 있는 학교 음악실에서 가졌는데 이희승, 윤극영, 이원수, 박목월, 김요섭, 김영일 등의 선배들이 먼 거리에 오셔서 나를 격려해 주셨다.

　1975년에는 대구에서 소년한국일보로 자리를 옮긴 신현득이 가족을 데려오기 전에 우리 집 앞에 방을 얻어 자취생활을 했고, 이영호도 한동안 이웃에 와서 살았으며 강세준은 사업상 문제가 생겨서 상당기간 같이 지내기도 했다. 40여 년 전 일들이다.

　1979년 음력 1월 16일, 아버지마저 세상을 떠났다. 두 분이 가신 뒤 유품을 정리하니, 어머니, 아버지가 모두 사진 한 장 남겨놓지 않았다. 가족사진에서도 당신들의 얼굴은 일부러 잘라버렸다. 두 분은 임종 전에 자신들이 살아온 자취를 깡그리 지워버리신 것이다. 미리부터 어떤 예감이 있어 몰래 가실 준비를 했던 것 같았다.

　나를 데리고 광흥사에 다니신 두 분이 늘 색즉시공(色卽是空) 공즉시색(空卽是色)이란 말을 해주셨는데, 이것이 그런 것인가 했다.

　낡은 사진첩에서 한두 장 찾긴 했지만 얼굴을 제대로 알아볼 수 있는 것은 없었다. 어머니는 광흥사와 애련사 외에도 매년 초파일에는 나를 데리고 학가산 덕진골에 가서 바위 밑에 촛불을 켜고 가족의 안위와 나의 건강을 산신께 빌었다. 그래서 지금도 부모님 생각을 하면 학가산과 광흥사, 애련사가 그날처럼 눈앞에 떠오른다.

　그래서 낡은 사진을 가지고 김승연 화백에게 어머니, 아버지 모습을 설명해 주고 논밭에서 일하는 두 분과 그 부모를 따라 들에 나온 그 때의 내 남매들 모습을 그려달라고 부탁하고 추모시를 써서 그것을 보령 오석에 새겨 부모님 유택에 추모비로 세웠다.

(앞 줄임)
이제는 세상일 다 잊으시고
아쉬움과 그리움만 남기신채
빈손으로 여기 잠드셨습니다.

저희는 못 잊어 그리는 정을
돌에 새겨 표석으로 세우며
두 분의 왕생극락을 빕니다.

-『아버님 어머님 영전에』일부-

    하지만 이런 것이 무슨 소용이랴. 나는 내 삶만 생각하고 평생 한 번도 부모를 가까이 모신 적이 없다. 모시려고 하면 시골이 더 좋다며 거절하셨지만 실제로는 집안의 장남인 나와 나에게 딸린 식솔들을 얼마나 사랑하고 그리는지를 알고 있었다. 그것은 모처럼 오시면 며느리와 손자들을 대하는 태도와 바라보는 눈길에서 금방 알 수 있었다. 그러면서도 겉으로는 안 그런체했다.
    나도 나이가 들어가니 꼭 내 어머니 아버지 같이 되어가고 있다는 것을 절실히 느끼고 있다. 자식들이 가까이 있어도 며칠만 못 보면 자꾸 생각이 나고 손자들이 시도 때도 없이 눈에 밟힌다. 그것은 어디에도 비길 수 없는 그리움이고 애중이지만 속으로만 삭이게 되는 애절함이다. 내 어머니 아버지는 평생을 그런 기다림과 애절함으로 지내시다가 가셨기 때문에 나에게는 어쩌지 못하는 여한이 되고 말았다.
    도화동 언덕바지 단간셋방에 살다가, 건평이 17평인 단독주택으로 이사를 했을 때였다. 이원수 선생이 예고도 없이 찾아오시곤 했다.

1977년이었다. 이선생은 가톨릭출판사에서 발행하는 《가톨릭소년》에 『해와 같이 달과 같이』란 소년소설을 연재했는데, 배경이 도화동이었다. 주인공 석남이는 돈을 벌겠다고 상주에서 무단 상경하여 먼저 온 성규 형이 일하는 '도화동 서강철공소'를 찾아간다. 철공소에 취직을 하려니 어려서 안 된다. 도로 시골로 내려갈 수도 없는 석남이는 구두닦기를 하는 소년가장 주호를 만나 같이 구두닦기를 하며 살아간다는 내용이다.

평론가들은 이 소설을 두고 가난하고 소외된 어린이들에게 따스한 사랑의 눈길을 주는 이선생의 뜻이 잘 드러난 작품이라고 했다. 특히 철공소의 풍경과 어린직공들이 잠자는 좁은 골방, 석남이가 서울생활에 적응해가는 과정이며 판잣집 같은 주호의 집 묘사가 세밀하고 생동감이 넘쳐 더욱 훌륭한 작품이라고 했다. 주인공 석남이가 상주에서 기차를 타고 용산역에 내려서 마포까지 찾아오는 길이며, 석남이가 돌아다닌 마포종점의 풍경과 극장 간판이며 신촌의 뒷골목 모습들이 당시의 실상 그대로 자세히 그려져 있다. 직접 현장 확인을 해서 썼기 때문이다. 여기에 나오는 '마포종점의 버드나무 못'은 마포유수지로 지금은 콘크리트로 덮어 마포주차장이 되어 있지만 밑에는 그 때의 못이 그대로 있다.

강으로 나가는 굴은 유수지의 물을 한강으로 퍼내는 빗물펌프장 옆 강변북로 밑으로 뚫린 길인데 지금도 그대로이다. 그 곳으로 나가면 한강이고 마포대교로 통한다. '왼쪽에서 일직선으로 기나긴 다리'라고 한 것이 마포대교이다. 이선생은 이렇게 현장을 실제대로 묘사하기 위해 나를 데리고 현장조사를 다녔다.

토요일이었다. 퇴근시간이 좀 늦어서 집에 가니, 이선생이 소주병과 마른 오징어를 앞에 놓고 방에 앉아계셨다. "토요일도 없냐? 좀 일찍 와야지."하시며 방에 들어올 것 없이 갈 데가 있으니 따라오라며 일어나셨다. 버스를 타고 영등포역에서 내렸다. 맞은편에는 철공소가 많았다. 그 중 한 철공소로 들어갔다.

열대여섯 살쯤 되는 아이가 혼자 철공소바닥을 쓸고 있었다. 기름투성이 옷에 꾀죄죄한 몰골이었다. 말을 건네려니 경계를 했다.

이선생이 고향의 봄을 불러주며 웃기는 이야기를 하자 경계심을 풀었다. '아이와 철공소 주인과의 관계, 여기에서 일하게 된 동기' 하는 일과 먹고 자는 것에 대해 물으셨다.

그 때 뒷문이 열리면서 우락부락하게 생긴 남자가 뛰어들었다. 남자는 우악스럽게 아이의 어깨를 잡아 밀치며 "당신들 누구요? 지금 뭘 하는 거요?"하며 주먹질이라도 할 기세였다. 나는 "별일 아니니, 진정하십시오."하며 고향의 봄이란 노래를 지으신 이원수 선생님인데, 지금 쓰고 있는 소설의 자료를 찾는 중이니 이해해 달라고 했다. 그러면 미리 말해야지 함부로 이러면 되느냐고 했다.

사과를 하고 돌아섰다. 소설『해와 같이 달과 같이』는 서울생활에 적응을 못하고 허덕이는 내가 모델이었던 것이다.

아동문학단체의 대립과 통합

1971년 2월에 우리 아동문학인들은 문학의 다른 장르에 밀리고 있는 아동문학의 위상 제고와 발전을 위해「한국아동문학가협회」를 창립하고 이원수 선생을 회장으로 추대했다. 모든 아동문학가들은 한데 뭉쳐 회보와 기관지를 발행하며 세미나를 개최하고 한국아동문학상을 제정 시상했다.

그런데 그 해 5월에 김영일, 김요섭, 박화목 등이「한국아동문학회」라는 이름으로 새 단체를 만들자 친소관계에 따라 일부 회원들이 한국아동문학회 쪽으로 갔다. 그렇게 되니 상당수의 회원들이 양쪽 단체에 중복으로 소속이 된데다가 문협분과회장 주도권 싸움으로 대립하며 갈등이 생기게 되었다.

그러던 차에 우리 협회에서 낸 무크지《동시, 그 시론과 문제성》에 실은『표절동시론』에 송명호의 국도신문 당선작인『시골정거장』이 최계락의 동시『가을』의 모작이라고 한 것이 명예훼손이라며, 1975년에 송명호가 고소를 했다.

그래서 필자 이현주와 자료제공자 김종상, 박경용, 박경종, 이영호, 이오덕, 정재호 등이 검찰조사를 받게 되었다. 교직에 있는 이모 등 표절작가 10여 명은 증거가 확실하니까 꼼짝도 하지 못하고 전전긍긍인데,『시골정거장』은 분명한 모작일지라도 사람에 따라 견해가 다를 수 있기 때문에 송명호가 억지를 쓰며 나선 것이다. 그러자 언론에 크게 보도되고 양 단체는 극한대립으로 치달았다.

이 사건은 문협 조연현 이사장의 중재로 마무리는 되었지만, 문협 분과회장으로 이 사건의 중재를 위해 노력했던 이재철이 두 단체의 통합을 위한 준비라며,「현대아동문학가협회」를 만들어버렸다. 그러자 한국아동문학가협회는 또 두 쪽으로 갈라졌다. 이로써 아동문학은 세 단체로 분파되어 갈등은 더욱 심화되었다. 이를 완화시키기 위해 이원수와 김영일이 만나 한국아동문학회가 독점해 오던 문협 아동문학분과회장을 협회와 학회가 대립하지 말고 번갈아 하자는데 합의를 봤다.

그래서 박경종·이상현, 이영호, 송명호, 김종상 순으로 분과회장을 맡기로 합의하고 송명호까지는 약속이 잘 지켜졌다. 그런데 송명호가 김종상에게 넘겨줘야할 분과회장을 엄기원에게 넘겨주고 말았다. 이렇게 양 단체의 약속을 어긴 것도 문제지만 형제처럼 지낸 김종상과 엄기원인데 그럴 수가 있느냐며, 상상도 못했던 이 기만과 배신에 양 단체는 다시 극한대립에 들어갔고, 한국아동문학가협회는 문협에서 손을 뗀 상태가 되고 말았다.

그런 상태에서 1990년에 김종상이 한국아동문학가협회 회장으로 추대되었다. 김종상은 송명호의 소송사건과 문협 분과회장 문제 등에서 피해의 중심에 서있었기에 이를 불식하기 위해 세 아동문학단체 통합을 추진했다.

3월 29일에 각 단체 대표 박화목, 김한룡, 김종상이 만나기로 약속을 했다. 그러나 당일이 되자 한국아동문학회 임원 개선에서 회장에 재선된 박화목이 나오지 않았다. 자기가 회장이 되었는데 통합을 하면 그 자리를 지킬 수 없기 때문에 통합을 반대하고 돌아선 것이었다.

할 수 없이 현대아동문학가협회의 홍윤기, 노원호, 김용희와 한국아동문학가협회 박종현, 이동태, 손광세가 만나 통합을 위한 합동세미나를 갖기로 합의를 하고 그 준비를 위해 세 단체가 각각 13명씩의 대표를 내어 총 39명의 통합추진위원회를 만들었다.

여러 차례 협의를 거쳐 8월 11~12일에 우의산장에서 통합을 위한 합동세미나를 개최했다. 그러나 한국아동문학회는 박화목이 공식 참석을 거부해서 회원 일부만 개별로 참석을 했다.

이렇게 박화목을 추종하는 사람들이 불참한 가운데 통합추진위원회는 1991년 8월 10일 서울그린파크호텔에서 『아동문학의 위상정립』이라는 주제로 통합을 위한 합동세미나를 하고 세 단체 통합을 선언했다.

현대아동문학가협회와 한국아동문학가협회는 현대소속 조대현을 제외한 전원이 통합에 참여했고, 한국아동문학회는 단체통합추진위원이었던 석용원, 권오훈, 박성배, 권영상 등과 통합을 위한 합동세미나에 참석한 30여 명의 회원들만 참여하여 새 집행부를 결성했다.

통합단체 이름은 「한국아동문학인협회」로 하고 집행부는 세 단체에서 대표성이 있는 한 명씩을 선출하여 삼두체제로 했는데, 한국아동문학회에서는 석용원, 현대아동문학가협회에서는 신현득, 한국아동문학가협회는 유경환을 공동회장으로 추대하고, 부회장도 각 단체에서 4명씩 같은 수로 뽑아 인준을 했다.

하지만 그 알량한 회장 감투 때문에 통합에 불참한 한국아동문학 회장과 그를 추종한 회원들로 인해 아동문학단체의 완전통합을 이루지 못한 것은 지금까지도 아쉬움이고 큰 부끄러움이라고 할 수 있다.

이러는 동안에 나는 서울생활에 이제는 좀 길이 드는가 했는데, 마포대로 확장에 밀려 학교가 1985년 강서구 등촌동으로 이전을 했다. 직원들은 모두 이전한 학교와 거리가 가까운 목동으로 갔지만 나만 마포에 그대로 남았다. 이사를 하면 바뀐 환경에 적응하느라고 또 허덕일 것 같아서였다. 학교가 옮겨가자 통근거리가 멀어져 승용차로 통근을 했다.

그러면서 1992년 1월에는 이창건 등이 창립한 한국어린이시사랑회 대표로 추대되어 창립기념으로 능동 어린이대공원 공연장에서 『봄밤 시의 축제』를 개최(4.17)하고 이어서 한국어린이시사랑회편

《어린이 낭송시집》 전 3권을 낭송 테이프와 함께 발행(10.20)하여 전국에 보급했다.

한국어린이시사랑회는 그 후 예림당의 지원을 받아 동시화를 매주 1만부씩 제작하여 전국 초등학교 시교육용으로 무료 배포하는 한편 소년한국일보와 소년조선일보에 낭송시화를 연재하면서 음성정보서비스로 전국 어디서나 낭송지도를 받을 수 있도록 했다. 이 일은 2000년 박두순에게 회장을 넘겨줄 때까지 계속했다.

1999년 3월 2일에 교장으로 취임하고 3월 5일 부터는 명지대학교 대학원 문예창작학과에 『현대시의 형식연구』를 강의했다. 꼭 정년의 나이인데도 재단에서 계속 근무를 명했다. 그 동안 승진의 기회가 있어도 어린이들 곁에 있겠다며, 누구나 탐하는 자리를 사양해온 일과 일기쓰기와 글짓기교육, 박정희정부에서 추진한 우리고전 읽기대회, 붓글씨지도와 서화집 발간 등의 실적을 재단이 인정해서 나를 더 잡아두려는 것이었다. 정년이 지나서야 교장으로 승진한 나는 우리 전통교육을 강화하며 세계화교육을 위해 어린이와 교사들의 해외연수를 실시했다.

중국의 연길소년궁과 자매결연을 하고 그 학교 학생들 가정에 민박을 한 이야기를 쓴 우리 어린이들의 글모음 《내 마음에 새겨진 중국》을 발행하고, 선생님들도 연차적으로 이웃나라를 돌아보고 쓴 선생님들의 기행문집 《간도에서 중원까지》, 《현해탄 너머에는》, 《서안의 역사 장가계의 산수》, 《하노이에서 씨엠립까지》, 《필리핀을 타산지석으로》 등을 펴내기도 했다.

2007년 52년간의 교직을 마감하고 지금까지 살던 집은 아들에게 주고 현대홈타운으로 이사를 했다. 1969년에 처음 둥지를 틀었던 집 근처이다. 책과 상패, 트로피 같은 것이 큰 짐이었다. 늘 '색즉시공 공즉시색' 이라던 부모님 법문이 생각났다. '없음이 있음' 이다. 책과 상장, 임명장, 감사패까지 모두 거제도 옥미조의 민속박물관으로 보내서 보관시켰다.

　종합문예지나 정기간행물들은 나눔문화를 실천한다는「아름다운 가게」와 새로 개관했다는 전방의 군부대 도서관에 실어 보냈다. 어머니, 아버지처럼 내 자취를 조금씩 비우겠다는 생각에서였다. 비우고 나니 마음이 가볍고 주거공간도 넓어져서 좋았다. 그러나 무슨 자료를 찾을 일이 있을 때는 아쉬움이 많다.

　어느덧 마령(馬齡) 팔십이 되었다. 안동 한두실에서 태어나 서울 복사골에 자리잡은 지금까지 나는 열심히 살아왔다고 생각하지만 남을 위해 한 일은 아무것도 없는 것 같다. 먹고사는 일은 아내의 책임이었고 부모봉양과 선대향사는 고향을 지키는 동생이 다했다. 내가 한 일이란 어린이들 가르치는 일과 어줍은 글쓰기 밖에 할 줄 모르고 살아왔다.

　그렇게 해서 펴낸 책으로는 시집이 1964년에 출간한《흙손엄마》에서 금년에 펴낸 동물동시집《강아지 호랑이》까지 36권이고, 동화집이 1980년에 출판한《아기사슴》을 비롯하여 2013년에 나온 전자 동화집《좀생이 영감님의 하루떡값》까지 역시 36권이다.

　1969년에 펴낸《소라피리》와「한국아동문학 100주년 기념」-《김종상 아동문학 50주년》은 종합문집 성격의 책이고,《꿈꾸는 돌멩이》등 몇 권의 선집도 있다. 또「노래말동요곡집」으로 1995년에 출간한「김종상 동요 400곡집」《아기잠자리》외 3권에 1,500곡 가량의 작곡된 동요가 수록되었고, 수필집《개성화시대의 어린이, 어린이문화》외 독서와 글짓기관계의 교육도서로 '글짓기사례기'《글밭에서 거둔 이삭》, 이론서《스스로 글짓기》전 3권,《명품논술》전 3권,《독서감상교실》전 3권 등 60여 종이 있다.

나는 이래서 동물시를 썼다

나는 오늘도 과천서울대공원 동물원 구경을 하고 왔다. 처음에는 혼자 다녔지만 이제는 아내까지 함께 다닌다. 동물우리와 곤충관과 식물원을 모두 돌았더니 몸은 피곤했지만 마음은 개운했다. 오늘은 양서류 몇 종을 집중적으로 살폈다. 의도적으로 동물시를 쓰려니 힘들었다. 그래도 동물시 쓰기는 멈출 수 없다. 관성이 붙은 것 같다.

내가 동물시를 쓰기 시작한 지는 참 오래되었다. 썼다가는 버리고 또 다시 쓰고 하면서 보낸 세월이 몇 십 년이 되었다.

1986년 봄으로 기억한다. 「소년한국일보」 김수남 사장이 나에게 동물원패찰 바꾸기 운동을 하자고 했다. 동물원 패찰을 다는 목적과 효과를 생각해 보면 현재 동물원의 동물들 명패는 생각해야 할 점이 많다는 것이었다. 그 때 동물원의 동물 명패는 대개 이러했다.

백곰(Polar Bear)

- 학명 : Ursus Maritnus
- 분류 : 동물계→척색동물문→포유강→식육목→곰과→불곰속
  →북극곰종
- 분포 : 북극권지대
- 먹이 : 어류, 조류, 식물, 포유류, 바다코끼리
- 특징 : (이 부분은 신장, 체중, 성별, 성적 성숙연령, 초산연령, 교미시기, 임신기간, 평균수명 등으로 나눠 장황하게 설명되어 있음)

동물원을 찾는 사람들은 학문적으로 동물에 대한 공부를 하려고 오는 일은 별로 없을 것이다. 동물을 구경하며 즐기도록 하면 되는 것이지, 전문적인 지식을 명패에 적어 설명으로 이해시키려는 것이 무슨 의미가 있겠느냐는 것이었다. 나도 그 생각에 공감했다.

몇 개 동물원을 돌아봤지만 명패는 거의 비슷했다. 이런 명패 대신 쉽게 읽을 수 있는 그 동물에 대한 짧은 동시를 재미있는 캐릭터와 함께 보여 주면 얼마나 좋겠느냐고 했다. 곡이 붙여진 동요라면 노래를 부르며 그 동물을 구경할 수도 있고, 곡이 없는 동시라면 입 속으로 흥얼거리며 즐길 수도 있겠다는 생각을 했다.

일테면 코끼리우리에 붙어있는 아래 (가)와 같은 패찰을 (나)와 같이 바꾸면 어린이들이 노래를 부를 수도 있기 때문에 훨씬 더 재미있어 하지 않겠느냐는 것이었다.

(가) 현재 동물원의 코끼리우리 패찰

코끼리(Elephant)

- 분류 : 동물계 → 척색동물문 → 포유강 → 장비목 → 코끼리과
- 분포 : 아프리카, 아시아
- 서식 : 산림이나 사바나
- 크기 : 약 2.5m~4m
- 임신 : 21~22개월
- 수명 : 60~70년 정도
- 기타 : 코는 근육질로 되어 있으며, 윗입술과 더불어 길게 자라서 사람의 손과 같은 역할을 한다. 머리는 거대하며, 머리 꼭대기를 덮고 있는 뼈는 수많은 공기세포로 이루어져 있다. 두개골은 짧고 높다. (이하 생략)

(나) 새로 바꾸려는 코끼리우리 패찰

코끼리

강소천 요
박태현 곡

코끼리 아저씨는
코가 손이래
과자를 주면은
코로 받지요.

코끼리 아저씨는
소방수래요.
불나면 빨리 와
모셔가지요.

당시 전국적으로 시낭송운동도 펼치고 있는 그였기에 많은 생각 끝에 하는 이야기였다. 그러면서 나에게 그 일을 당장 시작하자는 것이었다. 나는 첫 마디에 좋다고 했다.

우선 일차적으로 기존의 시집에서 어린이들이 좋아할 동물시를 뽑아보기로 했다. 동시집과 어린이들 노래책을 모아 동물시를 찾았다. 「방울새야, 방울새야, 쪼로롱 방울새야…….」「왜가리야, 왝! 어디 가니? 왝!…….」「송아지, 송아지, 얼룩송아지…….」이렇게 찾아 모았다. 그러는 한 편 김사장은 동물원 패찰을 만드는 작업은 소년한국일보가 하지만 그 경비는 큰 기업체의 광고부에 교섭해서 몇 군데 동의도 얻어냈다. 이제 동물에 관한 동시를 확보하는 일만 남은 것 같았다.

그러나 그것이 쉽지 않았다. 동물동시가 뜻밖에도 적었고, 또 패찰로 달았을 때 어린이들이 금방 즐겨 애송할 만큼 쉽고 짧은 시는 더욱 귀했다. 궁리 끝에 현상모집을 하기로 했다. 그 때 소년한국일보에서 발행하던 《학생과학》을 통해 동물동시 현상공모를 하기로 했다.

내가 본보기 작품으로 『원숭이』를 써서 1986년 11월호 《학생과학》에 원숭이의 원색 사진과 함께 동물동시 현상모집 광고를 냈다.

  좋아서 이러는 줄 아니?
  친구들과 함께 뛰놀던
  숲이 그리워, 가족이 그리워
  바위에도 기어오르고
  나무에도 매달려 본다.

  즐거워 이러는 줄 아니?
  떠나온 고향이 눈에 어려
  견딜 수 없는 몸부림으로
  그네라도 뛰는 거란다.

         -1986. 11. 『원숭이』 전문-

그 달에 써야할 동물을 정해주고 본보기 시를 참고로 해서 그 동물을 동시(유아시)로 써서 1986년 12월 5일까지 응모하라고 했다. 응모자격도 제한을 두지 않았다.

많은 작품을 기대했다. 그러나 응모작품도 많지 않았고 만족할만한 것도 없었다. 몇 번을 그렇게 하다가 기대하는 작품이 나오지 않아서 그만 두고 말았다. 참 아쉬웠다. 그래도 나는 그 계획에 대한 미련을 버리지 못 했다. 작가들의 시집을 받으면 동물시 부터 찾아

봤다.

그러나,

㉠ 동물의 특성을 잘 나타낸

㉡ 유아들이 누구나 좋아할

㉢ 짧고 재미있는 동물시를 찾기는 쉽지가 않았다.

그래서 내가 동물시를 써보기로 했다.

만족할 만한 동물시가 모아지면 동물원 패찰 바꾸기를 다시 추진해 볼 수도 있지 않겠나 하는 기대를 버리지 못했다.

세월은 참 빨리 지나갔다. 그러는 사이에 많은 세월이 가고 김사장도 세상을 떠나므로서 그 생각은 접어야 했다. 그런데도 마음 한 켠에는 그 미련이 지워지지 않았다.

나는 계속해서 동물시를 써나가기로 했다. 날이 갈수록 동물시는 불어났다. 그러다가 보니 육지에 사는 짐승들과 곤충시를 각각 100편씩 썼다. 발표할 곳도 없어 써 모으기만 했는데 새, 짐승, 물고기는 각각 25편씩 묶어 유아에게 읽어주는 책으로 출판됐다.

곤충시를 쓰려고 풀벌레들을 찾아다니면서 야생화 전설도 조사하고 꽃시조도 썼는데, 다행히 꽃시조는 전주에서 발행되는《소년문학》에 연재를 하고 신아출판사에서 올칼러 판으로 「꽃시조 100수」를《꽃도 사랑을 주면 사랑으로 다가온다》는 이름으로 출판해 주었지만 동물시는 모아두기만 했다.

새와 물고기에 대한 시도 100편 씩을 목표로 계속 쓰고 있는데 목표도달이 눈앞에 와있다. 이 동물시들이 영원히 빛을 보지 못하더라도 쓰는 재미가 큰 수확이고 행복이다.

〈과천동물원을 다녀와서〉

제8부
엄나무감주를 마시며

허황옥과 보주공주

龜何龜何 首其現也.
(거북아 거북아 머리를 내놓아라.)

若不現也 燔灼而喫也.
(만약 내놓지 않으면 구워 먹으리.)

-『龜旨歌』 전문-

　1995년 가을로 기억하고 있다. 선수필(選隨筆)을 발행하고 있는 김진식님이 가락국 김수로왕의 왕비 허황옥(許黃玉)이 인도 사람이 아니라 중국 사람이라는 사실이 밝혀졌다고 했다. 나는 말도 안 되는 이야기라고 했다.
　나는 김수로왕으로부터 72세손이고 김해 김가 삼현파의 장손인데 우리 시조 왕후인 허황옥(서기 33~189)이 느닷없이 중국 사람이라니 말도 안 되는 일이라고 했다.
　역사적으로도 삼국유사〈가락국기〉에 허왕후의 이야기가 기록되어 있다. 먼 옛날 가락지역(김해)에는 여섯 명의 촌장이 다스리는 여섯 부족이 있었다.
　3월 어느 날 하늘로부터 구지봉으로 가서 왕을 맞이하라는 소리가 들렸다. 촌장들은 함께 구지봉으로 올라가 하늘에 제사를 지내고 춤을 추고 노래를 부르며 기다렸다. 그러자 하늘로부터 붉은 보자기에 싸인 금빛상자가 내려왔는데 황금알 여섯 개가 들어 있었다. 그 알에서 남자 아기들이 차례로 태어났는데, 그 중 제일 먼저 태어난 아기가 '수로'였다.

사람들은 황금알에서 나왔으므로 성을 김(金)으로 하고 왕으로 추대하니 그가 가락국의 김수로왕이었고 김해 김가의 시조였다. 나머지 아기들도 각각 5가야의 왕이 되었다. 이때가 서기 42년(신라 유리왕19)이었다고 한다.

그 후 김수로왕은 부족국가들을 하나로 합쳐 금관가야라 했다. 하나의 통일국가를 이룩한 금관가야가 관직을 정비하고 나라의 기틀을 다지게 되자 백성들은 왕비를 정해야겠다고 생각했다. 그때(서기 48년) 인도 아유타국의 공주 허황옥이 파사석탑을 가지고 바다를 건너오자 왕비로 삼았다. 그 때 허왕후의 나이가 16세였다.

허왕후를 맞이한 수로왕은 157년간 나라를 다스리며 왕자를 열 명 두었는데, 큰아들은 태자(太子)로 책봉하여 수로왕의 뒤를 이어 2대 거등왕이 되었고, 다음 두 분은 허황후의 성씨를 따르게 하고 나머지 일곱 왕자는 보옥선사(황후오빠)를 따라 가야산에 들어가 도를 닦다가 다시 방장산(지리산)으로 들어가서 운상원을 짓고 깨달음을 얻어 모두 부처가 되었으니, 혜진, 각초, 지감, 등연, 두무, 정홍, 계장이 그들이다. 이 일곱 부처는 하동 쌍계사 북쪽 이십리 되는 곳에 칠불암을 세우니 동국제일의 선원이 되었다. 이것이 내가 들어온 허왕후의 가계이다.

이러한 역사적 기록을 바탕으로 원로 아동문학가 이종기 선생은 직접 인도의 아유타국에서부터 가락국까지 허황후가 온 경로를 추적 탐사하고 확인해서 국영방송에 몇 번씩이나 특집으로 방송한 것을 봐도 허황옥은 인도 사람이란 증거가 확실한데 그가 중국 사람이라니, 소설이 아니냐고 했다.

그러자 김진식님은 사무실 한 쪽에 가득 쌓여있는 스크랩을 뒤지더니 신문 한 장을 내놓으며 보라고 했다. 그해 1995년 5월 6일자 중국「사천일보(四川日報)」였다. 중국어는 모르지만 한자를 더듬어 맞추어 보니, 거기에 가락국 수로왕의 왕후가 중국 사천성 사람이라는 기사가 있었다.

중국어도 잘 하고 고대사에 해박한 지식을 갖고 있는 김진식님은 지난 6월 25일에 한국의 고고학자 김병모(金秉模)교수가 사천성 안악현(安岳縣)으로 가서 그 사실을 직접 확인했다는 기사도 갖고 있었다. 그의 말에 의하면 안악현에는 지금도 허왕후의 가문인 허씨(許氏)들이 많이 살고 있단다.

지금 김해에 있는 허왕후 능에는 '가락국수로왕비 보주태후허씨 지릉(駕洛國首露王妃 普州太后許氏之陵)'이라는 글이 2줄로 새겨져 있는데, 이것은 허황옥이 죽을 때 자기를 보주공주(普州太后)로 기록해달라고 했기 때문이라는 것이다. 보주는 바로 지금도 허왕후의 가문인 허씨들이 많이 살고 있는 안악의 옛 이름이었던 것이다. 이로 미루어 보아 보주공주 허왕후가 가문의 말 못할 사정으로 몰래 중국으로부터 가락국으로 탈출하였기에 출생지와 신분을 숨겨오다가 임종이 가까워오자 자신의 뿌리를 바르게 기록으로 남기고 싶었던 것이었다는 가정이 성립된다는 것이다.

또 허왕후의 능에는 두 마리의 물고기 문장(雙魚紋)이 있는데, 사천성 보주 묘악사(妙樂寺)의 낡은 축대에서도 똑 같은 물고기 표지(標識)를 발견했으며, 그것은 허씨 가문의 문장이었다는 것이다. 그것은 안악현지(安岳縣誌)와 안악지명록(安岳地名錄)에서도 확인되었다는 것이다.

김진식님의 이야기가 사실인 것 같았다. 더구나 김진식님은 사천성에서 발간된 다른 여러 기록들을 갖고 있으니 나로서는 반론을 제기할 근거도 지식도 없었다.

그런데도 허황옥의 출생지와 보주태후라고 하는 이유와 물고기 두 마리를 그린 쌍어문(雙魚紋)에 대한 의문은 점점 나를 혼란시켰다. 그래서 이에 대한 답을 찾아보기로 하고 김병모 교수의 연구물은 물론이고 허황옥에 관한 소설도 찾아 봤다. 이것저것 닥치는 대로 뒤져서 그 내용을 정리해 보니, 허황옥 일가가 인도의 아유타국에 살았던 것은 확실했다. 그런데 무슨 일이 있었는지는 몰라도 부득이한 사정으로 허황옥 일가가 중국 사천성 안악지방인 보주로 이주를 했다는 것도 사실인 것 같았다. 이 때 쌍어문은 그들의 먼 길을 지켜주는 수호신으로 삼았으므로 보주에 전해져 허씨 일가의 문장처럼 되었다.

김교수의 연구에 의하면 쌍어(雙魚)는 신석기시대에 이미 메소포타미아에서 발생하여 유라시아대륙 전체로 퍼진 원시신앙의 대상이었다고 한다. 그래서 허씨 일가도 인도 아유타에서 중국 사천성 안악까지 처음 가는 험로의 안녕을 위해 만물을 지켜주는 수호신으로 신앙되어 온 쌍어를 수호신으로 삼았던 것이다.

쌍어신앙은 그 무렵에는 지역과 민족에 관계없이 신앙되어 왔다는 것을 김교수는 확인해 주고 있는데, 아시리아에서는 사제의 제복을 쌍어문으로 했고, 바빌로니아는 왕권의 상징이었다.

불교에서는 쌍어가 석가모니의 수호동물이었고 기독교에서는 오병이어(五餠二魚)로 떡 다섯 개와 두 마리 물고기가 기적을 만든 이야기가 요한복음에도 나온다. 쌍어신앙은 이와 같이 힌두교, 이슬람교, 불교, 기독교 및 기타 토속신앙에도 큰 영향을 미치고 있었다. 그러므로 허황옥 일가가 쌍어의 수호에 의지하게 되었던 것은 당연한 일일 수도 있었던 것이다.

보주에 이주하여 자리하게 된 허씨 일가는 그 곳에서 세력을 넓혀 여러 부족을 아우르고 그 위에 군림하게 되었다. 허황옥이 공주로 불린 것도 그 때문이었다는 것을 유추할 수 있었다.

그렇다면 보주에서 가락으로 온 이유가 무엇이냐는 것이다. 인도에서 아유타국이 다른 종족에게 점령되자 왕이 허황옥과 왕자를 배에 태워 김해로 보냈다는 소설도 있지만 당시의 항해기술로는 인도에서 우리나라까지 오기는 절대 불가능하다고 한다.

신라의 혜초 같은 스님도 뱃길로는 인도까지 갈 수 없어서 육지로 갔던 것이다. 그렇다면 중국에서 온 것이 설득력을 갖는다. 중국 안악의 보주지방으로 와서 자리를 잡은 허황옥의 부모들은 본래부터 살아왔던 그 지방의 여러 부족들을 지배하면서 세력을 넓혀갔다. 그러다가 어느 한계점에 이르러 지방 부족들의 역공을 받게 되었다.

허황옥의 부모들은 16살의 보주공주를 왕자인 오빠들과 함께 배에 태우고 여러 시녀와 하인들을 붙여서 몰래 강물에 띄웠다. 배는 강을 따라 흘러서 황해를 건너 해류를 타고 김해로 온 것이라는 말에 더 믿음이 간다.

하지만 보주공주는 안악의 다른 부족의 추적을 받는 몸이라서 출발지와 신분을 바로 밝힐 수 없어 멀리 있는 고향인 아유타국을 말했던 것이다라는 상상을 해본다.

나폴레온 1세는 '역사란 합의 위에 성립하는 만든 이야기'라고 했다. 허황옥의 이야기도 영원히 진실은 밝힐 수 없는 '합의 위에서 만든 이야기'인지도 모르겠다는 생각을 하면 너무나 불경스러운 이야기일까?

한두실 옛집 생각

향수도 세월가면 그림처럼 빛이 바래
마음에서 멀어가는 고향을 찾았더니
마을 앞 동구나무도 베어지고 없었네.
(중간 줄임)

돌아서 오려는데 궂은비가 흩뿌리니
소나기에 쫓기어서 어머니와 내달렸던
그 옛날 밭두렁길이 빗속으로 어려왔네.

－『내 고향 대두서』 일부－

　해방 때까지 내가 살았던 한두실 집은 참 컸다. 본체는 마루를 중심으로 안방과 건넌방이 마주 보고 있었으며, 건넌방 앞쪽은 마굿간이고 마굿간 옆 서쪽으로 할아버지가 거처하시는 방이 붙어있고, 그 뒤는 고방(광)이었다.
　본체의 정면에서 봤을 때 왼쪽에는 행랑채가 있었다는데 내가 태어나기 전에 불타버려서 그 터는 텃밭이 되어 있었다. 본채의 오른쪽에는 별채가 있었는데, 앞쪽은 방과 툇마루가 붙어있었지만 쓰지 않고 뒤쪽은 디딜방앗간이었다.
　방앗간은 꽤 넓어서 한 옆에는 내가 올라가 누워도 될 만큼 큰 맷돌이 있었다. 위짝은 어디 가고 수맷돌인 아래짝만 남아서 지독의 받침이 되어있었다. 지독은 싸리로 엮은 독에 창호지를 바른 것인데 곡식을 넣어두는 그릇이었다. 방아를 찧을 때는 어린 나도 방아의 한쪽 다리를 어른들처럼 디뎌서 방아를 찧던 기억이 어렴풋하다. 방앗간 바로 뒤쪽에는 허드렛물로만 쓰는 샘이 있었다.

언제나 물이 졸졸 넘쳐나는 이 샘에는 초록색 등에 진한 주홍빛의 배를 가진 비단개구리가 많이 살았다. 비단개구리는 등에 친구를 업고 이끼가 파랗게 낀 돌 틈 사이에 앉아 있거나 장난스럽게 뱀고사리 줄기에 매달리는 놈도 있었다.

비단개구리를 만진 손으로 눈을 만지면 눈이 쓰리고 아팠지만 그놈들은 건드리면 잠시 죽은 시늉을 하는 것이 재미있어서 만지고 놀았다.

내가 철이 들어갈 무렵에 일제의 수탈에 견디지 못한 아버지는 중국으로 나가셨고 할아버지는 나둬 봤자 왜놈들에게 빼앗길 땅을 당신 손으로 없애겠다며 땅문서를 갖고 집을 나가셨기 때문에 어머니는 나와 다섯 살 아래 여동생을 데리고 어렵게 사셨다.

어머니는 끼니때면 팔모상에 밥과 반찬을 갖춰 안방 시렁 밑에 갖다 놓았다. 시렁 위에는 창호지로 싼 박바가지가 있었는데, 삼신할머니라고 했다. 밥상은 삼신할머니께 바치는 것인 동시에 멀리 가신 아버지 밥상이었다. 어머니가 말은 하지 않았지만 아버지를 기다리는 마음을 그렇게 위로하고 있었다.

남자 어른이 없는 집안은 밤이 되면 석유를 아끼려고 불도 켜지 않아서 더욱 적막하고 괴기하기까지 했다. 그러면서도 할아버지 방에는 꼭 등잔불을 켜두셨다.

"어매요. 할배 방은 멀라고 불을 켜니껴?"

"할배는 벨밍이 벌불이잖나. 원제 불같이 오실지 모르잖나."

빈 방에 불을 밝힘은 기다림이었다. 어머니의 젊은 시절은 그렇게 기다림의 나날이었다.

안방에서 마루 저쪽 건넌방은 낡은 세간을 넣어두었는데 밤이면 찢어진 봉창으로 올빼미가 날아들곤 했다. 집 뒤는 비단개구리가 사는 샘 뒤쪽으로 넓은 텃밭이 층계로 되어 있고 감나무가 여러 그루 서있었다. 텃밭 둘레로는 엄나무, 까막까질나무, 소태나무 등이 울타리를 이루고 있었다. 그 나무들은 모두가 의미있는 것들이었다.

소태나무는 줄기를 토막 내어 작은 오지그릇에 담아 열을 가해서 기름을 내어 버즘을 치료했고, 까막까질나무는 사슴뿔 모양으로 생긴 가시를 조각자라하여 부종치료에 썼다. 엄나무는 귀신을 쫓는 나무라고 하여 집집마다 그 가지를 잘라 대문 위에 올려 놓았다. 집안으로 침입하는 잡귀를 쫓기 위한 양밥이었다.

또 엄나무는 신경통과 관절염의 약도 되었다. 그것을 닭고기와 함께 삶아 먹거나 감주를 빚어 먹었다. 병은 귀신의 장난이라고 생각했던 시절에 관절염이나 신경통도 귀신이 우리의 뼈마디에 파고 들어와 살기 때문에 생기는 것이라고 믿었다. 엄나무를 먹으면 몸속의 귀신도 쫓아내기 때문에 병이 낫는다고 믿었다.

우리의 민간 치료법에는 이런 것이 많았다. 치질에는 쇠똥을 끌고 가는 쇠똥구리 두 마리를 잡아 가루로 만들어 쇠똥을 앞에서 끌던 놈은 먹고, 뒤에서 밀던 놈은 항문에 바르면 밖으로 내밀었던 치질이 금방 속으로 들어갔다. 가루로 된 쇠똥구리가 안에서 당기고 밖에서 밀기 때문이라고 했다.

눈이 나쁘면 명태 눈을 먹고, 간이 나쁘면 소의 간을 먹고, 팔다리가 아프면 우족을 삶아 먹어 고치는 것이 모두 같은 이치였다. 눈은 눈으로, 간은 간으로 치료하는 것이었고 그것은 할아버지에서 아버지로, 할머니에게서 어머니로 물려온 치료법이었다.

하루는 우리 집에 큰 구렁이가 나타났다. 구렁이는 안채 마루 천정 대들보와 서까래 사이에 또아리를 틀고 앉아 혀를 날름거리며 아래를 내려다보고 있었다. 얼룩덜룩한 구두앞쪽 같은 머리에 반짝이는 눈을 본 순간 내 몸은 얼어붙는 것만 같았다. 나는 속삭이듯 말했다.

"어매요, 저기 봐요. 큰 구랭이가 있어요."
 어머니는 젖은 손을 검정 무명치마 앞자락에 닦으시며 부엌에서 나오셨다.
 "조용히 해라. 그것은 우리 집을 지키는 업인기다."
 어머니는 손짓으로 나를 물러서게 하고 구렁이를 향해 합장을 했다.
 "정한 곳에 자리 잡고 계실 것이지, 왜 이렇게 나다니십니까? 어서 편한 자리로 가셔요."
 내 기억이 확실치는 않지만 어머니는 사람에게 하듯이 구렁이를 향해 이렇게 말했다.
 "어매요. 구랭이가 집에 있으면 어떻게 해요. 내쫓아야지요."
 그러나 어머니는 그것은 우리 집을 지켜주는 업(業)이라고 했다. 아니면 윗대 조상이 우리를 돌봐주기 위해 구렁이로 환생해서 왔는지도 모른다고 했다. 구렁이는 어머니 말을 알아듣기라도 한 듯이 대들보를 타고 안방 천정 쪽으로 사라졌다. 구렁이가 우리 집을 지켜주는 업이 아니면 우리를 돌봐주기 위해 환생해서 나타난 조상일 수도 있다는 어머니의 말은 내 머릿속을 떠나지 않았다. 그때부터 나는 어디에서나 뱀을 보면 어머니 말씀을 머리에 떠올리곤 했다.
 윤회의 법칙에 따라 내가 구렁이로 될 수도 있고 벌레가 사람으로 다시 태어날 수도 있다고 생각하면 어찌 그것들을 함부로 해코지 하겠는가? 만유불성(萬有佛性), 만물제불(萬物諸佛)이라고 하지 않는가. 세상에 있는 모든 것은 모두 부처일 수 있다는 것이다. 내 어머니는 그 믿음을 일상 속에서 철저히 실행하셨다

 찰나생멸(刹那生滅)이라는 말이 있다. 찰나는 지극히 짧은 한 순간이고 생멸은 생겨남과 없어짐을 말한다. 세상에 존재하는 생명체는 순간순간에 나고 죽으며 모든 현상은 생기고 없어짐을 끊임없이

되풀이 한다. 사람이 사는 법도 그러하다. 살아있는 동안에도 생멸은 되풀이 된다.

 몸을 이루고 있는 세포들은 순간순간 죽어가고 새로 나면서 몸의 형체가 유지되는 것이지 처음 태어날 때 갖고 나온 것이 죽을 때까지 그대로 유지되는 것은 아무것도 없다. 내 몸 안에서도 찰나생멸이 반복되면서 나의 존재가 유지되는 것이다.

 그러므로 오늘의 나는 이미 어제의 내가 아닌 것이다. 시간이 흐른 만큼 온몸의 부분들이 바뀐 것이다. 세월이 가면 생명 가진 모든 것은 사라지고 새로 생겨나면서 세상의 모습은 그대로이듯이 우리 몸도 그렇게 살아가는 것이다.

 그러한 것이 삶이라면 내 어머니는 왜 그렇게 아픈 세월을 보내야 했을까? 할 수만 있다면 한두실의 그 옛집, 어린 시절의 그 날로 다시 돌아가 살아보고 싶은 마음이 간절하다.

〈1965년 여름〉

엄나무 감주를 마시며

이파리는 맛이 좋아 나물로 즐겨먹고
줄기는 한약재로 보는 족족 베어가니
가까이 오지 말라고 가시 많은 엄나무.

관절염도 고쳐주고 간기능도 좋게 하고
전염병도 물리치고 귀신도 막는다는
그것이 엄나무라오. 신령스런 해동피.

-『엄나무』 전문-

언제부터인가 왼쪽 어깨가 결리고 아팠다. 신경통이었다. 처음엔 물파스를 발랐다. 시원해지며 아픔이 덜했다가 며칠이 지나니 또 아팠다. 그것이 주기적으로 되풀이 되었다. 침도 맞고 빠삐자기방이란 것도 붙여 보았다. 그것도 마찬가지였다. 아픔이 조금 가시는 듯 하다가는 다시 도졌다. 자동차 핸들 잡기도 신경이 쓰였다.

벌써 관절이 녹이 슬고 삭아 가는가 하는 생각이 들어 가을 황혼에 먼 길을 가듯 마음이 시리고 쓸쓸했다. 저녁에 아내가 감주를 내 놓았다. 감주빛이 좀 진했다. 엄나무 감주라고 했다.

"당신이 이걸 어떻게?"

"안동 삼촌에게 부탁해서 엄나무를 좀 베어 왔어요."

"그럼 그 집 뒤 울타리에 서있던 나무?"

"신경통에 좋다기에 가지를 좀 잘라 왔지요."

순간 이상하게도 까맣게 잊고 있었던 지난 일들이 머리에 떠올랐다. 그것은 낡은 필름처럼 토막토막 지워진 기억이지만 가슴이 찡하도록 그리운 추억이었다.

　아버지 어머니가 사셨고, 지금은 동생이 살고 있는 시골집에는 뒷뜰 울타리에 커다란 엄나무가 한 그루 서있다. 사람들은 엄나무는 귀신을 쫓는다 하여 가지를 잘라 대문 위에 얹어 두는 집은 많아도 집안에 엄나무를 키우는 집은 마을에서 우리 집 뿐이었다.

　해방 때까지 살았던 한두실 집에도 뒤란 울타리에 까막까질나무와 함께 엄나무가 있었다.

　할아버지가 심으셨던 것으로 생각되는 이 나무들은 모두 가시가 억세어서 울타리감으로 알맞기도 했지만 그보다는 한약재로서의 가치가 더 있었던 나무들이다.

　까막까질나무는 잎이 아까시나무처럼 마주 붙는 콩과식물로 작은 가지들이 사슴뿔 모양의 여러 갈래로 된 가시로 변해서 길고 많은 가시를 갖고 있어 가까이 하기가 어려운 나무다. 이 가시를 조각자(皁角子)라 하여 부종 치료약으로 썼고, 주저리로 달린 열매는 단술(甘酒)을 담궈 먹으면 신경통(痰)을 고친다고 해서 할아버지도, 아버지도 아끼는 나무였다.

　엄나무는 음나무, 또는 자추(刺楸)라고 하는데 어린 잎은 나물로 먹고 껍질은 신경통, 관절염 치료에 썼다. 큰 가시들이 많고 강해서 오랜 옛날부터 그 가시들이 귀신을 쫓을 수 있다고 믿었기 때문에 귀신나무라고 하여 집안에 잡귀가 들어오지 못하도록 가지를 잘라 안방 문 위에 걸어두거나 무당이 굿을 할 때 귀신을 물리치는 도구로 쓰기도 했다.

　우리 집에도 안방 문 위에는 삼두매를 그려 붙였는데, 그것은 아버지가 먹과 물감으로 그렸다. 그리고 부엌으로 들어오는 대문 위에는 꼭 엄나무 가지를 올려놓았다. 그런 나무가 지금 동생이 사는 집 뒤란에 있는 것은 우연이었다.

　해방 후 이사를 한 관음절 큰골 입구의 집은 6.25를 앞두고 빨지산 때문에 소개를 당해서 지금의 집으로 옮겨 왔는데, 어느 날 이 집 뒤란에 잎이 두릅나무 비슷한 나무 한 그루가 돋아난 것을 보고 아버지가 정성껏 길러 큰 나무로 자란 것이다. 단지 그뿐이었다.

  옛날 할아버지가 그 나무를 귀히 여겼다는 것이나 자추라는 한약재임을 기억하고 있는 가족도 이제는 없다. 그런데 그것을 어떻게 아내가 알고 몰래 준비해 두었다가 내 어깨 신경통 치료를 위해 감주를 빚었는지가 몹시 궁금했다.

  "여보, 엄나무가 신경통 치료에 좋다는 것은 어떻게 알았지?"

  "꿈에 할아버지가 오셔서 가르쳐 주셨어요."

  아내는 농담으로 웃어 넘겼다. 그러나 나는 웃음이 나오지 않았다. 가족이란 인연은 어쩌면 시공을 초월해서 이어져 있는 끈인지도 모른다는 생각을 하며 아내가 주는 엄나무 감주를 단숨에 들이켰다.

〈가족 에세이〉

능인굴과 덕진골

봄빛 밝은 교정에 어린이들의 재잘거리는 소리가 가득하다. 겨울 동안 잊혀져 생각 밖으로 밀려나있던 나무들이 기지개를 켜며 눈을 반짝인다. 저 천진한 어린이들의 가슴에는 어떤 잎눈이 트고 무슨 꽃이 필 준비를 하고 있을까.

오랜 세월을 두고 교정을 드나든 교사로, 또 아동문학을 한다는 작가로서의 오늘 내 모습은 어떤가. 나는 어린이들을 통해 내 삶을 되돌아본다. 동심은 불심이라 했으니 어린이들은 곧 부처이다.

우리 가족은 도봉산 천축사를 다닌다. 한 때 우리 집을 자주 찾아오던 석우스님이 강원도 토굴에서 하던 참선생활을 접고 도봉산 무문관에 와있다기에 가보니, 무문관은 폐가처럼 비어있고 석우스님은 그 옆 천축사에 있었다. 무문관은 스님들의 수행을 위해 지은 집인데 말뜻대로 보면 문이 없는 집이다.

스님이 수행을 위해 거기에 들어가면 수행을 마칠 때까지 밖으로 나오지 못하게 문을 막아버리기 때문에 붙여진 이름이다. 실제로 이 무문관을 짓고 처음 수행을 한 스님들은 12년만인가 얼마 만에 나왔지만 모두 어디로 사라지고 없다는 이야기가 기사화 된 것으로 알고 있다.

석우스님을 만나고 나서 호기심에 아내와 나는 본디는 이중으로 되어 있었다는 두터운 철문을 밀고 무문관으로 들어가 봤다. 밖에서 철문을 열고 들어가면 안쪽에서 직각으로 꼬부라진 곳에 또 철문이 있고 그것을 열고 들어가니 방이었다.

별로 넓지도 않은 방에는 화장실 겸 세면장이 있고 방 한 켠에 이불 놓는 자리뿐이었다. 밖으로 향한 좁은 창문이 있었지만 위치가 높아서 하늘만 쳐다보였다. 벽은 두터운 화강암이라 바깥 소리는 아무 것도 들리지 않았다.

식사는 바깥에서 방 밑으로 깔린 레일로 밀어 보내면 방 한가운데 있는 마룻장을 열고 받아먹고 그릇은 제자리로 돌려준다고 했다. 물론 식사를 제공해 주는 사람과도 대화가 안 된다.

수행을 하는 스님은 죄수처럼 그렇게 12년간 독방에서 참선을 한다는 것이다. 그것이 너무 잔혹하다는 비난을 받아 무문관을 폐쇄한 상태라고 했다.

그 때부터 아내는 그 곳이 마음에 든다면서 아버지, 어머니의 위폐도 천축사에 모시고, 열심히 다닌다. 나는 아내의 성화에 못 이겨 이따금 가지만 법당에 가서 부처님의 자비로운 모습 앞에 앉으면 삶의 피곤이 한꺼번에 풀리며 마음이 평온해진다. 어린이들을 만날 때도 나는 그런 편안함과 기쁨을 느낀다.

그래서 나는 절을 찾아 예불하고 어린이들을 위한 글을 쓰고 그들의 밝은 얼굴을 보는 것이 어느덧 내 삶의 큰 줄기로 자라와 있음을 느낀다. 그래서 어린이들을 위한 글을 쓰는 것도 하나의 수행이라는 생각이 든다.

지금도 나는 어린이들에게 읽힐 글을 쓰면서 구수한 안동 사투리로 나에게 옛 이야기를 해주시던 아버지 모습을 떠올리곤 한다. 어린 시절 아버지께 들은 설화들은 내 삶의 소중한 자양분이 되고 있기 때문이다.

어린 시절, 내가 자란 곳은 사방이 산으로 둘러싸인 관음절이란 작은 마을이었다. 지금은 마을 근처 어디에도 절이 없지만 옛날에 관음사라는 절이 있었기에 붙여진 이름이라고 했다. 절은 흔적 없이 사라지고 이름만 그대로 달고 생겨난 마을이라 하겠다.

마을에서 뒷산을 넘으면 소백산산맥 끝줄기의 하나인 높이 882미터의 학가산(鶴駕山)이 있다. 학이 날개를 펴고 승천하는 모습이라고 해서 붙여진 이름이라고 했다. 이 산의 최고봉은 큰 바위덩이로 우뚝 선 국사봉(國師峰)인데, 이 국사봉에서 동편 능선을 따라 30미터 가량 내려가면 깎아지른 절벽 아래 커다란 동굴이 있다. 사람 십여 명이 들어앉을만한 넓이의 동굴 안쪽에는 샘이 있어 향기롭고 시원한 물이 그대로 감로수라고 했다.

국사봉 남쪽 기슭에는 애련사(艾蓮寺)가 있고 거기에서 조금 더 내려가면 신라 때 세워졌다는 광흥사(廣興寺)가 있다. 광흥사는 우리 마을에서 산길로 십여 리 밖에 안 되는 거리이기 때문에 마을 사람들이 많이 다녔다. 아버지는 절에 자주 가지는 않았지만 이따금 마을 사람들과 같이 광흥사에 갈 때면 학가산에 있는 동굴에 대한 이야기를 해주셨다.

"아주 먼 옛날 실라적 이바구지. 능지대사라카는 스님이 있었지러. 능지대사는 이상한 술법을 배와가주고 맹산대찰을 찾아 나섰거덩. 그래, 이 학가산에 와보이 큰 굴이 있는 게라. 옳지러 여게가 좋겠다카며 짐생매치러 굴 속에서 살았지러."

아버지는 이렇게 같은 이야기를 여러 번 되풀이해 들려주셨지만 그것은 들을수록 새로운 감동으로 내 가슴에 젖어들었다. 그래서 나는 그 바위동굴을 에워싼 아름다운 봉우리들과 바위 언덕이며, 능지대사의 부름을 받고 고운 날개옷을 펄럭이면서 구름 골짜기를 누벼서 날아내리는 천녀들의 모습을 상상하며 스스로 황홀해지곤 했다. 그러나 끝내 능지대사가 살았다는 동굴에는 가보지 못했다.

국사봉에는 여러 번 올라갔지만 그 동굴까지는 길이 험하다고 어른들이 못 가게 했다. 내가 어른이 된 뒤에 알아보니, 아버지가 능지대사라고 했던 그 전설 속의 스님은 능인대사였다. 그 기록은 안동의 옛 역사를 적어 놓은 영가지(永嘉誌)에 있었다. 바위굴의 이름도 능인대사가 살았다 하여 능인굴(能仁屈)이라고 했다.

능인대사(能仁大師)는 신라의 대덕(大德)으로 세상과의 모든 인연을 끊고 이 굴에 와서 숨어 살았다고 했다. 능인대사는 신통술이 뛰어나서 끼니때가 되면 주술을 적은 종이를 바람에 날렸다고 한다. 그러면, 금방 선녀처럼 예쁜 여인들이 구름을 타고 날아와서 산해진미가 가득한 밥상을 내놓는다고 했다.

이런 능인대사의 소문을 듣고 의상조사(義湘祖師) 밑에서 능인대사와 함께 공부하던 부석사 스님들이 찾아왔으나 대사는 그것을 미리 알고 구름 밖으로 떠나버려서 만날 수가 없었다.

부석사 스님들은 할 수 없이 돌아갔는데, 가는 길에 학가산의 돌을 한 덩이씩 들고 내려가다가 북쪽 기슭에 모아 탑을 쌓았다고 한다. 지금 학가산 북쪽 기슭에 있는 마을 이름이 석탑동인 것은 그런 연유로 붙여진 것이라고 한다.

그뿐만 아니라 큰 돌무더기로 된 석탑과 석탑사(石塔寺)란 암자도 있으니, 능인대사는 전설 속에서 영원을 사는 실존인물이었던 같다.

아버지는 농사일에 늘 바쁘셨기 때문에 집에서는 농사에 관한 일 외에는 별로 이야기할 기회가 없었다. 그런데, 절에 갈 때면 능인대사 이야기도 해주셨고, 광흥사 응진전에서 부처님께 절하는 법도 가르쳐 주셨다. 그것은 참으로 큰 자랑이었고 즐거움이었다. 그러나, 어머니는 아버지와 함께 절에 가시지 않았다. 같이 갈 일이 있어도 아버지는 혼자 앞서 가고 어머니는 그 뒤를 100미터 쯤 떨어져서 따라갔다.

절에 갈 때 뿐만 아니라 이웃 마을 친척 댁에 갈 때도 그랬다. 완고한 집안의 남존여비 사상은 부부간에도 그런 모습으로 나타나고 있었던 것이다.

이 학가산에는 어머니를 따라 많이 다녔다. 봄이면 산나물을 뜯으러 '몽꼴' 이란 곳을 자주 갔다. 몽꼴은 보문면 산성리에서 오른쪽 고개를 넘어 우래리로 가는 긴 골짜기인데, 어머니를 따라 가거리 외

갓집을 갈 때도 이 골짜기로 갔다. 두릅, 원추리도 흔했지만 다래순이 많아서 마을 사람들은 그것을 뜯어와서 춘궁기를 넘겼다.

어머니는 사월 초파일이면 어김없이 학가산 너머 덕진골에 갔는데 그 때도 나를 꼭 데리고 갔다. 그 곳은 골짜기 전체가 매우 영험이 있는 부처님 땅이라고 해서 여러 곳에서 많은 사람들이 단정한 옷차림을 하고 정성껏 마련한 음식을 싸가지고 모여 들었다.

사람들은 모두 바위 밑에 촛불을 켜고 갖가지 음식을 차려 놓고 부처님에게 하듯이 불공을 드렸다. 어머니는 초파일뿐만 아니라 집안에 조그만 걱정거리만 생겨도 그 곳으로 찾아 가서 바위 앞에 촛불을 켜고 부처님께 하듯이 절을 했다.

어머니는 수없이 절을 하고는 두 손을 모은 채 무릎을 꿇고 앉아 오랜 시간을 기구했다. 저승의 조상들이 극락세계로 들기를 빌고, 아버지가 하시는 일이 모두 잘 되기를 기원하고, 집안 식구들이 건강하게 지내도록 보살펴 달라고 비는 것이었다. 그러면서도 어머니는 자신을 위한 기도는 한 번도 하지 않으셨다.

그러했던 어머니, 아버지는 떠나셔도 학가산은 군사용 레이더와 여러 개의 중계탑을 어지럽게 머리에 얹은 채 언제나 그 자리에서 나를 기다리 듯 앉아 있다.

　　　구름을 화관으로 머리에 썼습니다
　　　산안개를 목에 걸고 바람에 날립니다
　　　한 마리 학으로 살아 비상하는 산입니다

　　　내 어머니, 아버지의 발 때 묻은 산입니다
　　　그들은 모두 가고 홀로 남은 산입니다
　　　그래서 학가산이란 눈물 같은 정입니다.
　　　　　　　　　　　　　　　　-『학가산』전문-

모든 것은 지나가면 그립고 아쉬운 법이라지만 나는 어린 날 광흥사와 애련사를 다녔던 일이며 아버지께 들은 능인대사 이야기와 어머니를 따라 몽꼴과 덕진골을 가던 일들을 떠올리면 언제나 슬픔 같은 것이 가슴 가득 괴어오른다. 학가산은 항상 그 중심에 앉아있다.

〈1996.4.10.《현대불교》『나의 수행일기』〉

추억은 감미롭다

　오봉산 다섯 봉우리를 등지고 푸른 아까시 숲에 둘러싸인 학교. 교문을 들어서면 오른편 운동장 귀퉁이에 두레박 우물과 교장사택이 있고, 화단에는 제비꽃의 보랏빛 눈웃음과 고운 꽃망울을 피우는 모과나무가 반겨주었다. 건물은 일본이 지은 것이 대부분 그러했듯이 바깥벽은 나무판자를 붙였고 추녀물이 떨어지는 자리에는 자갈이 깔려있었다.
　1955년 3월 31일, 내가 초임으로 부임했을 때 외남의 모습이었다.
　6.25한국전쟁 뒤라 참으로 어려운 때였다. 학생들은 대부분 도시락을 싸지 못했고, 여름에는 맨발로 다니기가 보통이었다. 학교에서는 뒤뜰에 가마솥을 걸고 미국이 구호물자로 보내주는 분유와 옥분으로 죽을 끓여 굶주리는 학생들에게 나누어주기도 했다.
　그래서 사람들은 그 해가 단기로 4288년이었으므로 '사이 쌍팔년'이라고 불렀다. 사이는 오랑캐 같다는 뜻이고, 쌍팔년은 욕지거리였다.
　학교 숙직실과 창고 뒤쪽 비탈의 층계 밭은 실습지였고, 실습지가 끝나는 위쪽에 두터운 흙벽으로 된 하모니카형 초가집이 사택이었다. 객지에서 온 선생님들이 살았는데 나도 거기 방 한 칸에 살림을 차렸다.

　내가 부임할 때는 교장이 송유만이란 분이었는데, 다음 해 박노익 교장이 오면서 학교는 국어과 글짓기연구학교로 되었다. 젊은 나는 문예반을 맡아 글짓기지도를 했다.
　박노익 교장은 일찍이 문학에 뜻을 두고 일제시대에 이미 글을 써서 일본 잡지에 발표한 경력이 있어 글짓기교육에 남다른 열정과 사명감 같은 것을 갖고 있었다. 그래서 문예반을 맡은 나에게 큰 기대를 걸었다. 아침에 출근하면 박교장은 신문에 실린 글짓기 모집 광고에 붉은 줄을 그어서 주었다. 그러면 나는 문예반 학생들에게 당선을 목표로 글짓기지도를 했다.

학교 수업만으로는 시간이 모자라서 밤에는 사택으로 학생들을 불러 남포에 심지를 돋우고 글짓기를 가르치고 숙제도 봐줬다. 학생들이 여러 명 오는 날은 방이 비좁아서 아내는 2㎞도 넘는 지숙골 친정으로 갔다.

봉급으로는 생활이 안 되어 아내는 친정에서 양식을 얻어오고 땔나무를 하고 실습지를 가꾸며 돼지를 길러서 가정을 꾸려 나갔지만 나는 가정생활은 한 번도 걱정해본 적이 없었다. 그래서 아내는 고생이 많았지만 그것을 한 번도 내색하지 않았고, 그렇게 학생들을 가르치는 것을 당연한 것으로 받아드렸다.

집에서는 석유등잔에 기름 닳는다고 불을 못 켜게 해서 숙제를 할 수 없고, 밖에 나가 뛰어 놀면 배 꺼진다고 꾸중하기 때문에 긴 밤을 방안에서 할 일 없이 보내야 했던 학생들은 나에게 와서 공부하는 것을 매우 좋아했다. 학생들이 오는 밤이면 같이 근무하는 정상묵 선생도 와서 학생들 글도 봐주고 자신도 시를 썼다.

정선생은 그 후 한국문협 아동문학분과회장까지 지내는 문단의 중진이 되었다. 그리고 새벽이면 차광식 선생에게 끌려서 한겨울에도 들말 무논 귀퉁이 물웅덩이로 가서 냉수마찰을 하고 운동장을 뛰었다. 그 덕택에 나는 이웃 학교 운동회 때는 청년부 중거리 달리기에 나가서 상을 받기도 했다.

사람들은 나와 정선생, 차선생을 외남의 삼총사라고 불렀다. 세 사람은 모두 키도 비슷하게 큰데다가 정선생은 학습지도를, 나는 글짓기 지도를, 차선생은 육상지도를 열심히 했고 또 잘했다.

　육상은 경북체육대회 여자계주에 여러 번 우승을 했다. 유석우, 정호묵, 정재관, 차동식, 황성연, 황덕수, 한규호 외 여러 선배 선생들은 모두 가족 같은 정으로 나를 아껴주었다. 그래서 외남은 나에게 첫 부임지라는 소중함도 있지만 많은 추억과 가슴 설레는 그리움이 있는 곳이다.

　나는 연구공개수업 때 글짓기지정수업을 했는데, 당시는 글짓기에 관한 이론서도, 참고할 책도 없었다. 일본 책이 있긴 했지만 그것을 읽을 수 없는 나는 학생들과 함께 글을 쓰면서 글짓기 지도방법과 이론을 나름대로 연구하고 개척해 나갔다. 그러나 학생들이 공책과 연필도 제대로 갖출 수 없는 열악한 당시의 형편으로는 노력에 비해 글짓기의 성과는 적었다. 그래서 나는 글짓기지도에는 식물의 촉성재배 같은 방법이 없을까 하는 생각을 하면서 실험적인 수업을 많이 했다.

　운문은 「본따쓰기」, 「채워쓰기」, 「이어쓰기」, 「바꿔쓰기」, 「뜻캐기」로 짓기연습을 했고, 산문은 「만화일기」, 「얼개짜기」, 「설계도그리기」, 「줄여쓰기」, 「늘여쓰기」 등으로 문장의 구성과 표현훈련을 시켰다. 글짓기의 소재를 얻기 위해 교실에 '우리들의 소리' 라는 상자를 만들어 놓고, 학생들이 하고 싶은 이야기는 무엇이든 거기에 써 넣도록 했다.

　일기와 함께 화단관찰기, 사육배재기도 쓰였다. 글감을 여러 곳에서 찾고 다양한 표현법을 기르기 위해서였다. 노력만큼 거둔다는 것은 글짓기에도 적용되는 말인 것 같다.

　그 결과 1957년 새싹회 주최 전국 어린이 글 모집에 전국 최우수 단체상을 비롯하여 대구일보 글짓기모집 당선, 1958년 세계일보 글짓기모집 전국 1등과 중앙방송과 대구일보 현상문예 다수 입상,

1959년 새벗문예 현상모집에 최우수단체상과 자유신문 현상모집에 전국 1등, 1960년 성신여고 예술대회 전국 1등을 차지하는 등 매년 수십 명씩 입상자를 내어 외남은 청동, 상주와 함께 대구매일신문과 한국일보에 '어린 문사의 고장, 동시의 마을'로 크게 보도되었다. 이어서 상주어린이 시화전이 대구매일신문사와 서울중앙공보관에서 개최되고 각 신문들은 특집으로 보도했다.

나는 신현득, 이철하님과 함께 글짓기 지도교사로서 서울중앙공보관 시화전에 참석했는데, 새싹회 윤석중 선생은 '동시의 마을' 글짓기교육이 종소리처럼 울려퍼지라는 뜻으로 외남, 청동, 상주에 커다란 한국식 종을 사서 보내기도 했다.

그러다가 1960년 말에 내가 갑자기 군에 입대하자 학생들은 하루도 거르지 않고 그리움의 정을 담은 릴레이식 편지를 나에게 보내서 논산 훈련소에서부터 외남의 학생들은 군인들 사이에 널리 알려졌다. 그 이야기는 나중에 외남의 추억과 함께 200자 원고지 300매 가까운 분량의 글로 영남일보에 연재되고 책으로도 출판되었다.

『M.T. 키케로』는 "지난날의 추억은 불행도 감미롭다"고 했다. 하물며 젊음의 열정으로 교육에 심신을 다했고, 곱고 순진한 눈으로 나를 바라보던 학생들을 운명처럼 사랑했던 날을 잊지 못하는 나에게 있어 외남은 지금까지 무엇보다 진한 향수로 가슴에 생생히 자리하고 있다. 지금은 각자의 삶을 따라 모두가 뿔뿔이 흩어졌지만 나와 인연했던 그들은 지금 어디에서 어떤 모습으로 살고 있을까. 이 글을 쓰는 순간 문득 잠시일지라도 그날처럼 한 자리에서 함께 만나고 싶은 생각이 든다.

외남의 졸업생들이여, 우정은 오솔길과도 같아서 서로 오가면 넓어지지만 만나지 않으면 잡초에 덮여 없어지게 될 수도 있다고 한다. 동기와 선후배가 함께 만나서 한 세상 살아가는 이야기라도 나누면 우리의 삶은 그만큼 풍요로워질 것이라고 생각한다.

그리고 외남을 거쳐간 선생님들도 옛 이야기하면서 다시 만날 수 있는 기회가 마련된다면 참으로 뜻있는 자리가 되리라고 생각한다. 모두의 건강과 행운을 빈다.

〈2002, 9. 외남초등학교총동창회 회보 《갈방산》 창간호〉

무자년을 보내며

우리는 그때 까까머리 코흘리개.
그때 우리는 단발머리 새침데기.

여린 가슴 채워 주려 오르신 봄 동산에
이름 모를 작은 꽃들 하늘하늘 꽃잎 지고
꽃 진 자리 여물어 시(詩)가 되었습니다.

모깃불 피워두고 설핏 잠들다 깨는 밤
미리내 건너온 별들 한 아름 따다
우리 목에 걸어주면 그게 시(詩)가 되었습니다.

맡으신 자리 어느 한 곳 빈틈없이
무딘 돌멩이들에게 고운 숨결 불어 넣어
생각하는 돌멩이들로 자리 매김케 하시고
오십여 년 긴 세월 시(詩)로 여문 발자국
돌아와 이곳에 다시 시비(詩碑)로 우뚝 서셨습니다.
(김종상 시비 제막 축시 - 아래 줄임)
-2008. 9. 19.『꽃과 별과 돌멩이의 노래』일부.
외남 17회 차윤환-

2008년 무자년도 어느덧 저물고 있다. 예로부터 다산(多産)과 다복(多福)과 예지(豫知)로 표상되는 쥐의 해였지만 국민들이 새로운 기대와 희망으로 맞이한 새 정부는 출발부터 정치나 사회는 혼란스럽고 경제는 어려워 국민들은 한치 앞을 예견할 수 없는 한 해였다. 부디 밝아오는 소의 해(己丑)에는 충직(忠直)과 성실(誠實)과 용맹(勇猛)으로 상징되는 소의 의롭고 근면하고 용감함을 보여주는 새해가 되었으면 하는 바람이다. 그렇지만 내 개인적으로는 무자년 올해에 몇 가지 새롭고 고마운 일도 있었다.

나는 1955년에 교단에 선지 꼭 52주년이 되는 작년 2007년에 교직을 물러났다. 갑작스런 생활의 변화에 어떻게 적응하나가 문제였다. 선험자들이 여러 가지 이야기를 해주었지만 나에게는 그 어떤 이야기도 '그렇겠구나', '그래야지' 하는 생각이 들지 않았다. 엄벙덤벙 하는 사이에 해가 바뀌고 새해 무자년을 맞이했다. 이제는 정신을 가다듬어 뭔가를 해야겠다는 생각을 하고 있는데 거제민속박물관 옥미조 관장으로부터 내 작품의 선집을 내자는 연락이 왔다.

반세기가 넘는 교단생활을 마감했으니, 그 동안 쌓아온 문단과 교단의 자취를 정리해보자는 것이었다. 뜻밖의 제안이라 조금 망서리다가 그 동안 내가 쓴 글도 되돌아볼 겸 시일을 두고 작품을 정리해 보겠다고 했더니, 나에 관한 대부분의 자료는 박물관에 이미 비치되어 있어 거기에서 동시, 동화, 주론 같은 것은 자기가 객관적인 입장에서 쉽게 추려낼 수 있으니, 나에게는 연보와 사진 및 교육관계 자료만 정리해 달라고 했다. 그 외 자료도 무엇이나 보내주면 박물관에 별도로 보관할 테니 가급적이면 모두 보내줬으면 했다. 집에서는 보관하기가 쉽지 않을 테니 자기에게 주면 박물관에 보관해서 필요한 사람들에게 보여줄 수도 있어 좋지 않겠느냐고 했다.

고마운 말이었다. 그렇지 않아도 좁은 아파트 공간의 대부분을 책이 차지하고 있어 곤란할 때가 많았다. 그래서 년초에는 수필가 박춘근님을 통해서 책을 필요로 하는 군부대와 지방도서관에도 나눠

주고 내가 운영에 관여하고 있는 강서의 몇 개 도서관에도 실어 보내고 사랑나눔 '아름다운 가게'에도 천여 권을 보냈다.

집에는 나와 직접 관련있는 책만 남겨 두었는데도 아내는 아파트가 무너지겠다며(?) 걱정을 하는 형편이었다. 그렇지만 함부로 없애기가 아까운 그 책들이랑 처치하기가 곤란한 상패, 임명장, 감사패 등을 어쩌나 했는데 그것을 맡아 보관해주겠다니 너무 고마운 일이었다.

책과 함께 상패, 상장 등을 비롯한 문방용구 등 잡다한 물건들을 모두 옥미조관장에게로 보냈다. 그것으로 끝내려고 했는데 옥미조관장은 내 문단과 교단생활의 결과를 정리, 기록하여 후세에 누군가가 나를 집중 조명·연구할 수 있게 하는 전통을 세워야 한다며 선집을 빨리 내자고 성화였다. 그래서 나는 자의 반 타의 반으로 승낙을 하고 편집위원을 구성했다.

그래서 출판한 것이 《'한국아동문학 100주년 기념' 김종상 아동문학 50주년》이다. 한국아동문학 100주년은 1908년 최남선이 잡지 《소년》 머릿시로 「해에게서 소년에게」를 발표한 것을 우리나라 신체시의 효시로 보고 계산한 것이고, 김종상 아동문학 50주년은 내 소년소설 『부처손』이 《새교실》 '지우문예 전국현상공모'에 뽑힌 1958년을 기점으로 계산했다.

책의 발행일은 5월 5일 어린이날이었다. 어쨌든 500쪽이 넘는 분량에 내 연보, 동시, 동화, 주론, 글짓기 이론과 사례기까지 정리했다. 한국아동문학 100주년을 맞아 낸 책이어서 더 큰 뜻이 있었다.

그 다음은 도서출판 '섬아이'에서 내 동시집을 내자고 제의해 온 것이었다. 작년에 고 한인현 선생의 동시집 《섬집아기》를 낸데 이어 원로들의 동시집을 시리즈로 내겠다고 했다. 나에게는 고마운 일이지만 이제 출판을 시작한지 얼마 되지도 않은 출판사가 팔리지도 않는 동시집을 거듭 낸다는 것은 무모한 짓이라는 생각이 들어서 선뜻 원고를 주겠다고 할 수 없었다. 내 눈치를 알아채고 출판사 사장은 팔리고 안 팔리고는 이차적인 문제니 우선 내고 보자고 했다.

그래서 내 동시집《꽃들은 무슨 생각을 할까》를 낸지 꼭 4년 만에 《숲에 가면》이라는 동시집이 나오게 되었다. 발행일은 2008년 6월 20일이었다.

이 동시집은 다행스럽게도 곧바로《새싹문학》105호 가을치에 '화제의 책'으로 소개되고, 또 문화체육관광부 우수교양도서 선정에도 뽑혀서 정부에서 좀 사주기도 했다. 이 일이 내 동시집 판매에 얼마의 도움이 되었는지 어쨌는지는 모르지만 내 동시집으로는 처음으로 객관적 평가를 좋게 받았다는 사실이 기뻤다. 이것도 한국아동문학 100주년이 되는 해의 일이라서 별다른 의미를 부여하고 싶다.

그러는 동안에 또 하나 내가 예상 못했던 일이 진행되고 있었다. 그것은 작년에 내가 52년간의 교직생활을 마감하자, 초임지 상주 외남의 옛 제자들이 전국에 흩어져 있는 동기들과 뜻을 모아 외남학교에 다니던 어린 날의 추억을 길이 남기기 위해 연초부터 내 시비를 세우는 일이 진행되어 왔던 것이다.

시비에 새길 내 동시로 『어머니』와 『아버지』 두 편을 제자들이 직접 골라가지고 허락을 받으러 나를 찾아왔을 때 비로소 구체적인 사실을 알게 되었다. 그들이 골라온 동시 『어머니』는 어린이가 책을 읽으면서 보리밭 매는 어머니를 생각하는 내용인데, 4차 초등국어 4-1. 읽기교과서와 5차 초등국어 6-1. 말하기교과서에 실렸던 것이라 널리 알려진 것이지만, 『아버지』는 원제목이 『여름』인데 뙤약볕 아래서 벼논의 피사리를 하시는 아버지 모습을 스케치한 것으로 별로 알려지지 않은 글이었다.

제자들은 자기들이 어렸을 때 농사일을 하시던 부모님들을 생각한 것 같았다. 시비건립은 순조롭게 진행되었다. 두 편의 동시가 나란히 삽화를 곁들여 보령 오석에 새겨져 8월 8일에 그들이 어릴 때 다니던 학교길 가로공원에 세워졌다. 나는 제자들의 연락을 받고도 여러 가지 생각 끝에 건강문제를 내세워서 그 자리에 참석을 하지 않았지만 제자들은 지방행정의 수장과 모교의 교장이 참석한 가운데 그들이 어린 날에 다녔던 학교길 가운데 작은 가로공원을 만들고 진달래로 조경을 하고 내 시비를 세웠다.

굳이 8월 8일을 택해서 시비를 세운 것은 8은 부귀와 행운의 숫자로 베이징 올림픽도 같은 날인 2008년 8월 8일 8시에 개막을 해서 세계가 축제분위기였지만 제자들이 8월 8일을 내 시비 건립일로 택한 이유를 한 제자가 귀띔해주었는데, 그것은 내가 외남을 부임한 해가 단기로 4288년이었고 부임 후 8년째 되던 해에 외남을 떠났던 것을 생각한 것이라고 했다. 또 8은 옆으로 뉘면 수학에서 무한대를 나타내는 기호(∞)와 비슷해서 사제간의 정이 영원무궁하길 기원하는 뜻도 있다고 했다.

그 밖에도 8자의 의미는 많다. 사주(四柱)에는 태세(年), 월건(月), 일진(日), 생시(時)의 8글자가 사람의 운명을 결정한다 했고, 주역 8괘는 하늘과 땅과 천지자연의 현상과 함께 만물의 생성원리와 성질을 상징한다. 그래서 옛 어른들은 팔선녀, 팔정도, 팔각형, 팔방미인, 팔도강산, 팔만대장경 등에서 보듯이 8이란 글자는 매우 좋은 의미의 낱말에 널리 쓰여 왔던 것이다.

내 시비를 세운 제자들이 물론 그런 것까지 생각했는지 어떤지는 모르겠으나, 단기 4288년에 부임해서 8년째가 되던 해에 내가 외남을 떠났다는 사실까지도 의미를 붙여 시비를 세웠다는 것이 놀라웠다. 그래서 내가 학교를 그만 둔 것은 좋은 일이 아니었지만 그 뒤를 따라 이루어진 일들은 나에게 특별한 보람과 긍지를 느끼게 해주었다.

무자년을 보내면서 이런 일들을 되돌아보며 새해에는 소처럼 좀 더 성실하고 충직한 삶을 살아야 되겠다는 생각을 해본다.

〈2008. 12. 《성균관신문》 제 5,6호〉

나의 아들딸들에게

 숙아, 렬아, 기야, 희야! 모두들 보아라. 나는 너희들을 키우면서 아버지로서의 시간을 갖고 정담을 나눈 적도 거의 없이 70평생을 살아왔구나. 그런 내가 너희들에게 이런 가상 유언장을 쓰려니 쑥스러워서 마음이 내키지 않는구나.
 하지만 '한국문인'의 간곡한 요청도 있는데다가 사람이 죽음을 생각할 때가 가장 순수하고 아름다워진다는 말을 생각하며, 내 자신의 삶을 담금질하는 동시에 미래를 예견해보는 것도 무의미하지는 않을 거라는 생각에서 이 글을 쓴다.
 반세기가 넘게 교단에서만 살아온 내가 남의 자식 가르치는 일에는 열정을 다하면서 정작 너희들에게는 무심했다는 것을 솔직히 반성한다. 그래도 나름대로 착하게 살아가고 있는 너희들이 고맙기만 하다. 지금까지도 그랬듯이 앞으로도 욕심 없이 성실하게 자기 일에 최선을 다하기 바란다.
 그리고 너의 어머니에게도 감사할 일이 많다. 결혼 초기는 휴전이 된지 얼마 되지 않은 때라 참 어려운 시절이었다. 내 월급으로는 생활이 되지 않았다. 그럴 때에 너의 어머니는 가축을 기르고 땔나무를 하고 친정에서 양식을 얻어다가 어렵게 살림을 꾸려나갔다. 그런데도 나는 가정 형편이 어려운 학교 아이들을 집으로 불러들여 밥을 먹이고 단간방에서 밤이 깊도록 책을 읽히고 글짓기를 가르쳤다.
 그래서 어려움은 더했지만 너의 어머니는 묵묵히 나의 뒷바라지에 최선을 다했다. 그런 일들이 가슴에 맺히도록 억울했는지 근간에는 종종 젊은 날에는 너무 서럽게 살았다며 푸념을 하기도 한다. 같이 살아오면서 내가 채워주지 못한 그런 허전함을 너희들이 이제라도 채워주길 바란다.

　효행도 때가 있는 법이라 지난 뒤의 후회는 소용이 없다는 것을 생각해주면 좋겠다.

　너희들도 알다시피 너희 어머니는 몇 가지 지병으로 고생이 많다. 그래서 이따금 자기는 죽은 뒤에 바닷물에 모든 병을 깨끗이 씻어버리고 온 세상을 훨훨 날아다닐 수 있게 화장해서 재를 태평양에 뿌려달라고 한다. 나는 그따위 소리는 집어치우라고 했다.

　하지만 나의 주검은 화장해서 재를 고향의 논밭에 뿌려주길 바란다. 어린 날 그 논밭에서 거둔 곡식과 채소를 먹고 자랐으니, 죽어서 버려질 몸은 나를 먹여 길러준 그 논밭으로 돌려주려는 것이 옳을 것 같다. 또 그렇게 하는 것이 순리에도 맞는다고 생각한다.

　모든 생명체는 태어남이 곧 죽음의 시작이라고 한다. 죽음은 누구도 피할 수 없는 삶의 연속선상에 있지만 그것은 무엇보다도 절실하고 무거운 문제이기에 나타내는 낱말도 참 많다.

　귀천, 귀토, 별세, 붕어, 사망, 사멸, 서거, 영면, 운명, 작고, 적멸, 종명, 종천, 타계 등이 모두 죽음을 뜻하는 말이며, 좀 쉬운 표현으로는 숨을 거두다, 세상 떠나다, 골로 가다, 돌아가다, 밥숟가락 놓다 라고도 한다. 나는 이 가운데서 '돌아가다' 라는 말의 의미를 생각해 본다. '돌아가다' 는 '사물이 본디 자리로 다시 간다' 는 뜻이다.

　삶과 죽음을 끝없는 전진으로 보는 서양과는 달리 우리는 그것을 순환이나 회귀로 보는 것이다. 그래서 나에게 주어진 한 세상을 살다가 본디의 자리로 다시 돌아간다는 것을 생각한다. 그 본디 자리는 과연 어디일까? 그 자리는 내가 세상에 오기 전의 자리이고, 내 목숨의 불꽃을 끊임없이 피워준 무엇이 될 것이다. 내가 세상에 오기 전의 자리는 부모의 몸이고, 내가 살아있도록 목숨의 불꽃에 기름이 되어준 것은 음식이다.

　우리가 곡식과 채소를 먹으면 그들의 목숨이 내 속으로 들어와 나의 목숨으로 피어나고, 생선이나 고기를 먹으면 그것들의 목숨이 내 안에서 나의 목숨으로 이어지게 된다. 그러니 내가 돌아갈 곳은 분명하다.

내가 태어나기 이전 부모의 몸으로 돌아가야 한다. 내가 먹은 모든 것들에게 나를 돌려주어 그들에게 빚을 갚아야 한다. 그래야만 '돌아간다'는 것은 '돌려준다'가 되어 내가 떠난 자리도 본디 모습인 공간으로 비워지게 된다.

그렇다면 내 몸을 본디 자리로 돌려주는 방법이 문제다. 부모에게 받은 몸이라 해서 죽어서 부모의 몸속으로 돌아갈 수는 없다. 그러므로 돌아갈 수 있는 곳은 내 목숨을 이어준 것에 한정될 수밖에 없다.

곡식과 채소, 생선과 고기를 비롯하여 내가 살아오면서 먹어치운 모든 것에 내 몸을 돌려주어야 한다.

그러자면 나의 주검을 화장해서 산과 들과 바다에 골고루 뿌려주는 길밖에 없다. 그것은 전국토가 묘지화 될지도 모른다는 현실문제도 해결할 수 있고, '돌아간다'는 우리의 정서에도 맞게 된다. 그렇게 하면 아무 흔적이 없어 아쉽다고 할지 모르겠으나 언젠가는 모두가 돌아가게 되는데, 흔적이 무슨 소용이냐? 너무 서운하다면 조상의 무덤 사이에 표지석 하나쯤 세워주면 될 것이다. 그 표지석에는 이렇게 쓰는 것이 좋겠다. "잠시 왔다가 아무것도 없이 본디 자리로 돌아가다"라고.

〈2005. 6, 7월호. 한국문인 32호〉

부록

김종상 근친 가계도

金海金氏 三賢派 金桂明・姜鳳石 直系後孫 家系圖

김계명・강봉석과 자녀들(1950년 봄 막골에서)

| 저자와의 협의에 의해 인지를 생략합니다. |

김종상 팔순기념 시가 있는 수필
한두실에서 복사골까지

초판인쇄 2014년 5월 5일
초판발행 2014년 5월 15일

지은이 / 김종상
펴낸이 / 연규석
펴낸곳 / 도서출판 고글

서울시 용산구 한강로2가 144-2
등록 / 1990년 11월 7일(제302-000049호)
전화 / (02)794-4490 · (031)873-7077

*잘못된 책은 판매처에서 교환해 드립니다.

값 15,000원